普通高等教育"十三五"规划教材

化学信息学

翟红林　主编

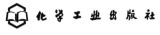

化学工业出版社

·北京·

《化学信息学》是为大学本科生而编写的化学信息学教材,共分为 6 章:第 1 章介绍了化学信息学基础,内容主要包括化学信息学的产生与发展、基本概念、研究内容与方法及其与实验科学的关系;第 2 章介绍了化学结构的计算机表示方法与特点、化学软件 ChemOffice 与 HyperChem 的使用;第 3 章重点讲述了基于网络资源的化学文献检索方法与技巧、文献管理软件 EndNote 的使用;第 4 章介绍了基本数据统计与回归建模分析;第 5 章介绍了试验设计与优化方法等;第 6 章主要介绍了分子力学与分子模拟初步。

　　《化学信息学》可作为高等学校化学、化工、材料、生物、环境等相关专业本科生化学信息学课程的基础教材。由于所涉及内容、技术与方法等具有一定的普适性,本书也可作为相关领域科研人员的参考用书。

图书在版编目(CIP)数据

化学信息学/翟红林主编. —北京:化学工业出版社,2019.11

普通高等教育"十三五"规划教材

ISBN 978-7-122-35271-2

Ⅰ. ①化⋯　Ⅱ. ①翟⋯　Ⅲ. ①计算机应用-化学-信息检索-高等学校-教材　Ⅳ. ①G254.97

中国版本图书馆 CIP 数据核字(2019)第 211480 号

责任编辑:李　琰　　　　　　　　　　　　　装帧设计:关　飞
责任校对:边　涛

出版发行:化学工业出版社(北京市东城区青年湖南街 13 号　邮政编码 100011)
印　　装:三河市双峰印刷装订有限公司
787mm×1092mm　1/16　印张 14¼　字数 361 千字　2019 年 10 月北京第 1 版第 1 次印刷

购书咨询:010-64518888　　　　　　　售后服务:010-64518899
网　　址:http://www.cip.com.cn

定　　价:39.80 元

从信息时代走到了大数据时代的今天，信息技术的飞速发展正在逐渐改变着我们生活和思维方式，信息技术也必定融入科学研究之中！充分运用信息技术已经成为现代科技人才必备的最重要的基本技能之一。正是顺应了时代的进步，化学信息学的研究才得以产生并快速发展起来，化学信息学不仅成为整个化学学科发展的重要组成部分，而且有力地推动了相关学科群的发展，从而成为充满活力、颇具影响的新兴交叉领域。

化学信息学的本质就是将信息学方法、计算机及网络技术等应用于化学等学科的相关研究之中，其主要内容涉及化学信息的获取与表达、管理与传播，并在此基础上进行化学信息的分析与挖掘，进而实现知识的创新。

考虑到化学信息学研究内容的广博且涉及多个相关学科、学生的接受能力及教学课时所限，我们将化学信息学教学体系分解为两个阶段。

(1) 本科生阶段的重点

化学信息学的定义及其主要研究内容；

化学信息的表达、文献检索及文献管理软件的使用；

简单的数据分析、正交试验设计及其在化学中的应用；

分子力学、分子动力学及分子模拟简介；

化学软件（ChemOffice、HyperChem 等）的初步使用。

(2) 研究生阶段的重点

化学信息表达新方法及其应用的研究；

数据挖掘（建模分析）新方法及其应用的研究；

理论化学计算、分子模拟及其应用的研究。

作为化学等相关各专业本科生信息技术的第二层次教学，化学信息学属核心内容，主要包括以下三部分。

化学信息学基础。内容主要包括化学信息学的基本概念、研究内容与方法；化学结构的计算机表示（包括线性表示、连接表表示等）；基本数据统计与回归建模分析；试验设计与优化方法等。

文献检索与学术期刊。内容主要包括文献基础知识；重点文献数据库（SciFinder、Web of Science、CNKI 等）、搜索引擎（谷歌学术、百度学术）；期刊影响因子与分区简介；重要学术期刊简介；文献管理软件 EndNote 的使用等。

分子力学与分子模拟初步。内容主要包括分子力学的基本原理、势能组成和力场参数；分子力学应用及分子动力学简介；分子模拟基本方法及其应用等。

《化学信息学》定位为化学学科本科生教材，在教学内容的选编、素材的选取等方面均以本科生的基础及需求为出发点、以实际应用为落脚点、以能力拓展为期望；结合笔者多年的教学经验与体会，精心组织教材的基础核心内容；以研究及应用为延伸并融入最新研究成果，建立及贯彻化学信息学的基本思想、方法与技术；打造符合教育教学规律的多方位、多视角的立体教材，充分体现务实、发展、提高的教学理念与特色。

《化学信息学》共分为 6 章：第 1 章由吕文娟编写，第 2、4 章由翟红林编写，第 3 章由曹晶晶编写，第 5 章由李书艳编写，第 6 章由张晓昀编写。全书由翟红林、张晓昀统稿。在本书的编写中，学院领导与同事都给予了热情的鼓励与支持。教材的出版获得了兰州大学教材建设项目的资助；化学工业出版社的编辑为本教材的出版付出了巨大的努力。在此，我们表示崇高的敬意，并致以衷心的感谢！

与传统学科相比，化学信息学是一门新兴的、快速发展的交叉学科；加之笔者的学识与水平有限，书中难免出现疏漏、不妥之处，恳请各位专家、同行及广大的读者予以批评、指正。

编者

2019 年 8 月于兰州大学

目录 ▶▶▶

第1章　绪论 ……………………………………………………………………………… 1

本章要点 ……………………………………………………………………………… 1

1.1　信息与信息学 …………………………………………………………………… 1

1.1.1　信息 ……………………………………………………………………… 1

1.1.2　信息学 …………………………………………………………………… 2

1.2　化学信息与化学信息学 ………………………………………………………… 3

1.2.1　化学信息 ………………………………………………………………… 3

1.2.2　化学信息学 ……………………………………………………………… 5

1.3　化学信息学与实验科学的关系 ………………………………………………… 8

1.4　关于本教材 ……………………………………………………………………… 8

思考与练习 …………………………………………………………………………… 9

参考文献与扩展阅读 ………………………………………………………………… 9

第2章　化学结构的计算机表示 …………………………………………………… 10

本章要点 ……………………………………………………………………………… 10

2.1　化学结构的表示 ………………………………………………………………… 10

2.1.1　化学结构的一般表示及其特点 ………………………………………… 10

2.1.2　化学结构的计算机表示方法 …………………………………………… 11

2.2　SMILES 编码 …………………………………………………………………… 13

2.3　化学结构的二维表示及格式文件 ……………………………………………… 18

2.3.1　连接表 …………………………………………………………………… 18

2.3.2　格式文件 ………………………………………………………………… 19

2.4　化学结构的计算机处理 ………………………………………………………… 22

2.4.1　化学结构的计算机输入与可视化 ……………………………………… 22

2.4.2　ChemOffice 简介 ………………………………………………………… 25

2.4.3　HyperChem 简介 ………………………………………………………… 35

思考与练习 …………………………………………………………………………… 40

参考文献与扩展阅读 ………………………………………………………………… 44

第3章　化学文献检索与管理 ……………………………………………………… 45

本章要点 ……………………………………………………………………………… 45

3.1　文献基础知识 …………………………………………………………………… 45

  3.1.1 文献检索的意义 ·· 45

  3.1.2 科技文献的类型及其特点 ···································· 46

  3.1.3 重要的文献源 ·· 46

  3.1.4 科技文献检索方法与途径 ···································· 48

3.2 美国化学文摘（CA） ·· 50

  3.2.1 CA 概况 ·· 50

  3.2.2 SciFinder（Science Finder） ································ 50

3.3 SCI 与 EI ··· 62

  3.3.1 科学引文索引（SCI） ·· 62

  3.3.2 Web of Science ·· 63

  3.3.3 EI 检索及 EI Village 2 ·· 78

3.4 ScienceDirect 与 Reaxys ·· 83

  3.4.1 ScienceDirect 的特点、检索方法与技巧意义 ············ 83

  3.4.2 Reaxys 数据库 ·· 84

3.5 中文文献检索简介 ·· 90

  3.5.1 概况 ·· 90

  3.5.2 中国知网（CNKI） ·· 90

3.6 搜索引擎检索 ·· 94

  3.6.1 谷歌学术 ·· 95

  3.6.2 百度学术 ·· 95

3.7 重要学术期刊简介 ·· 97

  3.7.1 电子期刊的兴起 ·· 97

  3.7.2 综合性期刊 ·· 98

  3.7.3 常见的化学化工类期刊 ·· 98

3.8 文献管理软件 ·· 100

  3.8.1 文献管理与软件 ·· 100

  3.8.2 EndNote ·· 100

思考与练习 ·· 109

参考文献与扩展阅读 ··· 109

第4章　常用数据处理方法 ·· 110

本章要点 ·· 110

4.1 化学计量学简介 ··· 110

  4.1.1 计量与计量学 ·· 110

  4.1.2 化学计量学的基本内涵 ·· 111

4.2 化学数据的预处理 ·· 112

  4.2.1 化学数据的基本特点 ··· 112

  4.2.2 化学数据的基本描述 ··· 113

  4.2.3 化学数据常用的预处理方法 ··································· 120

4.3 线性回归 ··· 125

　　　4.3.1　回归模型与最小二乘法 ·············· 126

　　　4.3.2　多元线性回归分析 ·················· 129

　　4.4　主成分分析与因子分析 ·················· 137

　　　4.4.1　主成分分析 ························ 137

　　　4.4.2　因子分析 ·························· 141

　　4.5　偏最小二乘分析及应用 ·················· 145

　　4.6　多维校正简介 ························ 147

　思考与练习 ······························ 148

　参考文献与扩展阅读 ······················ 149

第5章　试验设计与优化 ···················· 151

　本章要点 ······························ 151

　5.1　试验设计基础 ························ 151

　5.2　单因素优选法 ························ 153

　　　5.2.1　均分法 ·························· 153

　　　5.2.2　对分法（平分法） ·················· 153

　　　5.2.3　黄金分割法 ······················ 153

　　　5.2.4　分数法（斐波纳契数列法） ············ 154

　　　5.2.5　其他方法介绍 ···················· 155

　　5.3　正交试验设计 ························ 156

　　　5.3.1　正交试验设计概述 ·················· 156

　　　5.3.2　正交试验设计结果的直观分析法 ·········· 159

　　　5.3.3　正交试验设计结果的方差分析法 ·········· 166

　　5.4　均匀试验设计 ························ 170

　　　5.4.1　均匀试验设计表 ···················· 171

　　　5.4.2　均匀设计基本步骤 ·················· 172

　思考与练习 ······························ 174

　参考文献与扩展阅读 ······················ 175

第6章　分子力学与分子模拟 ················ 176

　本章要点 ······························ 176

　6.1　分子力学的产生 ······················ 176

　6.2　分子力学理论 ························ 178

　6.3　分子力场构成 ························ 178

　　　6.3.1　键伸缩能 ························ 179

　　　6.3.2　键角弯曲能 ······················ 182

　　　6.3.3　二面角扭曲转动能 ·················· 183

　　　6.3.4　范德华相互作用能 ·················· 184

　　　6.3.5　静电相互作用能 ···················· 185

　　　6.3.6　交叉项 ·························· 185

　　6.3.7　分子力场参数化 ··· 186
6.4　常见的力场 ·· 187
　　6.4.1　常见的力场介绍 ··· 187
　　6.4.2　常见分子力场的选择 ··· 188
　　6.4.3　分子力场存在的问题 ··· 188
6.5　分子力学与量子力学的比较 ·· 189
6.6　分子力场应用 ·· 189
　　6.6.1　分子结构的优化 ··· 190
　　6.6.2　定量构效关系 ··· 195
　　6.6.3　分子对接 ··· 202
　　6.6.4　分子动力学模拟 ··· 205
6.7　分子力学发展趋势 ·· 210
思考与练习 ·· 215
参考文献与扩展阅读 ·· 216

附录 ··· 218

附录1　格鲁布斯（Grubbs）临界值表 ··· 218
附录2　Q 检验临界值表 ··· 218
附录3　t 检验临界值表 ··· 219
附录4　F 检验临界值表 ··· 219

第 1 章

绪 论

本章要点

1. 化学信息学的产生与发展。
2. 化学信息学的概念、内涵与特点。
3. 化学信息学与实验科学的关系。

1.1 信息与信息学

1.1.1 信息

　　信息（Information）泛指人类社会传播的一切内容。信息是事物存在方式和运动状态的记录，并可借助一定的载体进行储存和传播。人们通过获得、识别自然界和社会的不同信息来区别不同事物得以认识并改造世界。1948 年，信息论奠基人、美国数学家香农（C. E. Shannon）在题为"A Mathematical Theory of Communication"的论文中指出："信息是用来消除随机不确定性的东西"。控制论创始人维纳（Norbert Wiener）认为"信息是人们在适应外部世界并使这种适应反作用于外部世界的过程中，同外部世界进行互相交换的内容和名称"。这两种表述被作为经典性定义加以引用。我国信息学专家钟义信教授认为"信息是事物存在方式或运动状态，以这种方式或状态直接或间接的表述"。美国信息管理专家霍顿（F. W. Horton）给信息下的定义是："信息是为了满足用户决策的需要而经过加工处理的数据"。不同学科、不同领域对信息的理解与定义侧重不同。简而言之，信息是经过加工的数据，或者说，信息是数据处理的结果。

　　信息具有排他性、多样性、认知性、共享性等多种基本属性。不同的人因其知识、阅历、思维方式与习惯的不同，可能对信息获取的能力及结果表现出很大的差异。不同的人对同一事物有不同的视角，同一幅画在不同的人的眼中也会不同。不同的认知就会获取不同的信息，这就是人们在面对信息时所表现出来的选择性。如图 1-1 所示的两张歧义图，左图是一棵树还是很多人的肖像？右图是一位老妇人和一位老先生，还是正在谈笑、演奏音乐的年轻人？

图 1-1　歧义图示例

　　信息爆炸产生了更加丰富的海量数据，但同时真伪并存。因此，我们只有对数据进行全面地、正确地分析与挖掘，才能获得有价值的信息，从而发现内在的本质规律。信息技术的飞速发展及越来越广泛、深入的应用，不断拓展和延伸人对信息的掌握，同时也在逐渐地改变着我们的生活和思维方式！

　　约翰尼斯·开普勒（Johannes Kepler），1571 年 12 月出生在德国威尔的一个贫民家庭。由于是早产儿，体质很差，四岁时患上了天花和猩红热，身体受到了严重的摧残，视力衰弱，一只手半残。1587 年开普勒赴蒂宾根大学学习，终获天文学硕士学位。

　　第谷·布拉赫在逝世前把 20 多年来所有的天文观测资料赠给开普勒。正是基于这些观测数据，开普勒经过反复分析研究，发现了后来被称为"开普勒定律"的行星三大定律，证实并发展了行星围绕太阳转动的理论。牛顿正是在此基础上以微积分和几何方法确定了著名的万有引力定律。这些都说明了对信息进行分析的重要性！

1.1.2　信息学

　　信息学（Informatics）是研究信息的产生、获取、传输、处理、分类、识别、存储及应用等的学科，于 20 世纪 60 年代以后逐渐形成。它的主要基础理论和科学方法论是神经生理学、心理学、计算机科学、系统工程、信息论、控制论等。

　　信息学主要研究以下问题。

　　① 客观世界信息源理论。探讨如何掌握生物、人类和计算机发出及获取信息的规律。

　　② 建立在数学基础上的信息识别理论。在人类社会中，信息是以语言、声音、图像、文字等形式出现的，计算机系统尚未完全解决识别这些信息的问题。

　　③ 人工智能理论。由于计算机辅助设计、专家系统和机器人的出现，建立这一理论变得十分迫切。

　　④ 信息的结构与层次研究，如社会信息产业的统计和划分等。

⑤ 信息系统（获取、处理、存储、传播过程等作为一个整体过程）研究。

⑥ 信息管理和信息应用等问题。

随着大数据的到来及相关学科的快速发展，信息学更加关注信息的加工、处理及隐含关联的挖掘，为人们的分析与决策提供更加有效的依据。

1959 年，美国宾夕法尼亚大学莫尔电子工程学院首先应用了"信息科学"的概念，既包括了信息理论又包括了信息技术，随后逐步形成了以计算机为代表的"计算机信息科学"、以文献处理自动化为代表的"图书馆信息科学"和以申农通信信号计量理论为核心的"全信息信息科学"。

20 世纪 80 年代以来，研究者在申农原有信息论的基础上分别在模糊信息、概率与非概率信息、语法信息、语义信息、语用信息等方面做了大量的工作。在此基础上，提出了广义信息论。

1982 年美国普林斯顿大学的马克卢普（F. Mchlup）在美国聚集了当时不同信息研究领域的众多学者发起了一个多学科交叉的信息学研究运动，信息理论的研究开始向其他科学领域渗透和扩展，诞生了 40 多种部门信息学，并发表了继申农、维纳之后的又一本经典著作《信息研究：学科之间的通讯》。

20 世纪 90 年代后期，大量的传统科学与信息科学结合发展成为新兴的交叉学科，涉及自然科学和社会科学的众多前沿问题。其中较有影响的是：生物信息学、物理信息学、化学信息学、经济信息学、人类信息学等。

1.2 化学信息与化学信息学

自从化学学科出现以来，在长期的发展过程中，积累了大量的实验事实、数据和文献。信息的记载、组织与交流对化学及相关领域的发展发挥了重要的作用，同时也成为化学学科的一个重要组成部分。化学物质结构的记录与检索需要建立自己独特的记录系统，而随着计算机技术的发展，化学家必须充分利用信息技术，以便开展更加深入、全面的化学相关研究。在化学学科中，化学家进行一系列的实验，分析实验结果，发现其共同点和不同点，构建可能重现实验的方法与模型，并进行合理的推论，以新实验进行模型的检验、证实、证伪和修改；经过实验、数据分析、建模、再实验、再验证的不断完善过程，最后将感性的化学实验信息提升为理性的化学知识。因此，从大量的化学实验信息中发掘知识是化学研究的重要任务之一，而化学研究的这一特点就决定了化学信息学的重要性。

1.2.1 化学信息

化学及相关研究正源源不断地产生着海量的数据。目前已知的化合物有一亿种之多，不同的化合物可以使用不同方法合成，具有不同的物理、化学和生物等性质，由此产生了极为丰富的化学信息（Chemical Information）。

化学信息的分类如下所述。

（1）根据信息来源可分为实验量测与理论计算两大类

实验量测　利用科学的原理和方法通过测量得到的化学成分的相关信息，如物质的物理、化学性质，物质中各成分的定性、定量以及结构信息，分子间的相互作用信息，化学反应的信息等。

理论计算　通过量子化学、分子力学等理论方法计算获得的化学信息。

（2）依据信息的呈现方式可分为媒介型与表达型

媒介型　化学信息的记录媒介，如图书、期刊、专刊、专利、数据库以及音像资料等。通过各种媒介的传播实现化学信息的共享与深度的发掘。

表达型　如编码、图示、规则、描述符等。

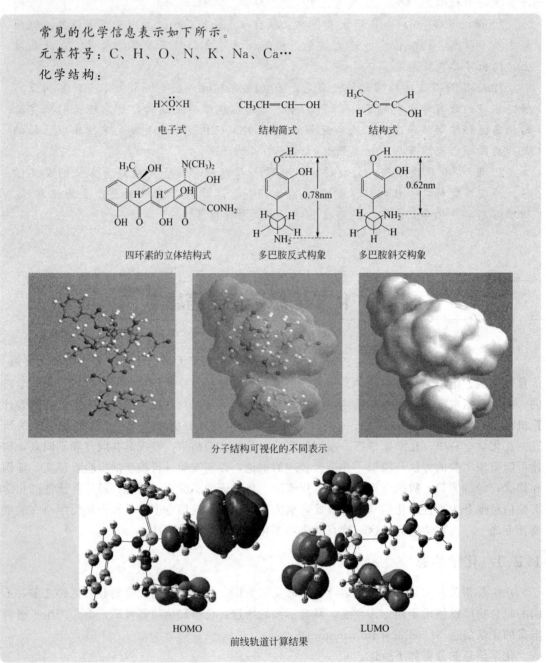

常见的化学信息表示如下所示。

元素符号：C、H、O、N、K、Na、Ca…

化学结构：

电子式　　　　结构简式　　　　结构式

四环素的立体结构式　　多巴胺反式构象　　多巴胺斜交构象

分子结构可视化的不同表示

HOMO　　　　　　　　LUMO

前线轨道计算结果

1.2.2 化学信息学

在从信息时代走向大数据时代的今天，信息的海量涌现与人们有限的学习时间和吸收能力之间形成了巨大的矛盾。因此，只有借助计算机与网络、信息学等相关学科的技术与方法对海量信息进行高速和精确的处理，才能有效地获取、挖掘化学信息内在的本质规律，从而推动学科的不断进步。

Jean-Marie Lehn

(1) 化学信息学的提出

1987 年度诺贝尔化学奖获得者莱恩（Jean-Marie Lehn）教授在其获奖报告中首次提出"化学信息学"概念。

莱恩在研究复杂分子的反应过程中发现分子具有自组织、自识别的化学智能反应现象，当时的化学信息学研究的是分子间的相互作用实质或识别机理，为解释超分子的形成过程提供依据。此后，人们从各自的角度对"化学信息学"概念进行了阐述。

> 美国印第安纳大学以化学图书馆科学为基础，在国际上最早开设化学信息课程及培养化学信息学研究生。他们把化学信息学定义为：化学信息学包括从利用传统的图书馆科学方法组织化学信息到利用现代计算机技术产生、存储、检索及可视化化学信息。
>
> 法兰克·布朗（Frank Brown）于 1998 年撰文：应用信息技术和信息处理方法已成为药物发现过程中的一个很重要的部分，化学信息学实际上是一种信息源的混合体。把各种化学数据转化为信息，把信息提升为知识，其主要目的是使得药物先导化合物的发现及组织过程变得更有效。
>
> 格里格·帕里斯（Greg Paris）在 1999 年 8 月的 ACS 会议上提出了一个更一般性的定义，认为：化学信息学是一个一般的术语，包括化学信息的设计、建立、组织、管理、检索、分析、判别、可视化及使用。

目前，普遍接受和认可的化学信息学定义是：综合运用化学、数学、信息科学以及计算机科学等诸多学科的理论、方法与技术研究化学信息的获取、表达、管理和传播，并在此基础上进行信息分析、加工及知识创新的交叉学科。

> 化学信息学的常见英文名称有：
> Cheminformatics、Chemical Informatics：一般意义上的化学信息学
> Chemoinformatics：侧重化学计量学的化学信息学

化学信息学是化学学科的分支学科，其研究对象和研究目的均属于化学的学科领域。它的研究手段为数学、信息学及计算机科学等相关学科的技术与方法，研究内容则包括如何利用计算机和网络技术对化学信息进行表示、管理、分析、模拟和传播等，实现化学信息的提取、转化及深入发掘，从而为促进化学学科的发展与知识创新做出贡献。

从科学发展的历史中不难看出，任何一个新技术、新领域的出现与兴起都离不开两个方面的共同驱动：面临的挑战（需求）与所需相应技术条件的支撑。化学信息的丰富、繁杂及对内在规律的深入发掘等都已超出手工分析的范畴；而信息技术、计算机与网络技术平台等获得了快速的发展，可实现对信息进行高速和精确的处理。因此，化学信息学的产生与发展是科学发展的必然结果，不仅成为整个化学学科发展的重要组成部分，而且有力地推动着相关学科群的进一步发展，从而成为最有活力和影响的新兴交叉学科之一。

（2）化学信息学研究的主要内容

1）化学信息的获取

采用科学的取样、试验设计等技术手段与方法有效、快速且精准地进行化学实验及其相关测量以获取可靠的化学信息；理论化学模型与计算方法的进一步发展与完善使其计算结果尽可能地反映、逼近体系的真实状态。

2）化学信息的表达

能够充分反映化学结构特征的分子结构计算机编码、三维结构模型的构建、分子相互作用的表征等技术与方法不仅有利于化学信息规范、便捷的交流，而且能为进一步的信息挖掘提供必要的基础与前提，并能快速地关联到分子结构的设计、谱学数据的分析与预测、定性定量分析、分离纯化等实际应用之中。

3）化学信息的组织、管理与提供

化学信息最主要的组织与管理形式是数据库。如何利用信息学、计算机与网络技术，特别是数据库技术的最新研究成果，高效、便捷、准确地组织各种化学信息，以便尽可能地灵活、快速、精准地为文献检索、合成方法设计与研究、化学信息的挖掘等提供有效的服务是人们追求的目标。如，除了关键字检索及引文检索外，目前已经实现了基于化学结构式、化学反应式等的计算机检索。

4）化学信息的解析与预测

化学信息的解析与预测是化学信息学极其重要的组成部分，涉及了化学数据处理与建模分析、化学模式识别、化学图谱解析与模拟、分子性质与功能的预测等化学信息本质关联及转化的众多内容，是对信息进行深度加工并进而实现知识创新的关键之一。

化学信息的加工处理包括数据的预处理、回归分析、主成分分析、因子分析、偏最小二乘分析、多元曲线分辨、三线性分解、模式识别、人工神经网络、支持向量机、遗传算法、傅里叶变换与小波变换等多种数理统计与信号分析方法。它们可以帮助化学家正确地分析、评价和利用现有的化学信息，以获取最有效的化学本质特征信息，进而实现从数据到信息、从信息到知识的转换，并广泛应用于科研、生产之中。

人工智能的专家系统应用是化学信息管理、检索及挖掘的主要形式之一。一个专家系统包括化学知识信息处理、化学知识利用系统、知识的推理能力及咨询解释能力。20世纪60年代开发的化学专家系统 DENDRAL 系统是最早的专家系统。目前已有多种化学专家系统用于不同的目的，如图谱解析专家系统、反应路线设计专家系统等。

组合化学是当前化学家关注的热门技术。它的特点是用较短的时间及较少的经费快速合成大批量的化合物以提供尽可能多的化学信息。只有采用计算组合化学方法加以分析才能建立巨大的虚拟组合化学库，再通过计算虚拟筛选，选择最有可能成功的少数目标化合物进一步地研究。组合化学与虚拟筛选技术在现代药物研发中已获得了广泛的应用。

目前已合成的化合物的数目已超过一亿个，而虚拟组合化学库的化合物数目可达亿万个。如此巨大数目的化合物无法全部完成它们的物理化学性质的实验测定，因此根据化合物的结构预测化合物的性质有重要的意义和价值。利用量子化学及分子力学的方法可预测许多重要的分子性质，如：键长、键角、二面角、三维结构、药效构象、反应中间体、过渡态、电子性质、电荷分布、偶极矩、离子势、电子亲和性、质子亲和性、极化、静电势、分子间相互作用、Hofmann 规则、结合能、大分子间的结合位点、pK_a、分子能量、生成热、焓、活化能、势能面、反应途径、溶剂化能、光谱性质、振动频率、红外及拉曼强度、ESR 常数、激活能、消光系数、传输性质、亲脂性、分子体积、分子表面积等。

5）新分子设计、合成路线设计及化学反应（作用）等的计算模拟

借助计算机图形学等技术，以量子化学及分子力学的各种方法为基础，人们在分子水平上进行了更加深入的研究。计算机模拟技术近年来已取得重大进展，在蛋白质结构与功能、药物研发、新型功能材料的制备与应用、化学反应（作用）机理研究等诸多领域都取得许多突破性的成果，成为化学及相关学科重要的研究手段之一。

如在药物分子设计中，虚拟筛选是基于靶酶结构利用分子对接方法获取高效低毒的目标分子；利用人工神经网络方法把已成药的化合物作为训练集，把虚拟组合化学库作为预测集，把化合物区分为类药分子（Drug Like）及非成药分子（Non-drug Compounds）。一个组合化学计算机系统应包括组合合成库的设计、高维化学空间差异性质计算及映射、化学反应数据库系统和知识库系统、综合性化学多样性信息及生物实验数据管理系统、分子对接及构效关系研究等。如图 1-2 所示，通过计算机模拟的方法可以在分子水平上深入研究药物分子与β1 型人体甲状腺激素受体的结合。

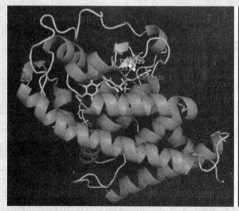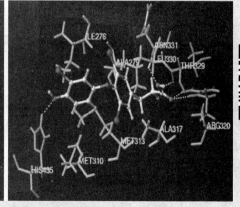

图 1-2　药物分子与 β1 型人体甲状腺激素受体结合的分子模拟

6）化学信息学中的新技术与方法研究

化学有其自身的特点，化学信息学则是集众家之长的化学研究。从采集化学信息的分析仪器设计到建立可靠、精确的数学分析模型，从化学基本理论的发展到人工智能的广泛应用，无不涉及化学信息学的范畴。随着化学研究的不断深入与拓展，更加复杂、精细的化学规律等待人们去揭示。作为化学信息学有效的分析工具，新技术、新方法（新算法）的研究与应用也是化学信息学研究的重要组成方面。可以预见的是，随着人工智能的大幕开启、新浪潮的到来，化学信息学的研究必将迎来又一个新的发展机遇。

人工神经网络、深度学习、支持向量机等一大批新方法已在化学信息处理与分析中获得应用；针对化学图谱数据的特点，人们还提出了平行因子分析、多道偏最小二乘、交替三线性分解等算法以解决化学分析中的实际问题。在理论化学的计算中，巧妙地将量子化学与分子力学方法相结合，发展了新的理论模型和计算方法，为更多的实际分子体系计算提供了强有力的工具。

1.3　化学信息学与实验科学的关系

化学信息学的基础和出发点——化学信息，均直接或间接来自于实验科学，而化学信息学的最终目标也是通过化学信息的提取与转化进行知识创新并服务于实验科学，为促进化学学科的发展做贡献。通过对化学信息进行筛选分析、建模预测等，可把宝贵的人力物力投入到最有可能成功的实验之中。化学信息学并不是对实验科学的否定，而是在更高水平上对实验进行精心设计，指导实验科学；同时实验科学的积累与验证也为化学信息学的发展提供强有力的支持。

只有精心设计、具有深刻思想的实验才能从根本上推动科学的发展；而化学信息学技术的应用无疑起着举足轻重的作用。特别是随着计算机及网络技术的迅猛发展，基于信息学、数学等相关学科的研究成果，化学信息学在对复杂的、隐含的化学数据挖掘和知识发现等诸多研究工作中发挥着无可替代的重要作用。

1.4　关于本教材

化学信息学是根据一流化学学科人才培养的总体目标与基本要求而面向本科生开设的必修专业基础课程。考虑到化学信息学研究内容的广博且涉及多个相关学科的领域、现有的知识结构与接受能力以及教学课时所限等问题，本教材重点阐述化学信息学的基础，主要包括以下三部分。

① 文献检索与学术期刊　主要包括文献基础知识；重点文献数据库（SciFinder、Web of Science、CNKI 等）、搜索引擎（谷歌学术、百度学术）；期刊影响因子与分区简介；重要学术期刊简介；文献管理软件 EndNote 的使用等。

② 化学信息学基础　主要包括化学信息学的基本概念、研究内容与方法；化学结构的计算机表示（包括线性表示、连接表表示等）、化学软件（ChemOffice、HyperChem 等）的初步使用；基本的数据统计与建模分析；试验设计与优化方法等。

③ 分子力学与分子模拟初步　主要包括分子力学的基本原理、势能组成和力场参数；分子力学应用及分子动力学简介；分子模拟基本方法及其应用等。

《化学信息学》作为大学本科生的教学用书，在强调基础理论、突出实际应用的同时，也为同学们提供了可拓展的阅读材料。

思考与练习

1. 什么是化学信息学及其主要的研究内容？

2. 为什么说化学信息学的产生与发展是历史的必然？

3. 如何理解中国化学会第 31 届学术年会提出的"实验、理论与计算成为化学的三大支柱"？

参考文献与扩展阅读

[1]　Shannon C. E. ，A mathematical theory of communication ［J］. Bell System Technical Journal，1948，27（4）：379-423.

[2]　Wiener N. ，Cybernetics or Control and Communications in the Animal and the Machine ［M］. Cambridge Massachusetts：MIT Press，1948.

[3]　钟义信 . 信息科学原理 . 北京：邮电大学出版社，2002.

[4]　谭凯，化学信息学 . 第三版 . 北京：化学工业出版社，2017.

[5]　邵学广，蔡文生 . 化学信息学及其课程建设 . 大学化学，2002，17（03）：12-15.

[6]　陈泓，曹庆文，李梦龙 . 化学信息学发展现状 . 化学研究与应用，2004，16（04）：453-455.

[7]　翟红林，张晓昀，姚小军等 . 大学本科化学信息学课程的设计与优化 ［J］. 大学化学，2019，34（3）：11-15.

第 2 章
化学结构的计算机表示

本章要点

1. 化学结构表示的特点。
2. SMILES编码及MOL格式文件。
3. ChemOffice与HyperChem软件的基本使用。

2.1 化学结构的表示

分子结构是非常重要的信息表达方式之一，是人们使用最为普遍的化学语言，在化学知识的记录、传播和交流中起着十分重要的作用。然而，由于学科发展等历史原因，分子结构的描述存在着多样性和不确定性。随着计算机与网络技术的发展与应用，化学结构的计算机处理成为了现代化学及相关学科中信息管理、检索及数据挖掘等研究工作的基础。

2.1.1 化学结构的一般表示及其特点

(1) 化学结构常见的一般表示方法

① 分子式   以分子中原子组成表示的化学结构。如：分子式 C_6H_6 通常表示苯，但其同分异构体多达 217 种，部分同分异构体见图 2-1！

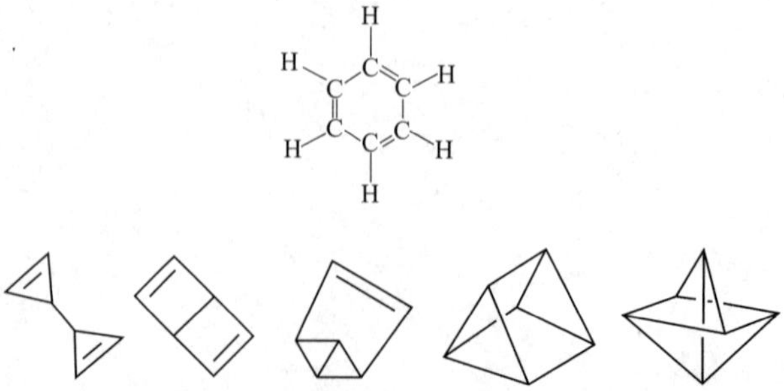

图 2-1   分子式 C_6H_6 的部分同分异构体

② 分子结构示意图　以简单、粗略的方式反映分子中某些特定结构的主要信息，分子结构的几种常见图形表示如图 2-2 所示。

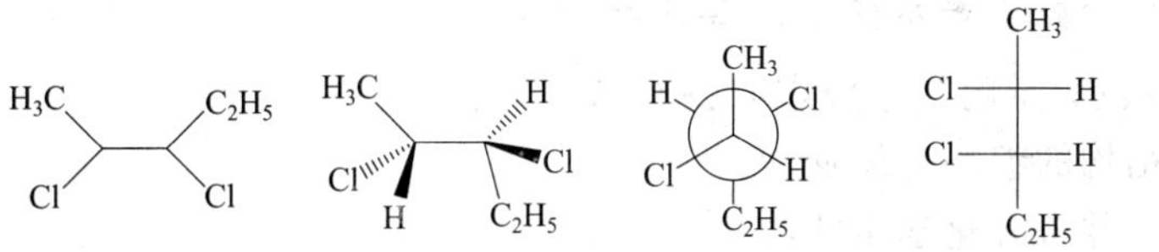

| 二维结构式 | 透视式 | 纽曼投影式 | 费歇尔投影式 |

图 2-2　分子结构的几种常见图形表示

③ 命名　系统命名、俗名、商品名、别名等，在化学及相关学科发展的历程中，为了各自的便利或侧重，对同一分子的化学结构采用不同的命名。如：

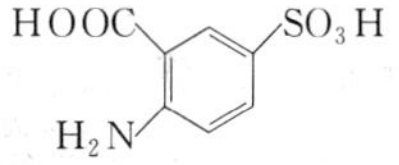

此分子结构的不同命名有：

3-羧基对氨基苯磺酸（3-carboxoxy sulfanilic acid）

5-磺基邻氨基苯甲酸（5-sulfoanthranilic acid）

2-氨基-5-磺基苯甲酸（2-amino-5-sulfobenzoic acid）

2-羧基-4-磺基苯胺（2-carboxy-4-sulfoaniline）

4-氨基-5-羧基-苯磺酸（4-amino-5-carboxoxybenzenesulfonic acid）

反之，同一名称可能对应于不同的分子结构。如，香豆素（Coumarin）：

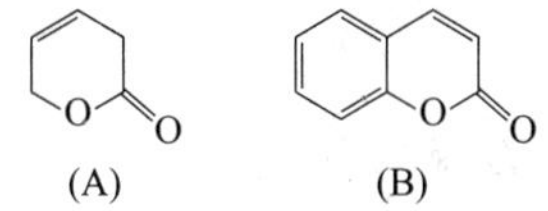

为了应对这一困境，美国化学文摘社（CAS）对结构明确的具体化学物质都设定了唯一的注册登记号，即化学物质 CAS 登记号，成为化学品的"身份证"号。

(2) 化学结构一般表示方法的特点

① 拓扑性　仅考虑原子的联结方式而不考虑键长、键角等细节。

② 习俗性　约定俗成，不够规范。

③ 多重性　仅考虑表达方便或突出某功能基团。

可以看出，尽管化学结构的一般表示能够部分地反映结构信息，且使用较为灵活、方便，但由于更多地关注其传统的信息交流与共享功能，并不能有效地被计算机识别与处理，也不利于借助计算机相关技术实现化学结构特征信息的进一步挖掘。

2.1.2　化学结构的计算机表示方法

随着信息技术（特别是计算机、网络技术）的快速发展，可靠而便捷的化学结构计算机表示成为了必然。这是因为，大量的化学结构及相关的各种数据需要实现计算机管理，以提高化学信息的存储、共享、检索等效率；借助计算机图形学技术实现分子结构的各种呈现形式，从而更加直观、方便地揭示化学特征信息；分子结构与其性质（生物、化学、物理等相关属性）紧密相关，利用计算建模技术更好地挖掘隐藏的化学本质特征，特别是以量子化学、分子力学等理论化学为基础，实现在分子水平上探究相互作用等的分子模拟研究。

（1）化学结构计算机表示的基本要求与特点

化学结构计算机表示的基本要求与特点如下所示。

① 同一化学结构的编码必须唯一。

② 简洁、易学并符合化学家的习惯。

③ 方便计算机检索等技术的应用。

④ 尽可能反映结构的化学特征，易于实现对化学信息的分析、提取与转化等。

⑤ 便于不同需求的化学结构的计算机呈现。

为此，化学结构的计算机表示采用了以下两个层面。

① 编码　计算机内部表示，与化学结构唯一对应，用于检索等。

② 表现　基于化学结构的基本描述，采用量子化学与分子力学等方法的计算结果，结合计算机图形学等技术的可视化呈现。

> 　　　　　　　　（转换/翻译）
> 即：编码==============>外部呈现
>
> 　　在计算机科学中，很多信息的存储与其呈现都是不同的。如，所有的符号（包括西文及中文等）均统一以 ASCII 编码或扩展 ASCII 编码存储（内码表示）；而我们所看到的不同颜色、不同字体、不同大小等的符号呈现则是基于其内码表示对应的基本字模库（字库），采用相关的算法得到的视觉效果。

（2）化学结构计算机表示常见的编码方法

1）一维线性编码

以一定的逻辑规则通过排列有序的字母、数字串对化学结构进行编码，便于识别和搜索。如：

① Wiswesser Line Notation（WLN）编码　最早的线性编码，出现在 20 世纪 60 年代中期到 80 年代，能够精确描述复杂分子。虽然 WLN 有效地压缩了化学结构数据，但其编码让人很难看懂，目前已经被其他的线性编码方式所代替。

② Simplified Molecular Input Line Entry System（SMILES）编码　1986 年由 Arthur Weininger 和 David Weininger 开发，并由 Daylight Chemical Information Systems Inc. 进行修改和扩展，可高度浓缩及间接表达化学结构的信息，是一种灵活易学的线性符号表示法。SMILES 编码不依赖于软件和硬件，占用的空间非常少，很适合存储大量的化合物结构信息，方便相关的计算和检索，作为一种表达和交换分子结构信息的方法得到了广泛的应用。

③ Sybyl Linear Notation（SLN）编码　由 Tripos 公司为其 Sybyl 软件设计，可用来表达结构碎片、子结构查询等，非常适用于数据库的存储和不同程序之间的数据交换。

④ Beilstein Representation Of Structure Diagram Arranged Linearly（ROSDAL）编码 1985 年，Beilstein 学院的 S. Welford 等提出了采用二进制字符串对化学结构进行简单编码的一种方法。

⑤ International Chemical Identifier（InChI）编码　由国际纯粹与应用化学联合会（IUPAC）和国家标准技术研究所联合制定的国际化合物标识，用以唯一标识化合物名称的

字符串。

2）二维矩阵表示

采用距离矩阵、连接矩阵、关联矩阵等，通过对分子体系中各原子进行编号，以矩阵形式描述原子间的相互关系。连接矩阵的简化表示多用于格式文件中；其他矩阵表示多用于化学结构信息的分析、挖掘。

3）格式文件

以几何坐标确切地表示组成分子的原子在三维空间中的排布，并辅以原子连接及键合等信息，形成格式化的描述文件。

几何坐标常采用以下两种方式：直角坐标系确定各原子在三维空间中的位置；分子内相对坐标以键长、键角及二面角定位。

> 值得注意的是，化学结构的计算机表示及呈现是以量子化学与分子力学的基本理论与应用为基础支撑的。
>
> ① 借助计算机图形技术、量子化学与分子力学等方法，只需要根据分子结构的基本信息就可以通过分子模拟软件给出分子模型不同的表现形式。如分子结构、分子表面、电荷密度分布、分子轨道等。
>
> ② 多数化学软件都支持常见的化学结构文件格式，并可实现多格式间的相互转换。
>
> ③ 分子结构的计算机表示也越来越多地应用于专业网站。

2.2 SMILES编码

SMILES 基本规则如下。

◆ 原子以各自的元素符号表示。除有机物中的 C、N、O、P、S、Br、Cl、I 等以外，其他元素符号必须包括在方括号之内。

如，［Au］表示金原子、［OH^-］表示氢氧根离子。

◆ 氢原子通常省略。

◆ 相邻的原子表示彼此相连。

◆ 双键和叁键分别用"＝"和"♯"表示。

如，含有双键的二氧化碳则表示为 O＝C＝O，含有三键的氰化氢表示为 C♯N。

◆ 芳环中的原子用小写字母表示，如 c、o、s、n；也可以用大写字母表示，如 C、O、S、N，但必须标明单双键。

◆ 碳链上的分支置于圆括弧中。

◆ 环用分配的数字来表示两个连接成环的原子。

◆ 分子中不相连的结构部分用圆点分开，各部分的排列是随意的。

◆ 双键两侧的顺反结构用符号"/"和"\"表示，相同表示反式，不同表示顺式。

如，F/C＝C/F 表示反二氟乙烯，它的两个氟原子位于双键的两侧；F/C＝C\F 表示顺二氟乙烯，它的两个氟原子位于双键的同一侧。

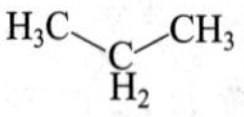

H₃C—CH₃ Propane
CCC

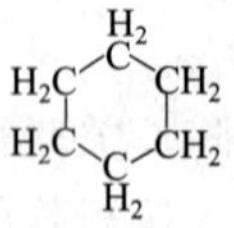

H₂C—CH₂ Cyclohexane
C1CCCCC1

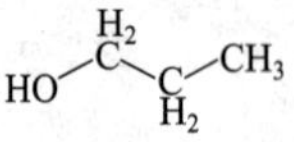

1-Propanol
CCCO 或 OCCC

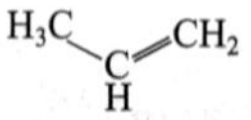

Propene
CC=C或 C=CC

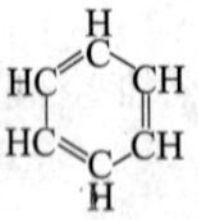

Benzene
c1ccccc1
C1=CC=CC=C1

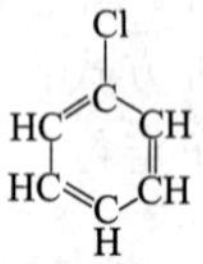

Chlorobenzene
c1cc(Cl)ccc1

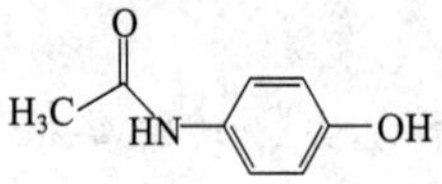

Acetaminophen
c1c(O)ccc(NC(=O)C)c1

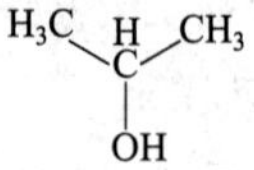

2-Propanol
CC(O)C

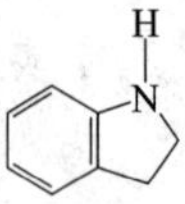

Indole
c1ccc2NCCc2c1

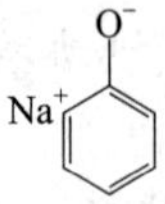

[Na+].[O–]c1ccccc1

n1ccccc1 or
N1=CC=CC=C1

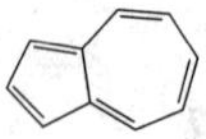

c1cc2cccccc2c1 或
C1=CC2=CC=CC=CC2=C1

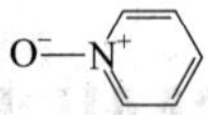

[O–][n+]1ccccc1

¹³CH₄
[13CH4]

D₂O
[2H]O[2H]

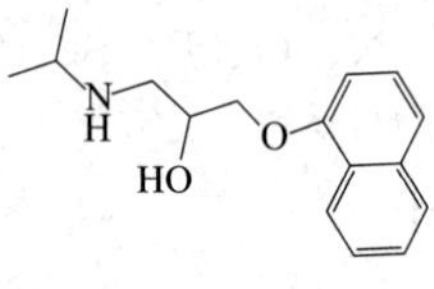

H₂
[H][H]

H⁺
[H⁺]

CC(C)NCC(O)COc1cccc2ccccc12 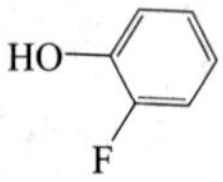   Fc1ccccc1O

再如：

C	Methane	CCO	Ethanol
O	Water	CC(=O)C	Acetone
CC	Ethane	O=C=O	Carbon Dioxide
CO	Methanol	F/C=C/F	*trans*-difluoroethylene
OC	Methanol	F/C=C\F	*cis*-difluoroethylene

注意：

① 同一结构的各种 SMILES 编码在系统中自动规为唯一编码。

② 有关 SMILES 编码规则的细节可以在网上找到：

https：//www.daylight.com/dayhtml_tutorials/languages/smiles/index.html

SMILES 扩展编码

基于基本 SMILES 编码，为方便不同的使用目的，人们又提出了 SMILES 扩展编码。

1) SMARTS（SMiles ARbitrary Target Specification）编码

SMARTS 是一种用来描述具有不同程度特异性和通用性的分子结构模式的 SMILES 扩展编码，新增了逻辑操作符和分子描述符，主要用于功能子结构的模式搜索。

一些例子：

ethenyl carbon	[$([CX3]=[CX3])]
Acetylenic Carbon	[$([CX2]#C)]
carbonyl with Carbon	[CX3](=[OX1])C
Aldehyde	[CX3H1](=O)[#6]
carboxylic acid	[CX3](=O)[OX2H1]
sp2 cationic carbon	[$([cX2+](:*):*)]
aromatic sp2 carbon	[$([cX3](:*):*),$([cX2+](:*):*)]
triply bonded N	[$([NX1]#*)]
phenol-containing	[OH]c1ccccc1

用于描述化学反应或变换中分子结构的 SMARTS 编码又称之为 Reaction SMARTS 编码，由"＞"加以分隔的三个或两个部分组成（反应物＞试剂＞产物；反应物≫产物）。如：

CC(=O)O.OCC>[H+].[Cl-].OCC>CC(=O)OCC

[CH2:1]=[CH:2][CH:3]=[CH:4][CH2:5][H:6]≫
[H:6][CH2:1][CH:2]=[CH:3][CH:4]=[CH2:5]

SMARTS 编码的详细描述可参见以下网站：

https://www.daylight.com/dayhtml_tutorials/languages/smarts/index.html

2) SMIRKS 编码

一种专门描述化学反应及反应机理的 SMILES 扩展编码（也是 Reaction SMARTS 编码的子集），可用于模式搜索。如：

[*:1][N:2](=[O:3])=[O:4]≫[*:1][N+:2](=[O:3])[O-:4]

$$[C:1](=[O:2])[Cl:3].[H:99][N:4]([H:100])[C:0]\gg$$
$$[C:1](=[O:2])[N:4]([H:100])[C:0].[Cl:3][H:99]$$

SMIRKS 编码的详细描述可参见以下网站：

https：//www.daylight.com/dayhtml_tutorials/languages/smirks/index.html

SLN 编码

SLN 基本编码的规定如下。

◆原子用各自的元素符号表示，单个字母的元素符号用大写，两个字母的元素符号中，第一个字母大写，第二个字母小写，氢原子必须标明。

◆键：单键省略；双键、三键或芳香键分别表示为"="、"#"和"："。与 SMILES 相比，芳香性不是原子的属性而是键的属性。

◆圆点表示结构中新的部分的开始。

◆分支用圆括弧表示。

◆环结构：环的闭合通过键和前面原子的一个给定的独特 ID 数表示。ID 数是一个正整数，位于原子后面的方括号内，@表示环的结束。

◆分子中不相连的结构部分用圆点分开。

例如：

化学结构	SLN 编码
CH$_4$	CH4
HCOOH	HC(=O)OH
NaOH	Na.OH
	CH3C(=O)OH
	C[15]H2CH2CH2CH2CH2CH2@15
	O[6]:CH:CH:CH:CH:@6

ROSDAL 编码

ROSDAL 基本规则如下。

◆除氢以外的每个原子都被任意指定一个唯一的数字。

◆碳原子用阿拉伯数字表示；其他原子需要标明元素符号。

◆原子之间键的符号安插在原子数目之间。

◆对分支进行表征时用逗号将其他部分的编码分开。

建立 ROSDAL 编码的步骤如下。

◆画出结构图，对原子任意编号。

◆原子编号直接写在原子的旁边。

◆ 通常只有碳原子不显示原子符号，氢原子可以有原子编号，但是不需要。

◆ 键类型的表示："—"为单键，"＝"为双键，"♯"为三键，"?"为任何连接。

◆ 允许简写，如把单双键交替写成"—＝"。

◆ 逗号分隔分支和取代基团。

例如：

完整型：1O-2＝3O，2-4-5N，4-6-7-12＝11-10＝9-8＝7，10-13O

简洁型：1O-2＝3O，2-4-5N，4-6-7=-12-7，10-13O

InChI 标识与 InChIKey

（1）InChI 标识的主要编码规则

① 层　InChI 标识分为六个层，每个层之间以"/"分隔，并在每层的开头以一个小写字母标明该层的性质。

主层（Main Layer）：以"1"表示；

电荷层（Charge Layer）：以"q"表示；

立体化学层（Stereochemical Layer）：以"t""m""s"表示；

异构体层（Isotopic Layer）：以"i"表示；

固定氢原子（Fixed-H Layer）：以"f"表示；

再连接层（Reconnected Layer）：以"r"表示；

其中主层是必不可少的，其他的层是可以省略的。

② 子层　每个层都可以再分为若干子层（Sub-layer），比如主层可分为以下三个子层：

分子式子层：没有前缀；

原子连接子层：以字母 c 开始；

氢原子层：以字母 h 开始。

例如：

CH₃CH₂OH

InChI＝1/C2H6O　/c1-2-3　　　　/h3H，2H2，1H3

　　　　化学式层　原子连接层　氢原子层

Vitamin C

InChI＝1/C6H8O6/c7-1-2(8)5-3(9)4(10)6(11)12-5/h2,5,7-10H,1H2/t2-,5＋/m0/s1

　　　　化学式层　原子连接层　　　　　　氢原子层　　　　立体化学层

（2）InChIKey

InChIKey 是对 InChI 运用 SHA-256 算法处理后得到的 Hash 串（长度固定为 27 个字符），以解决 InChI 长度不定的问题。InChIKey 字符串必须转换回 InChI 才具有可读性，主要用作关键字检索出对应的 InChI，再做进一步的使用。

几种线性编码对照：

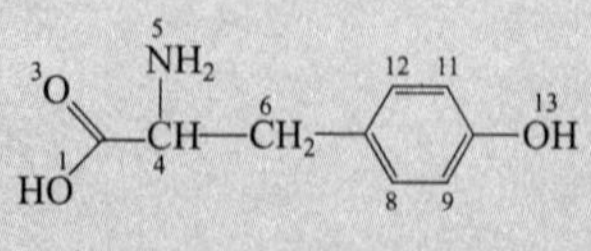

SMILES 编码

OC1＝CC＝C(CC(C(O)＝O)N)C＝C1

SLN 编码

OHC(＝O)CH(NH2)CH2C[1]＝CHCH＝C(OH)CH＝CH@1

ROSDAL 编码

1O-2＝3O,2-4-5N,4-6-7＝-12-7,10-13O

WLN 编码

QVYZ1RDQ

InChI 标识

1S/C9H11NO3/c10-8(9(12)13)5-6-1-3-7(11)4-2-6/h1-4,8,11H,5,10H2,(H,12,13)

InChIKey 码

OUYCCCASQSFEME-UHFFFAOYSA-N

2.3　化学结构的二维表示及格式文件

　　线性编码虽然可以用于化学结构数据库的输入、存储和检索，但缺乏直观性且需要专门学习编码规则，使用二维或三维图形直观表示化学结构是化学家最常用的方式之一。由于计算机无法直接识别图形图像软件绘制的结构图形，因此需要对化学结构图形进行某种转换，以建立与分子结构对应的计算机内部表达方式。最常用的分子结构图形计算机表达方式是连接表、位置坐标等的格式文件，成为分子图形显示等的信息来源。

2.3.1　连接表

　　表示分子中各原子的连接关系有很多方法，最常用的一种就是连接表。

　　① 对分子中的各原子任意编号，形成原子列表（Atom Lookup Table）。通常，省略氢原子，即氢不出现在原子列表中。

　　② 基于原子列表产生一个二维表，将表示相连原子的键合数（1为单键，2为双键等）填入此二维表中相应的位置，形成连接表（Connection Table）。

　　原子列表及其连接表可以表示分子中原子之间的相互关联及成键情况。

　　例如：

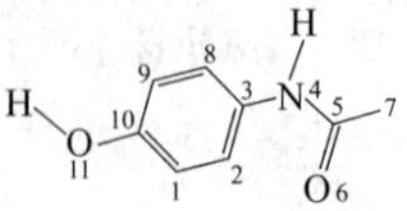

其原子列表及连接表如下：

Atom Lookup Table

No.	Label
1	C
2	C
3	C
4	N
5	C
6	O
7	C
8	C
9	C
10	C
11	O

Connection Table

	1	2	3	4	5	6	7	8	9	10	11
1		1								2	
2	1		2								
3		2		1				1			
4			1		1						
5				1		2	1				
6					2						
7					1						
8			1						2		
9								2		1	
10	2								1		1
11										1	

在二维矩阵连接表中，存在冗余信息且有无效占用的存储空间。因此，在实际处理时，为了提高运行效率，采取了各种简化表示。

2.3.2 格式文件

化学结构以及相关的数据处理通常借助不同的软件系统和数据库资源，其中化合物结构信息的交换起着重要的作用。20 世纪 70 年代早期开始，不同的从事计算机化学研究的工作者发展了多种不同的结构表示方法，产生了多种不同的分子结构文件格式，用于解决不同的问题。其中，由分子设计公司（Molecular Design LTD，MDL）发布的 MOL 文本文件格式已经成为最重要的化学结构标准文件格式之一。同时，在此基础上发展起来的 SD 格式文本文件可以存储多个分子结构及其相关性质信息，已成为分子结构集合常用的文件格式。

> 注意：目前大多数化学软件都支持 MOL 格式文件。尽管由不同化学软件创建的 MOL 格式文件可能存在细微的差异，但不影响结构信息的表示与交流。

（1）MOL 格式文件（＊.MOL）

每个 MOL 文件由两部分组成：头文件块（1～3 行）和信息表。

（a）头文件块

第 1 行 分子的名称。

第 2 行 产生本文件的程序名称及日期、时间等一般的信息。同时标明本文件是产生于 2D 还是 3D 的分子结构。

第 3 行 一般为空行或补充说明。

（b）信息表

从第 4 行开始，描述化合物中原子的连接情况。在原子块中，每个原子用一行表示，包括笛卡尔坐标、元素符号、同位素等信息；在键合信息块中，每行描述两个编号对应原子间的成键、成环、立体化学等信息。

MOL 格式文件常用的有 V2000 及 V3000 两个版本。

例如：在 HyperChem 软件中，三维建模的分子结构可保存为 MOL 格式（V2000）文件，其文件结构及重要信息的解读见图 2-3。在 ChemDraw 软件中，画好的二维分子结构可保存为 V2000 或 V3000 版本的 MOL 格式文件，其文件结构见图 2-4。

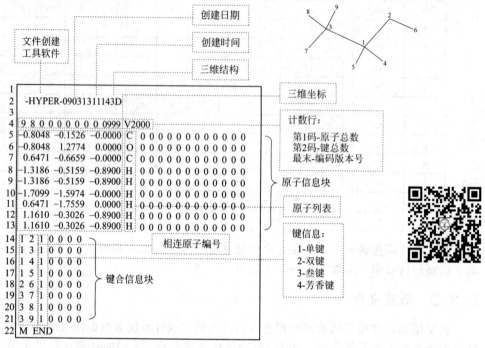

图 2-3　V2000 版本 MOL 格式文件结构

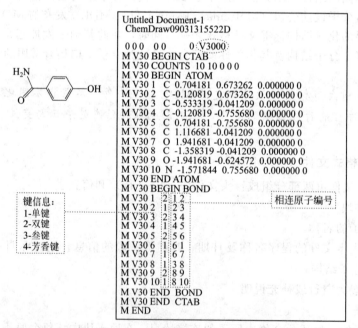

图 2-4　V3000 版本 MOL 格式文件结构

（2）SD 格式文件（＊.SDF）

SD 格式文件是 MDL 公司提出的 MOL 扩展格式文件，可以包含一个或多个分子的结构信息及其相关数据，非常适用于数据库和各种化学软件之间的信息交换。

在 SD 格式文件中，每个分子除采用统一的 MOL 格式表示外，还可以附加其他的信息描述项。如，熔点、分子量等物理化学性质以及生物活性等。在一个 SD 文件中，所有分子均具有相同的附加信息描述项以保证格式的一致性；一个分子信息描述的结束以独占一行的终止符（＄＄＄＄）表示。

例如，某 SD 文件内容如下：

```
csChFnd80/10160515142D
 7  7  0  0  0  0  0  0  0  0999 V2000
    1.7917    1.4542    0.0000 Br  0  0  0  0  0  0  0  0  0  0  0  0
    0.4542    0.6833    0.0000 C   0  0  0  0  0  0  0  0  0  0  0  0
    0.4542   -0.8583    0.0000 C   0  0  0  0  0  0  0  0  0  0  0  0
   -0.8750    1.4542    0.0000 C   0  0  0  0  0  0  0  0  0  0  0  0
   -2.2167    0.6833    0.0000 C   0  0  0  0  0  0  0  0  0  0  0  0
   -0.8750   -1.6333    0.0000 C   0  0  0  0  0  0  0  0  0  0  0  0
   -2.2167   -0.8583    0.0000 C   0  0  0  0  0  0  0  0  0  0  0  0
  2  1  1  0  0  0  0
  3  2  2  0  0  0  0
  4  2  1  0  0  0  0
  5  4  2  0  0  0  0
  6  3  1  0  0  0  0
  7  5  1  0  0  0  0
  6  7  2  0  0  0  0
M  END
>  <Mol_ID>(1)
2
>  <Formula>(1)
C6H5Br
>  <MolWeight>(1)
157.0079
$ $ $ $
csChFnd80/10160515142D
 7  7  0  0  0  0  0  0  0  0999 V2000
    1.7917    1.4542    0.0000 Cl  0  0  0  0  0  0  0  0  0  0  0  0
    0.4542    0.6833    0.0000 C   0  0  0  0  0  0  0  0  0  0  0  0
    0.4542   -0.8583    0.0000 C   0  0  0  0  0  0  0  0  0  0  0  0
   -0.8750    1.4542    0.0000 C   0  0  0  0  0  0  0  0  0  0  0  0
   -2.2167    0.6833    0.0000 C   0  0  0  0  0  0  0  0  0  0  0  0
   -0.8750   -1.6333    0.0000 C   0  0  0  0  0  0  0  0  0  0  0  0
   -2.2167   -0.8583    0.0000 C   0  0  0  0  0  0  0  0  0  0  0  0
  2  1  1  0  0  0  0
  3  2  2  0  0  0  0
  4  2  1  0  0  0  0
  5  4  2  0  0  0  0
  6  3  1  0  0  0  0
  7  5  1  0  0  0  0
  6  7  2  0  0  0  0
M  END
>  <Mol_ID>(2)
3
>  <Formula>(2)
C6H5Cl
>  <MolWeight>(2)
112.5569
$ $ $ $
```

此文件含有两个 MOL 格式（V2000）描述的分子结构；每个分子均附加了 Mol_ID、Formula 和 MolWeight 三个信息描述项。

(3) 其他常见专用格式

ChemDraw	*.cdx	*.chm
Chem3D	*.c3d	
Brookhaven PDB	*.pdb	*.ent （生物大分子常用格式）
ISIS Sketch	*.skc	
Tripos MOL2	*.mol2	
Gaussian input	*.gif	
HyperChem	*.hin	
MOPAC Z-matrix	*.zmt	
Cartesian	*.xyz	

……

2.4 化学结构的计算机处理

2.4.1 化学结构的计算机输入与可视化

(1) 化学结构的计算机输入

化学结构的计算机输入通常可采用以下方法进行。

① 利用化学软件直接绘制　常用的化学结构绘制软件有：ChemWindow、MDL ISIS-draw、MDL Chime、ChemSketch、HyperChem、SYBYL、Discovery Studio，还包括 ChemOffice 中的 ChemDraw、Chem3D……

② 采用 IUPAC 系统命名、编码等，由化学软件进行转换　如，ChemDraw 可进行结构与命名、结构与 SMILES 编码互换等功能。

③ 以 SMILES 等编码或绘制化学结构计算其性质　如，molinspiration：https://www.molinspiration.com/cgi-bin/properties

> 注意：对于非化学软件中绘制的结构（如利用画图、绘图工具等绘制的结构），由于无法识别并转换为化学结构的计算机表示，因而不能进一步用于计算机可视化等处理。

(2) 化学结构的计算机可视化

基于分子结构的基本信息，根据呈现形式的需要，通过分子力学与量子化学的理论计算，最终借助计算机图形学技术给出三维空间中分子形态或原子分布的可视化结果。在实际操作中，可通过分子建模软件实现多种显示模式。最常见的显示模式有以下几种。

① 线型表示（Line）　三维分子结构可视化中最简单的一种，用定长的直线表示化学键，直线的交点是原子。这种显示方法只突出了分子的骨架，但缺乏立体感。

② **棒状表示（Stick）**　是从线性表示法发展而来的，使用较粗的圆棒表示化学键，棒与棒的交界处表示原子，已经具有一定的空间立体感。

③ **球棍模型（Ball and Stick）**　也称克库勒（Kekule）模型，用圆球表示原子，用圆棒表示化学键，是最常用的三维结构表示方法。不同的元素用不同的颜色来区分，圆球大小可按原子半径的比例显示。

④ **空间填充表示（Space Fill）**　以分子的某种性质在三维空间中进行填充，形成分子结构表面立体图。如，以原子范德华半径的圆球来表示原子，体现分子中原子的拥挤程度和分子体积；以溶剂可及表现分子的有效形状；以静电在分子表面的分布给出电势图等。

如图 2-5 所示，对化学结构（a）有：线型表示（b）、棒状表示（c）、球棍模型（d）、

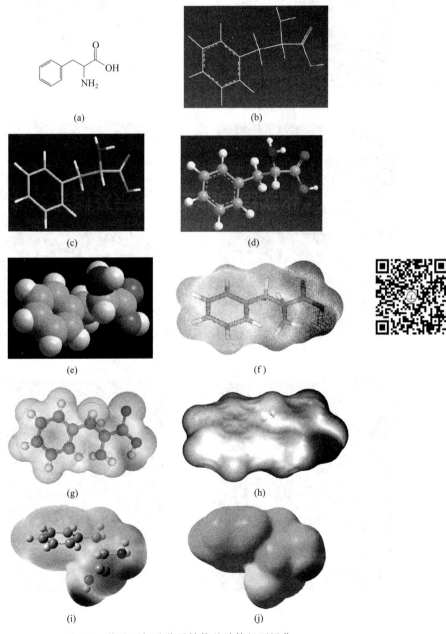

图 2-5　苯基丙氨酸分子结构的计算机可视化

斯陶特模型（e）、溶剂可及表面网格图（f）、溶剂可及表面半透明图（g）、溶剂可及表面立体图（h）、静电势表面半透明图（i）及静电势表面图（j）。

生物大分子的计算机可视化以反映结构特征为主要目的，如，大分子二级子结构、主链等。图2-6给出几种常见生物大分子的可视化效果，其中（b）、（c）、（d）、（e）为同一蛋白分子的不同呈现结果。

注意：不同的化学软件提供的分子建模可视化的功能与效果可能不同。

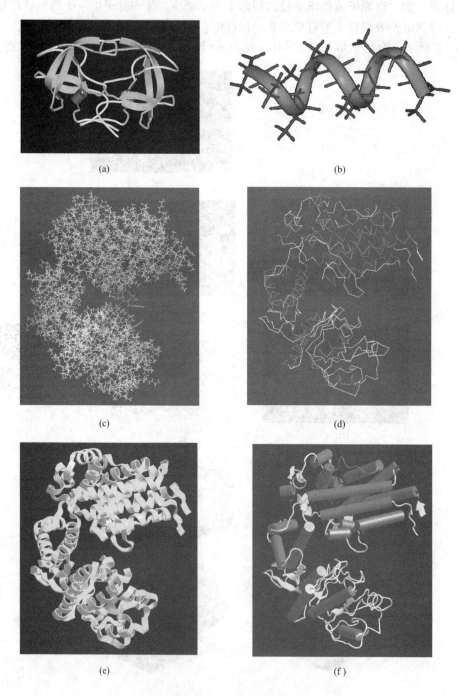

图 2-6 常见生物大分子结构特征的计算机可视化

部分化学软件及其网址

ChemDraw：

    https：//www. perkinelmer. com. cn/category/chemdraw

MDL Chime：

    http：//www. umass. edu/microbio/chime/getchime. htm

MDL IsisDraw：

    https：//mdl-isis-draw. updatestar. com/en

ACD ChemSketch

    https：//www. acdlabs. com/resources/freeware/index. php

Jmol

    http：//jmol. sourceforge. net/

RasMol

    http：//www. umass. edu/microbio/rasmol/

2.4.2 ChemOffice 简介

ChemOffice 是 CambridgeSoft 公司（http：//www. cambridgesoft. com/）面向广大从事化学、生物研究的科研人员设计开发的桌面软件包，集成了七个专业的化学与生物应用插件。

① ChemDraw：最优秀的化学结构等绘图软件之一。

② Chem3D：提供 3D 分子图及分子轨道特性等分析功能，并可调用数种量子化学计算软件。

③ BioDraw：专为生命科学工作者设计的绘图工具。

④ ChemFinder：化学信息搜寻整合系统，可以建立化学数据库或使用现有的化学数据库；还可从本机或网上搜寻分子结构文件。

⑤ E-Notebook：提供了一个电子实验记录软件并实施信息共享。

⑥ BioAssay：对生物试验中 DLS 平板读取器中的数据进行存储、分析、管理。

⑦ Inventory：化学试剂与材料的库存管理和跟踪系统。

ChemOffice 采用所见即所得的可视化人机交互设计，提供化学工作者所需的各类模板及功能，具有易学易用、操作便捷等特点。ChemOffice/ChemBioOffice 软件包有多个版本，主要功能大同小异，下面仅对其中 ChemDraw 与 Chem3D 的主要功能及使用技巧进行简介。

（1）ChemDraw

ChemDraw 是以化学绘图为主要特色的模块，可以输出标准化、高质量的图片。此外，还附带了一些简单、实用的性质计算、图谱模拟等工具。ChemDraw 的主要功能如下。

◆ 化学结构及化学反应式绘图。

◆ 分子命名、编码与结构的相互转换。

◆ 分子结构的 NMR 图谱模拟、分子性质与组成的计算。

◆ 实验装置图绘制。

◆ 生物过程与细胞模型搭建等。

ChemDraw 的工作界面如图 2-7 所示。

1）ChemDraw 可读取与保存的文件类型

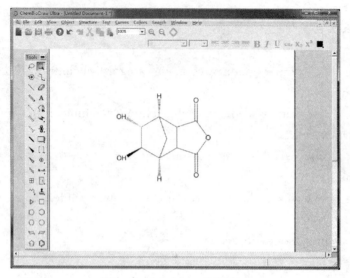

图 2-7　ChemDraw 工作界面

除了可以识别常见的分子描述格式文件外，ChemDraw 也能读取或保存为 JPEG 图像等多种其他格式文件，只是不能对其进行常规的操作（图 2-8）。

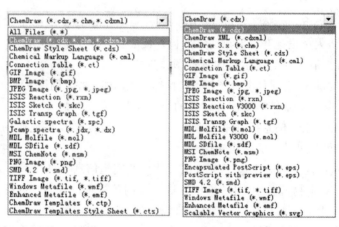

图 2-8　ChemDraw 可读取（左）与保存（右）的文件类型

2）ChemDraw 的个性化设置

在主菜单 File＞Document Settings 可设定绘制时的缺省设置（图 2-9）：

3）化学结构、化学反应式绘图

绘图常用的基本单元与模块汇集在主窗口中的 Tools 面板，图标中右下角带有三角的标记表明可点开备选项或打开下拉子菜单。绘图时可先从中点选对应图标，再在编辑区域中单击左键并进行必要的拖动以确定绘制单元的位置、方向、角度等。Tools 中部分重要的绘图单元与模板如图 2-10 所示。

ChemDraw 提供了众多模板，还允许用户自定义新模板。图 2-11 仅展示了 Tools 工具面板下拉子菜单中的部分模板。

所有模板均可通过主菜单 View＞Templates 打开各自的独立子窗口。

选取构建的分子，通过主菜单 Edit＞Get 3D Model 功能就可即时得到该分子的三维结构（图 2-12）。

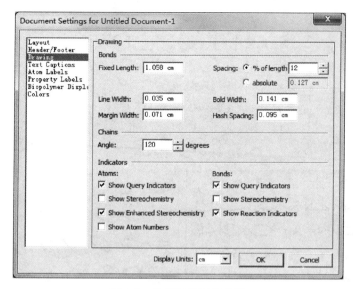

图 2-9　绘图时的缺省设置

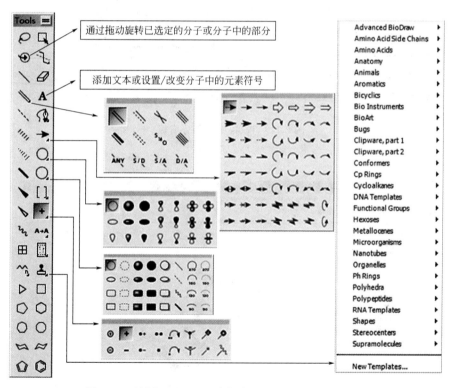

图 2-10　绘图工具 Tools 中部分重要的绘图单元与模块

技巧提示如下。

①　连接　在进行结构绘制时，特别需要注意鼠标滑动到连接位置时热点的自动激活，即出现蓝色的框或块，表示此处化学可连接。若连接后出现红色框，表明该处的连接异常。

②　绘图　重复画单键可得到双、三键；橡皮擦重复使用可将三键变为双、单键及彻底消除；如果想改变已绘制箭头的长短，还可按下"Shift"键，鼠标移向箭头头部，出现蓝

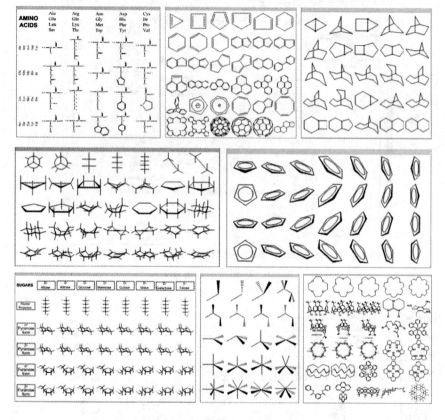

图 2-11　Tools 中的部分模板

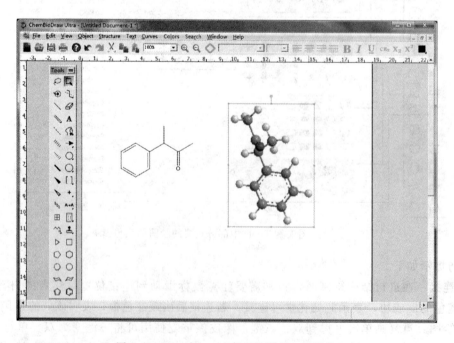

图 2-12　ChemDraw 中显示分子的三维结构

色小框时，左键拖动。

③ 选取　可利用套索或矩形工具通过点左键并移动进行选取；左键单击单元之热点选取；按下 Shift 键的同时再单击其他热点可实现选择单元的加/减。

④ 平移、缩放与旋转　选取构建好的图形，通过拖动进行平移，拖动选择框控制点可实现缩放、拉伸、旋转等操作。缩放时会弹出提示，是否将当前比例设为缺省。

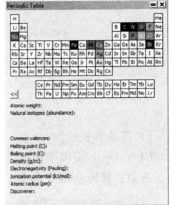

⑤ 拷贝　选取构建好的图形或单元，按下 Ctrl 键的同时拖动可进行复制；从主菜单 Edit 或右键选取 Copy 进行复制后，可在 Word、PPT 中粘贴。

⑥ 从主菜单 View 中的 Other Toolbars 可调出其他工具的独立窗口。

⑦ 元素周期表及元素性质　从主菜单 View 中点选 Show Periodic Table Window，可弹出元素周期表，点击［》］可展开所选元素之性质等信息（图 2-13）。利用该表也可更改分子结构中的原子。

图 2-13　元素周期表独立窗口

4）分子命名、编码与结构的相互转换

① IUPAC 命名与结构的互换　在主菜单 Structure 中有：

| Convert Name to Structure | Shift+Ctrl+N |
| Convert Structure to Name | Alt+Ctrl+N |

可将 IUPAC 命名的分子转换为对应的结构，或将已选取的分子结构转换为其对应的 IUPAC 命名。

② 编码与结构的互换　复制编码或 IUPAC 命名后，通过主菜单 Edit＞Paste Special 弹出的子菜单中选取已复制内容的归属（图 2-14 左），即可获得对应的结构。

选取构建的分子结构，通过主菜单 Edit＞Copy As 弹出的子菜单中选取所需编码类型（图 2-14 右），即可将对应编码产生于剪贴板中，可在需要的地方粘贴。

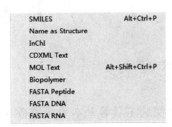
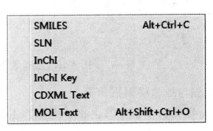

图 2-14　编码与结构的互换

5）分子结构的 NMR 图谱模拟、分子性质与组成的计算

选取构建的分子结构，在主菜单 Structure 中点选相应的子菜单项可获得该分子结构的 NMR 模拟图谱：

Predict ¹H-NMR Shifts
Predict ¹³C-NMR Shifts
Make Spectrum-Structure Assignment

选取构建的分子结构，在主菜单 View 中点选 Show Chemical Properties Window、

Show Analysis Window 子菜单项可打开该分子结构的性质、组成等信息的窗口（图 2-15）。

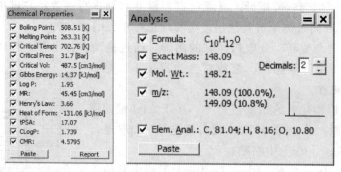

图 2-15　分子结构的性质与组成等信息的独立窗口

6）实验装置绘制

ChemDraw 提供了丰富的化学实验玻璃仪器等相关的基本单元模板（图 2-16），通过点选、拖动、旋转及缩放等操作，方便用户快速组合而绘制出自己的实验装置图。

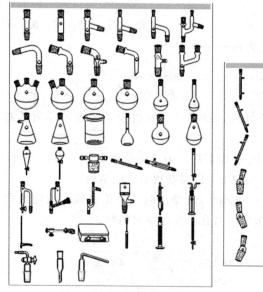
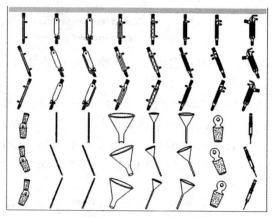

图 2-16　实验装置绘制模板

7）生物过程与细胞模型搭建等

ChemDraw 也提供了丰富的生物、细胞、生化实验工具等基本单元模板（图 2-17）。

（2）Chem3D

Chem3D 将分子结构的构建、分析、计算等工具融于一体，并为 Gaussian 和 Games 等程序提供了计算接口。Chem3D 是以分子结构三维建模为主要特色的模块，通过分子力学与量子化学的计算获得分子在三维空间的构象及相关性质。Chem3D 的主要功能如下。

◆ 三维化学结构分子模型的建立。

◆ 分子结构优化。

◆ 结构参数计算及相关性质的预测。

◆ 分子轨道、电荷密度分布等多种显示模式。

Chem3D 的工作界面如图 2-18 所示。

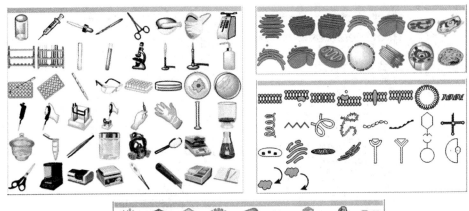

图 2-17　生物相关绘制模板

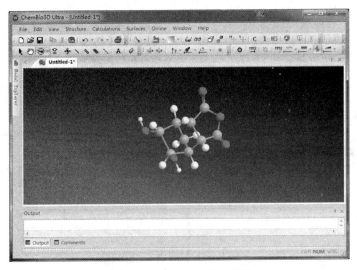

图 2-18　Chem3D 工作界面

1）Chem3D 可读取与保存的文件类型

除了可以识别常见的分子描述格式文件外，Chem3D 也能读取或保存为 JPEG 等更多其他图像格式文件，只是不能对其进行常规的操作（图 2-19）。

2）Chem3D 的个性化设置及主界面上的重要功能图标

在 Chem3D 中，个性化设置由 Model Settings 和 Preferences 两部分实现（图 2-20）：

主菜单 File＞Model Settings 设置三维分子结构呈现时的缺省方法与参数；

主菜单 File＞Preferences 可设置 Chem3D 运行的基本环境等。

Chem3D 操作主界面上的重要功能图标除标准图标组外，还有建模组、展示组、计算组、模型显示组等，并且用户还可以根据自己的习惯进行功能图标的增减以方便使用。当鼠标滑动到功能图标上时，会出现该图标功能的简要提示。各组中一些重要图标的功能简介如图 2-21 所示。

3）主菜单重要功能

Edit＞Copy As 可将已选取的分子拷贝为结构、编码等项目存于剪贴板。

图 2-19　Chem3D 可读取（左）与保存（右）的文件类型

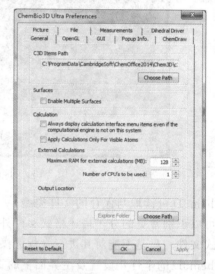

图 2-20　Chem3D 的个性化设置窗口

View 可控制工具条、功能窗口、各种表及分子结构细节等的显示开关（图 2-22）。

Calculations 是分子结构建模中最重要的菜单项。三维建模的准确性、分子性质的获得与展示等大多都需要首先进行计算（图 2-23）。

Calculations 菜单中的 Dihedral Driver 可进行单键旋转的构象优化。如图 2-24 所示，对于选定的单键，调用 Dihedral Driver 可获得其构象变化与能量关系。

Calculations 菜单中的 AutoDock Interface 提供了安装并运行分子对接软件的接口；Compute Properties 提供了可计算参数的窗口（图 2-25）。此外，Chem3D 还提供了其他计算模块的接口，如 Gaussian、Mopac 等。

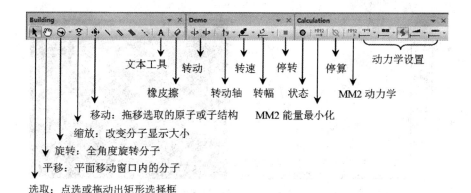

文本工具　　转动　　转速　　停转　　停算

橡皮擦　　转动轴　转幅　状态　　MM2 动力学

移动：拖移选取的原子或子结构　　MM2 能量最小化

缩放：改变分子显示大小

旋转：全角度旋转分子

平移：平面移动窗口内的分子

选取：点选或拖动出矩形选择框

动力学设置

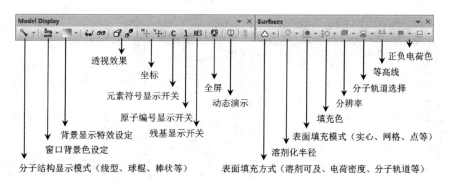

透视效果

坐标

元素符号显示开关　　全屏

原子编号显示开关　动态演示

残基显示开关

背景显示特效设定

窗口背景色设定

分子结构显示模式（线型、球棍、棒状等）

正负电荷色

等高线

分子轨道选择

分辨率

填充色

表面填充模式（实心、网格、点等）

溶剂化半径

表面填充方式（溶剂可及、电荷密度、分子轨道等）

图 2-21　Chem3D 重要的功能图标

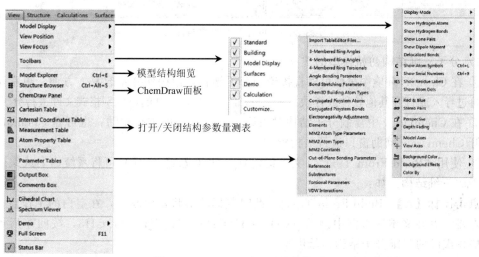

模型结构细览

ChemDraw面板

打开/关闭结构参数量测表

图 2-22　Chem3D 中 View 菜单项

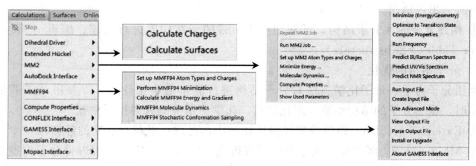

图 2-23　Chem3D 中 Calculations 菜单项

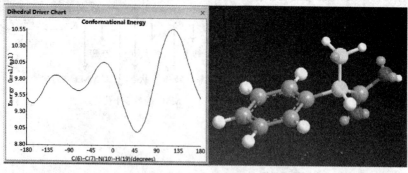

图 2-24 构象变化与能量关系

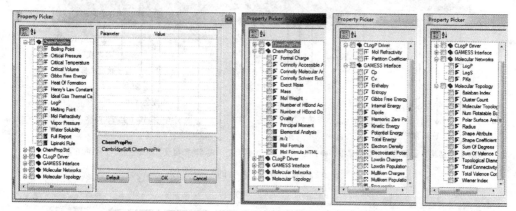

图 2-25 可计算的参数与性质

4) 分子三维结构初始模型的建立

① 在 Chem3D 环境中虽然可以直接绘制分子结构，但操作并不容易、方便。更常用的方法是通过导入或打开其他软件或模块（如 ChemDraw 等）建立的可识别格式文件进行分子建模。

② 在 ChemDraw 中复制分子结构对象后在 Chem3D 中进行粘贴；也可在 Chem3D 环境中打开 ChemDraw 辅助窗口进行结构绘制。

③ 使用 "Build From Text"（文本构建）工具（【A】图标）可将系统命名或编码转化为分子的三维结构。如：

点击图标【A】（Build From Text），此时鼠标的形状发生改变，在空白的工作窗口双击鼠标左键，并在文本输入框中键入（CH3）CH（CH3）CH2CH（OH）CH3，按回车后可得到 4-甲基 2-戊醇的三维分子结构初始模型。

利用此功能还可更改分子中已选择的原子或结构。注意，对于由 SMILES 编码转换的结构有时会出现错误。

④ 构建复杂的大分子结构，可利用程序自带的子结构库进行组建、编辑（View＞Parameter Tables＞Substructure）。

5) 分子结构的优化

利用分子力学、量子化学方法对分子结构进行能量最小化计算，以获得分子的最优结构；同时，也为分子的结构参数、理化性质、化学图谱等的获得提供依据。

① Extended Hückel 简单的半经验计算方法，可进行电荷和表面的计算。

② MM2 分子力场方法，在小分子的有机化学领域应用广泛，可进行分子构型的能量优化和分子动力学计算。

③ Games 从头算计算程序，可进行分子构型的能量优化和分子性质的计算。

④ Gaussian 量化计算程序，包括多种计算方法。

⑤ MOPAC 半经验计算程序，可支持 MINDO、MINDO/3、MINDO-d、AM1 和 PM3 等多种计算方法，用于分子构型的能量优化、性质计算（计算焓变、溶剂能、偶极矩、点电荷、轨道密度等）、过渡态优化和光谱分析。

2.4.3 HyperChem 简介

HyperChem 是 Hypercube Inc.（http：//www.hyper.com）开发的分子三维结构分子建模软件，包括了多种量子化学（半经验、从头算和密度泛函）、分子力学、分子动力学、Monte Carlo 模拟等计算方法，可进行分子结构优化、性质计算、过渡态与激发态等计算，UV、IR 吸收及 NMR 模拟等。

HyperChem 的工作界面如图 2-26 所示。

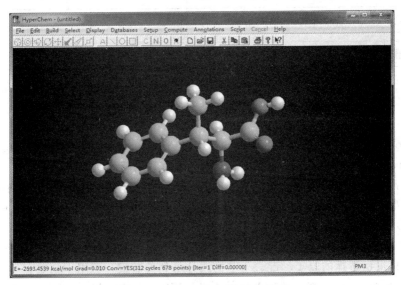

图 2-26 HyperChem 的工作界面

（1）HyperChem 可识别文件类型及 Preferences 设置

除了可以识别常见的分子描述格式文件外（图 2-27），HyperChem 还可将分子结构另存为 HTML 格式，以便网页浏览器中展示。

基于 File＞Preferences 的设置项，可预设界面、显示等偏好（图 2-28）。

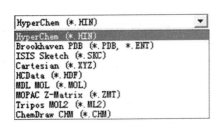

图 2-27 HyperChem 可识别的格式文件类型

图 2-28 HyperChem 的 Preferences 设置

（2）HyperChem 快捷图标与重要菜单项

1）快捷图标

当鼠标移动至快捷图标上时，会出现相应的功能提示信息；重要图标的功能简介如图 2-29 所示。

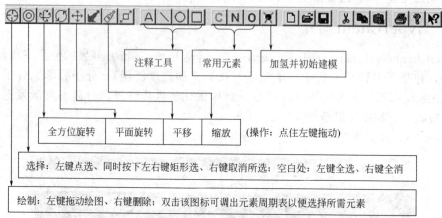

图 2-29　重要快捷图标的功能简介

2）重要的菜单功能项

① File

Start Log... /Stop Log...　将此期间所有的计算输出保存为指定的以 log 为扩展名的日志文件。该文件为文本文件，可用"记事本"等打开以获取所需结果。

Import... /Export...　导入由 HyperChem 或其他量子化学计算程序得到的分子轨道、偶极矩、紫外可见光谱和红外光谱等数据；导出由 HyperChem 计算得出分子轨道、偶极矩、紫外可见光谱和红外光谱等数据。

② Edit

Copy　拷贝已选择的原子、键、子结构或分子到剪贴板，可用于粘贴。

Copy ISIS Sketch　将已选择的结构以 ISIS Sketch 格式拷贝到剪贴板，可在 HyperChem 或其他能识别 ISIS Sketch 格式描述的化学软件中粘贴。

Copy Image　将工作区分子结构以图像格式拷贝到剪贴板上，可在 Word、PPT、PS 等中粘贴。图像文件格式设置可使用 File＞Preferences＞Setup Image 命令。

Invert　以选定的原子为中心对分子结构进行倒置，可用于改变手性分子的手性。

Reflect　通过选定的平面对分子结构或选择的部分结构进行镜像操作。如环己烷的椅式构象可通过局部镜像操作转换为其船式构象。

③ Build

Explicit Hydrogens　勾选时，结构绘制中左键拖动结束时自动设置为氢原子，否则仍为已选定原子，加氢需另外进行。

Default Element　弹出元素周期表，选定结构绘制时默认原子的元素符号，如图 2-30 所示。此外，还可显示当前选定元素的部分性质。

Add Hydrogens　为未饱和原子添加氢原子，已经饱和的原子不受影响；如果只选定部分未饱和原子，则只对这些选定原子添加氢原子。

Add H & Model Build　将绘制的分子添加氢原子并规整为初始三维立体结构；如果选定某些原子或结构，则只对这些选定部分进行加氢和建模。

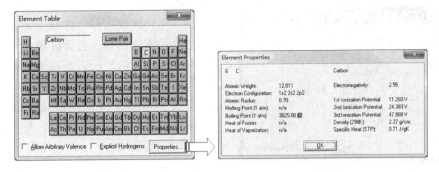

图 2-30　元素周期表及当前选定元素的部分性质

注意：在 HyperChem 中绘制的分子结构往往不规范，通过此功能可获得较为合理的、最接近绘制结构的初始立体结构（此结构一般还不是能量最低的最优结构）。如，通过绘制建立了不规范的环己烷分子骨架后，再利用加氢建模获得其椅式构象的初始三维分子结构：

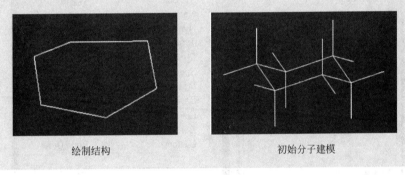

绘制结构　　　　　　　　　　　　　　初始分子建模

Substitute Selected H　打开子菜单选取所需基团以取代分子中已选氢原子。

Allow Arbitrary Valence　允许原子采用任意的价态。如果关闭该选项，则绘制的原子必须符合价键规则。

Set Formal Charge　设定所选原子的形式电荷，取值范围为 [−3 : +3] 的整数。

United Atoms/All Atoms　将成键的一些原子组合成一个基团或将组合的基团解离。

Calculate Types/Compile Type Rules/Set Atom Type　由于各种分子力场方法对原子的类型表述方式不尽相同，当改变了力场方法时，要进行原子类型的设置与计算，并重新编译原子类型文件。

Set Mass　设定被选定原子的原子量。HyperChem 会自动为原子设定平均原子量，对于同位素则改变为其精确原子量。

Set Charge　设定被选定原子的电荷数值。分子力场方法不会自动给原子设定电荷，而在量子化学计算后各原子都被分配了电荷。

Set Custom Label　设定被选定原子的用户自定义标记。

Constrain Geometry/Constrain Bond Length/Constrain Bond Angle/Constrain Bond Torsion
在建模时，强制限定相关的空间几何结构，否则 HyperChem 自动确定。

④ Select　提供了选取单元（原子、残基、二级结构、分子）、选取模式（多选、单选、全选、反选、骨架选择、球柱区域选择、串及数字标识选取等）以及所选结构或分子的自命

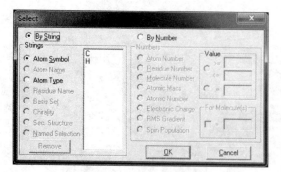

图 2-31 通过已定义的串及数字标识选取

名等功能。

球（柱）区域选择　选取原子后，同时按住鼠标左右键拖动划出选择区域。

在进行选择的同时，会在界面窗口底部的 Status 栏同步显示相关的信息。如原子序号、元素符号、电荷、坐标；键长、键角、二面角；残基的序号、名称、数目；分子量等。

⑤ Display　调整并决定了分子显示的各种设定。其中，Rendering Options 设定渲染效果、而 Labels 可以多种方式显示各原子的标记（图 2-32）。

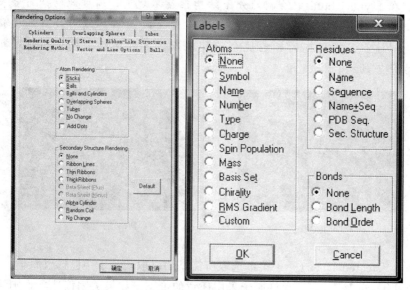

图 2-32　渲染与标记

⑥ Databases　使用 Databases 菜单里的命令，可将残基库中氨基酸和核酸以特定连接规则构建成多肽和聚核苷酸等生物大分子；并可进行聚合物、糖类分子及晶体结构的构建。部分构建工具如图 2-33 所示。

⑦ Setup 与 Compute　这两个菜单项相互配合，完成分子结构的优化及相关的性质、光谱预测等计算。

Setup 菜单　可确定的计算方法有分子力场、半经验、从头算以及密度泛函四类；每类方法又可细分（图 2-34）。

Compute 菜单　采用 Setup 选定的方法实现计算。如果要停止计算，可选择菜单栏上的 Cancel 命令；如果要储存计算结果，可使用 Start Log... /Stop Log... 菜单项。

Single Point　计算分子结构或被选定原子的总能量。使用量子化学计算后还可显示分子的对称性、绘制分子轨道图形等。

Geometry Optimization　可得到分子或被选定原子的局域能量最小结构。几何构型优化的参数设置窗口如图 2-35 左所示。

Molecular Dynamics　分子动力学模拟计算分子运动，从中可观察分子平衡特性和运动

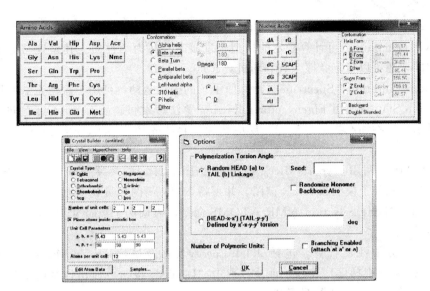

图 2-33 Databases 中的部分构建工具

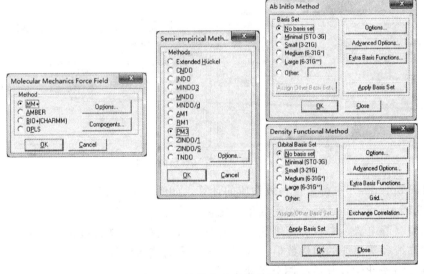

图 2-34 计算方法的具体设定

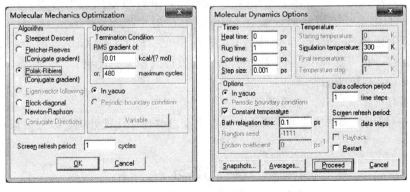

图 2-35 几何构型优化及分子动力学的参数设置

状态。分子动力学选项的参数设置窗口如图 2-35 右所示。

Langevin Dynamics 可计算稳定的构型、过渡态和热力学性质。其设置与分子动力学方法基本相同，还可以指定摩擦系数和随机数起点。

Vibration/Vibrational Spectrum 计算原子核的振动运动，可用于振动光谱的显示。

Transition State 使用 Eigenvector-following 算法搜索和显示工作区分子的过渡态，也可搜索和显示反应物和产物的过渡态。反应物和产物要先使用 Select/Name Selection 命令进行定义。

Invoke NMR 调用 HyperNMR 程序预测分子的 ^{1}H、^{13}C、^{15}N、^{15}O、^{19}F 和 ^{31}P 等光谱，在其工作区可显示分子模型和 NMR 谱图，并可将 NMR 谱图拷贝到剪贴板。用户先选择原子，使用 Select/Name Selection/NMR ATOMS 命令，再调用 HyperNMR 程序，进行谱图的计算和显示。

Properties 分子性质计算，包括 Total Energy（总能量）、Dipole Moment（偶极矩）、RMS Gradient（均方根梯度）等分子性质，点击"Details"按钮可显示详细的信息（图 2-36 左）。使用该命令前，要先进行量子化学计算。

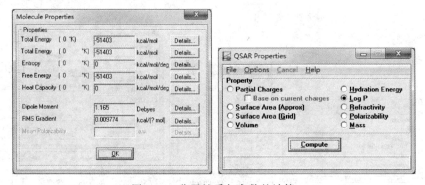

图 2-36 分子性质与参数的计算

QSAR Properties 进行定量构效性质的计算，如图 2-36 右所示。

Plot Molecular Properties 在完成量子化学计算之后，进行必要的绘图设置，选择显示分子性质类型（静电势、总自旋密度或总电荷密度）；选择 2D 等高线或 3D 等值面的表现模式；设置等高线和等值线的网格数值；设置分子显示的透明度等。

Orbital 量子化学计算后绘制分子轨道图。

Electronic Spectrum 计算电子光谱，通常对应于紫外可见光谱或电子光谱。用户要先使用量子化学方法（除了扩展休克尔法和 MP2 外），进行单激发的组态相互作用（CI）计算。在设置量子化学计算方法时，要在 Option 中点击"Configuration Interaction"按钮，在弹出的窗口中选择 Single Excited 作为 CI 方法，再选择 Orbital Criterion 指定被占用轨道和空轨道的数目，也可选择 Energy Criterion，输入最大激发态能量。

Potential 绘制势能图。

Conformational Search 构型搜索。

⑧ Script 利用该脚本功能可对大量分子实现预设的程序化批处理，以提高运行高效率。

思考与练习

1. 常用的化学分子式可否属于化学结构的计算机编码？为什么？

2. 写出下面的 SMILES 编码所表示的分子的结构式。

(1) CC(C)CC(C)(C)C

(2) O=C1NC2=CC=CC=C2N1

(3) CC1C(C)C(C2=NC=CC=C2C1=O)=O

(4) Oc1cc(C)c(O)c2ccccc12

(5) CCCC(CC)C(C)(C)CC

(6) C♯CC(CCC)=C(CCC)C=C

3. 写出下列分子的结构式所对应的 SMILES 编码。

4. 根据以下 MOL 格式文件，写出所描述的分子结构。

(1) 分子一

```
Untitled Document-1
  ChemDraw06171902422D

 12 12  0  0  0  0  0  0  0  0  0999 V2000
   -1.4289    0.4125    0.0000 C   0  0  0  0  0  0  0  0  0  0  0  0
   -2.1434    0.0000    0.0000 C   0  0  0  0  0  0  0  0  0  0  0  0
   -2.1434   -0.8250    0.0000 C   0  0  0  0  0  0  0  0  0  0  0  0
   -1.4289   -1.2375    0.0000 C   0  0  0  0  0  0  0  0  0  0  0  0
   -0.7145   -0.8250    0.0000 C   0  0  0  0  0  0  0  0  0  0  0  0
   -0.7145    0.0000    0.0000 C   0  0  0  0  0  0  0  0  0  0  0  0
    0.0000    0.4125    0.0000 C   0  0  0  0  0  0  0  0  0  0  0  0
    0.7145    0.0000    0.0000 C   0  0  0  0  0  0  0  0  0  0  0  0
    1.4289    0.4125    0.0000 C   0  0  0  0  0  0  0  0  0  0  0  0
    2.1434    0.0000    0.0000 C   0  0  0  0  0  0  0  0  0  0  0  0
    0.7145   -0.8250    0.0000 O   0  0  0  0  0  0  0  0  0  0  0  0
    1.4289    1.2375    0.0000 N   0  0  0  0  0  0  0  0  0  0  0  0
  1  2  2  0
  2  3  1  0
  3  4  2  0
  4  5  1  0
  5  6  2  0
  6  1  1  0
  6  7  1  0
  7  8  2  0
  8  9  1  0
  9 10  1  0
  8 11  1  0
  9 12  1  0
M   END
```

(2) 分子二

```
Untitled Document-2
  ChemDraw06171902462D

  0  0  0    0  0              0 V3000
M  V30 BEGIN CTAB
M  V30 COUNTS 11 12 0 0 0
M  V30 BEGIN ATOM
M  V30 1 C -0.634772 0.825000 0.000000 0
M  V30 2 C -1.349243 0.412500 0.000000 0
M  V30 3 C -1.349243 -0.412500 0.000000 0
M  V30 4 C -0.634772 -0.825000 0.000000 0
M  V30 5 C 0.079699 -0.412500 0.000000 0
M  V30 6 C 0.079699 0.412500 0.000000 0
M  V30 7 C 0.864321 -0.667439 0.000000 0
M  V30 8 N 1.349243 0.000000 0.000000 0
M  V30 9 C 0.864321 0.667439 0.000000 0
M  V30 10 O -0.634772 -1.650000 0.000000 0
M  V30 11 O -0.634772 1.650000 0.000000 0
M  V30 END ATOM
M  V30 BEGIN BOND
M  V30 1 1 1 2
M  V30 2 2 2 3
M  V30 3 1 3 4
M  V30 4 1 4 5
M  V30 5 2 5 6
M  V30 6 1 6 1
M  V30 7 1 5 7
M  V30 8 1 7 8
M  V30 9 1 8 9
M  V30 10 1 9 6
M  V30 11 2 4 10
M  V30 12 2 1 11
M  V30 END BOND
M  V30 END CTAB
M  END
```

（3）分子三

```
Moltest1. mol
  ChemDraw12301010042D

 13 14  0  0  0  0  0  0  0  0 0999 V2000
   -1.4290    0.4125    0.0000 C   0  0  0  0  0  0  0  0  0  0  0  0
   -1.4290   -0.4125    0.0000 C   0  0  0  0  0  0  0  0  0  0  0  0
   -0.7144   -0.8250    0.0000 N   0  0  0  0  0  0  0  0  0  0  0  0
   -0.0001   -0.4125    0.0000 C   0  0  0  0  0  0  0  0  0  0  0  0
   -0.0001    0.4125    0.0000 C   0  0  0  0  0  0  0  0  0  0  0  0
   -0.7144    0.8250    0.0000 C   0  0  0  0  0  0  0  0  0  0  0  0
    0.7144   -0.8250    0.0000 C   0  0  0  0  0  0  0  0  0  0  0  0
    1.4290   -0.4125    0.0000 C   0  0  0  0  0  0  0  0  0  0  0  0
    1.4290    0.4125    0.0000 C   0  0  0  0  0  0  0  0  0  0  0  0
```

```
      0.7144     0.8250    0.0000 C  0  0  0  0  0  0  0  0  0  0  0  0
      0.7144     1.6500    0.0000 F  0  0  0  0  0  0  0  0  0  0  0  0
      0.7144    -1.6500    0.0000 N  0  0  0  0  0  0  0  0  0  0  0  0
     -0.7144     1.6500    0.0000 Br 0  0  0  0  0  0  0  0  0  0  0  0
  1  2  2  0
  2  3  1  0
  3  4  2  0
  4  5  1  0
  5  6  2  0
  6  1  1  0
  4  7  1  0
  7  8  2  0
  8  9  1  0
  9 10  2  0
 10  5  1  0
 10 11  1  0
  7 12  1  0
  6 13  1  0
M   END
```

5. 完成下列分子结构绘制。

6. 诺氟沙星药物分子如下，请利用 ChemOffice 中完成下列任务。

（1）给出其系统命名及各种编码。

（2）获取理化性质及组成分析等信息。

（3）构建三维结构并进行优化。

（4）获取其 NMR、IR、UV 图谱。

（5）绘制溶剂可及表面图、静电势表面图以及 HOMO 与 LUMO 轨道图。

7. 绘制以下两个反应机理图。

8. 从 PDB 数据中下载一个 HIV-1 蛋白结构文件，试用 Chem3D 及 HyperChem 显示其主链图、二级结构图等。

9. 在 HperChem 中实现 Trypsin（胰岛素）如下的二级结构显示。

10. 分别对以下生物大分子片段进行建模。

（1）Arg-Pro-Pro-Gly-Phe-Ser-Pro-Phe-Arg

（2）AACGGATATCGG

11. 在 HperChem 中构建以下 CaF_2 晶体结构。

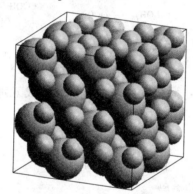

12. 计算并绘制水分子的三维等值面静电势表面图。

参考文献与扩展阅读

[1] 邵学广，蔡文生. 化学信息学. 第三版. 北京：科学出版社，2013.

[2] 陈明旦，谭凯. 化学信息学. 第二版. 北京：化学工业出版社，2011.

[3] 缪强. 化学信息学. 北京：高等教育出版社，2001.

[4] 冯红君，周俊林. 化学分子结构在计算机中的表示方法. 电脑知识与技术，2007（09）：837-838＋840.

[5] Leach A. R., Bradshaw J., Green D. V. S., Hann M. M., Delany J. J., Implementation of a System for Reagent Selection and Library Enumeration, Profiling, and Design [J]. Journal of Chemical Information and Computer Sciences，1999，39（6）：1161-1172.

[6] 梁云霄，赵铁钢. 有机分子的计算机表示及官能团的自动识别. 齐齐哈尔轻工学院学报，1996，（04）：72-74.

[7] 郭传杰. 用于计算机的化学结构表示方法. 化学通报，1981，（08）：32-37.

第 3 章

化学文献检索与管理

本章要点

1. 科技文献的类型和文献检索的意义。
2. 重要文献数据库的检索与搜索引擎检索。
3. 期刊影响因子与分区的意义，以及重要的学术期刊。
4. EndNote文献管理软件的应用。

3.1 文献基础知识

3.1.1 文献检索的意义

科学的发展离不开知识的继承、借鉴、交流和创新。科学文献（Scientific Literature）是"记录有科学技术信息或知识的一切载体"，汇集着一代又一代科技工作者的劳动成果，积累了无数有价值的数据、理论、技术方法和科学构思，是科学研究和生产实践成果的历史记录。通过查阅科技文献，可以使我们吸取前人的经验和教训，减少不必要的重复劳动，避免或少走弯路。

对于科技工作者来说，科技文献常常是他们获取信息的主要渠道，并贯穿于整个研究工作之中。无论是开题立项，还是研究过程和结果分析，以及最后的论文撰写等一系列过程都离不开文献检索。

然而，在这个信息爆炸的时代，科技文献的数量庞大，增加迅速，且种类多样。如何采用正确的文献检索技术，高速、有效、准确地获取所需要的资料，是科技工作者必备的一项基本技能。同时，掌握文献检索技能有助于我们把握学科的发展方向，获取新思想、新观点和新知识，从而能够站在巨人的肩膀上，攀登新的科学技术高峰。

据估计，全世界每年发表的科技文献达 400 万件以上，而且每年还以 5%～7% 的速度增长。美国前化学文摘总编辑 Bernler 曾说："假如一个化学家懂 30 国语言，每小时读 4 种杂志，一周阅读 40 小时，从年初开始，要读完全年化学文献，需要 10 年以上的时间"。

科技工作者为确定研究课题进行反复探索到最后完成，用于检索文献情报所花费的时间占相当的比重。如美国曾对 8000 名化学化工科技人员进行调查，统计用于文献检索的时间比例，最多达 61%，最少占 15%，平均占 33%。另一项调查显示，日本某电器公司科研人员用于实验的时间占 42%，检索、研究计划、处理资料的时间占 58%。

3.1.2 科技文献的类型及其特点

人们在信息传递过程中，为了便于交流，对文献进行了不同程度的加工，从而形成了不同类型的文献资料。根据文献的加工层次，可以大致划分为以下四种类型。

① 一次文献（Primary Document）即原始文献。以作者本人的研究成果为依据写作的、未经情报加工的论文称为一次文献。一般的期刊论文、研究报告、学位论文、会议资料及专利说明书都是一次文献。一次文献是获取信息的重要依据。

② 二次文献（Secondary Document）即检索信息。将一次文献，即分散的、无组织的原始资料按照一定的规则或方法，对文献的外部特征和内容特征进行加工整理、归纳简化，以便读者查找与利用。二次文献一般包括书目、题录、索引、文摘等。

③ 三次文献（Tertiary Document）即系统文献。它是借助二次文献提供的线索，对一定范围内的一次文献内容进行筛选、分析、加工整理后形成的文献。三次文献包括专题评述、动态综述、学科年度总结、科学进展、辞典、手册、年鉴、百科全书等。

④ 零次文献（Zeroth Document）即未经过任何加工的原始记录，如实验记录、手稿、原始录音、原始录像、谈话记录等。零次文献在原始文献的保存、原始数据的核对、原始构思的核定（权利人）等方面有着重要的作用。

不同类型的文献具有不同的特点：零次文献带有原始性；一次文献带有创造性；二次文献带有浓缩性；而三次文献带有综合性。

3.1.3 重要的文献源

科技文献的来源主要包括以下几种。

(1) 科技图书

科技图书（Scientific and Technical Books）是对已发表的科研成果、生产技术或经验，或者某一领域知识进行的系统的论述或概括。科技图书的内容一般是总结性的、经过重新组织的二次或三次文献，内容比较成熟，资料比较系统。一些科技图书往往还包含着本人的新材料、新论点和新方法，具有一次文献的性质。不足之处是时效性不高。

(2) 科技期刊

期刊又称杂志（Journal or Magazine），是指定期或不定期出版、汇集了多位作者论文的连续出版物。期刊论文是最重要的一次文献，具有覆盖面广、种类多、时效性强等特点。目前全世界科技期刊约 4 万种，其中核心期刊约 1 万种。科技期刊的特点是数量大、出版周期短、刊载速度快、内容的时效性高，能够反映最新的科技前沿。

（3）科技报告

科技报告（Scientific and Technical Report）又称为研究报告或技术报告，是围绕某个课题研究所取得的成果报告，或对某个课题研究过程中阶段性进展的记录。科技报告出现于20世纪初，其内容比较专深、具体、可靠，通常不受篇幅限制，大致分为基础理论研究和生产技术两大类。许多最新的研究课题与尖端学科的资料，往往首先反映在科技报告中。很多科技报告是保密或控制发行的。

（4）学位论文

学位论文在美国称为"Dissertation"，在英国称为"Thesis"，是高等学校和科研单位的本科生或研究生为获得学位资格，在学习和研究基础上撰写的研究论文。它的特点是系统性较强、内容专一、阐述详尽，具有一定的创新性。学位论文一般不出版，中国科技情报所收藏有国外博士论文部分复制品，北京首都图书馆存有我国全部博士论文。硕士论文一般只存在于培养硕士生的高等学校和科研单位的图书馆中。

（5）会议文献

学术会议的报告、记录、论文集包含了大量的一次文献。许多学科中的重要发现都是在学术会议上首次公布的。会议文献的特点是传播及时、论题集中、内容新颖、专业性强，往往代表着某一个学科或某一个研究方向内最新的学术研究成果。不足之处是会议文献多以摘要形式出现，缺少细节。

（6）专利文献

很多国家以专利法对科学技术的创造发明加以保护。创造发明，经政府审批后，即获得一定年限的专利权。专利（Patent）文献，主要是指发明人或者专利权人申请专利时向专利局递送的说明发明创造的专利说明书，经过专利局审查，成为公开出版或授权的文献。专利通常具有新颖性、实用性和创造性等特点，并且其数量庞大、报道快。

（7）标准文献

狭义的标准文献指按规定程序制订，经公认权威机构（主管机关）批准的一整套在特定范围（领域）内必须执行的规格、规则、技术要求等规范性文献，简称标准。广义的标准文献指与标准化工作有关的一切文献，包括标准形成过程中的各种档案、宣传推广标准的手册及其他出版物等。

（8）产品资料

厂商为推销产品而印制的各种宣传资料、技术资料。如公司介绍、产品目录、样本、说明书等，反映了厂家、公司及产品的有关信息，对产品采购、仪器设备的维护或使用及新产品开发具有重要价值。

（9）技术档案

档案（Archive）是指国家、机构和个人从事社会活动留下的具有历史价值的文献。科技档案包括任务书、协议书、技术指标、审批文件、研究计划、方案大纲、技术措施、调查材料、设计资料、试验和工艺记录等。

（10）科技报纸

科技报纸是以科技新闻报道及评论为主，出版周期比期刊更短，多为活页性连续出版物。其特点是内容丰富、通俗易懂、出版迅速、发行量大、读者众多。

3.1.4 科技文献检索方法与途径

(1) 检索概览

文献检索按照检索方式可分为手工检索和计算机检索两大类，如图 3-1 所示。

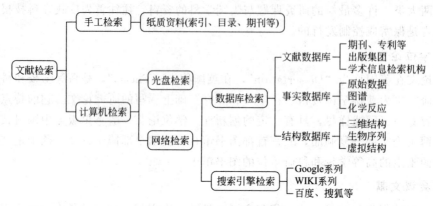

图 3-1 科技文献检索方式

手工检索是指人们通过手工的方式从纸质的资料（包括目录、索引、文摘和各类工具书等）中获取相应的文献信息的过程。

计算机检索是用户基于按一定的组织方式存储在计算机系统中的大量的数字化文献信息，通过与计算机的"人机对话"而获得所需信息的过程。计算机检索的特点是速度快、获取便捷，能够从大量的资料中查找到所需的文献信息，而且可以随时修改检索方法和策略来获取不同的检索结果。

计算机检索又分为光盘检索和网络检索。网络检索即基于 Internet 环境下的检索，允许用户在任何 Internet 接入设备上都能完成检索，更符合当前时代的发展。网络检索按照其检索工具的不同分为两类：①数据库检索，主要基于各种类型的数据库，例如文献数据库、事实数据库、结构数据库等；②搜索引擎检索，是利用如 Google、WIKI、百度等搜索引擎进行的。

(2) 常用检索策略

在确定检索课题的基础上，具体文献检索的一般步骤分为：分析研究课题，明确检索要求；制定检索策略、途径和方法；选择检索工具；根据文献线索，查阅原始文献。在这个过程中，为了获得更全面的文献信息，通常要经过多次的循环，才能最终获得满意的结果。

检索策略，即文献检索的入口点，是决定最终检索效率和准确率的关键因素。常用的检索策略有两大类。

① 关键字检索 根据确定的研究内容、标题、作者、文献被发表的年份、期号、卷号、页码、DOI 号等进行检索。

② 引文检索 通过文献引用的线索进行延伸、扩展的检索。

(3) 计算机信息检索中常用的检索关系表达式

在利用计算机进行关键字检索时，当涉及多个检索词、检索项时，用户需要构建有效的检索关系表达式来进行高效检索。

检索词是概括检索需求的简介词语。确定检索词第一要确切反映检索要求，第二要符合数据库的输入要求，这包括了解不同数据库对输入词语的不同要求、了解数据库可供检索的字段、了解数据库的用词特点等。

确定了检索词，还需要配合运算符来限定和构建检索式。不同的信息检索系统，所使用的运算符是不同的，其中最常用的是逻辑运算符。

1）逻辑运算符（又称布尔算子）

逻辑运算符一般用于确定所要搜索的检索词之间的逻辑关系，主要包括逻辑"与"、逻辑"或"和逻辑"非"三种类型，英文分别为 AND、OR 和 NOT，如表 3-1 所示。利用逻辑运算符对若干检索词、短语或代码进行逻辑组配，目的是排除不需要的概念或防止漏检，得到符合用户需求的检索结果，从而提高查准率和查全率，这种检索方法称为布尔逻辑检索。

表 3-1　逻辑运算符

逻辑运算符	逻辑表达式	逻辑关系	作用
与（AND 或 ＊）	"A AND B" 或"A ＊ B"		缩小检索范围
或（OR 或 ＋）	"A OR B" 或"A＋B"		扩大检索范围
非（NOT 或 —）	"A NOT B" 或"A—B"		缩小检索范围

① 逻辑与　用"AND"或"＊"表示。用于连接概念交叉和限定关系的检索词，以缩小检索范围，有利于提高查准率。在实际检索中，通常用来组配不同的检索概念，检出的记录中必须同时含有所有检索词。例如采用表达式"A AND B"或"A ＊ B"检索，得到在某个数据库中既含有检索词 A 又含有检索词 B 的文献。

② 逻辑或　用"OR"或"＋"表示。用于连接并列关系的检索词，以扩大检索范围，防止漏检，有利于提高查全率。通常用于组配同义或者同族概念的检索词，检出的记录中至少含有两个检索词中的一个。例如采用表达式"A OR B"或"A＋B"检索，得到在某个数据库中含有检索词 A 或含有检索词 B 或同时含有检索词 A 和 B 的文献。

③ 逻辑非　用"NOT"或"—"号表示，但在检索词为英文时，建议使用"NOT"，以避免与词间的分隔符"-"混淆。用于排除含有某些词的记录，缩小检索范围，减少文献输出量。例如采用表达式"A NOT B"或"A—B"检索，检出的文献中只含有检索词 A 而不含有检索词 B。

英国学者乔治 布尔（George Boole）是考克大学（现爱尔兰国立考克大学）的数学家，在 19 世纪中叶首次定义了逻辑的代数系统。布尔运算是数字符号化的逻辑推演法，由于布尔在符号逻辑运算中的特殊贡献，很多计算机语言中将逻辑运算称为布尔运算。现在，逻辑运算在电子学、计算机硬件和软件中有很多应用。

2）通配符

允许人们以模糊定义方式进行搜索，如关键字的单复数或确定的拼写等。这种搜索方式依赖于数据库检索技术，即不同的数据库检索系统所用的通配符及其含义不同。常用的通配符包括以下几种。

①"!"表示在一个搜索术语中替代一个不确定的字符。例如"analys! s"可以表示 analysis 或 analyses 等。

②"#"表示在一个搜索术语中替代零个或一个字符。例如"acetylsalicylic # acid"可以表示 acetylsalicylic acid 或 acetylsalicylicacid。

③? 或者 * 表示在一个搜索术语中替代任意多个字符。例如"gene?"或"gene *"可以表示 gene、genetics、generation。

3.2 美国化学文摘（CA）

3.2.1 CA概况

美国化学文摘（Chemical Abstracts，CA）是由美国化学会（American Chemical Society，ACS）下属的美国化学会化学文摘社（Chemical Abstracts Service，CAS）出版发行的，涉及的领域以化学、化工为主，同时包括生物、医学、轻工、冶金、物理等多个领域。因其摘录广泛、出版迅速、索引完备，成为最具权威、应用最为广泛的化学、化工及相关学科的文献检索工具。

CA 创刊于 1907 年，其总部设在美国俄亥俄州的哥伦布城；1969 年它合并了具有 140 年历史的德国《化学文摘》，成为世界上最大的专业性文摘。目前，CA 收录多达 14000 余种期刊，另外还包括来自 47 个国家和 3 个国际性专利组织的专利资料等，涉及世界 200 多个国家和地区 60 多种文字的文献。据统计，CA 已收文献量占全世界化学化工总文献量的 98%，是世界上最大的化学文摘库。

自 1975 年起，CA 的全部文摘和索引采用计算机编排，报道时差从 11 个月缩短到 3 个月，美国国内的期刊及多数英文书刊在 CA 中当月就能报道。网络版 SciFinder 更使用户可以查阅到当天的最新文献。

CA 的索引、辅助索引体系完善，形成了一个完整的索引体系。现在有 10 多种索引，除期索引外，还单独出版卷索引和累计索引，同时提供《索引指南》《登记号手册》《资料来源索引》等方便检索。

随着计算机和网络技术的迅速发展，CA 的出版形式经历了印刷版、光盘版和网络版三个阶段。

3.2.2 SciFinder（Science Finder）

SciFinder 是 CA 的网络版数据库，包括了化学文摘 1907 年创刊以来的所有内容，更整合了 Medline 医学数据库、欧洲和美国等近 61 家专利机构的全文专利资料等，涵盖了化学及相关领域如生物、医药、工程、农学、物理等多学科、跨学科的科技信息；收录的文献类型包括期刊、专利、会议论文、学位论文、图书、技术报告、评论和网络资源等。利用 SciFinder，可以一站式检索期刊文献、物质性能、化学反应，还可以获取相关的专利文献、学位论文、会议论文、科技图书和商品信息。

SciFinder 有面对企业用户的企业版和面对大学或研究机构的学术版。二者数据库是一样的，前者仅多了一些分析功能，利于数据分析。

SciFinder 的特色在于以下三方面

◆ 完备的关键字检索。

◆ 基于化学结构与反应式的检索。

◆ 根据 CAS 登记号的化学物质检索。

(1) SciFinder 的七个数据库简介

CAplus（文献数据库）：收录化学及相关学科的文献题录记录，数据来自 1907 年至今出版的 5 万多种期刊（包括已停刊或被其他期刊继承）文献、63 家专利授权机构的专利文献、会议论文、技术报告、图书、学位论文、会议摘要和网络预印本等。此外，数据库回溯了期刊 Journal of the American Chemical Society 和 Journal of Physical Chemistry 从创刊至 1906 年出版的内容，回溯了英国皇家化学学会（Royal Society of Chemistry）众多期刊中 1896—1906 年出版的文献，接收了德国化学文摘（Chemisches Zentralblatt）1897—1906 年的记录。数据库每日更新，每日约增加 3000 条记录。可以用研究主题、著者姓名、机构名称、文献标识号等进行检索。

CAS REGISTRY（物质信息数据库）：查找结构图示、CAS 化学物质登记号和特定化学物质名称的有效工具。数据库已收录了超过 1 亿个有机化合物和无机化合物，包括合金、络合物、矿物、混合物、聚合物、盐，以及 6700 多万个生物大分子序列，此外还有相关的计算性质和实验数据。数据每日更新，每日约新增 4000 个新物质记录。可以用化学名称、CAS 化学物质登记号或结构式检索。

CHEMLIST（管控化学品信息的数据库）：查询全球重要市场被管控化学品信息（化学名称、别名、库存状态等）的工具。数据库目前收录约 35 万种备案/被管控物质，数据每周更新。可以用结构式、CAS 化学物质登记号、化学名称（包括商品名、俗名等同义词）和分子式进行检索。

CASREACT（化学反应数据库）：已收录 1840 年以来的近 1 亿个化学反应。记录内容包括反应物和产物的结构图，反应物、产物、试剂、溶剂、催化剂的化学物质登记号，反应产率，反应说明等。数据每日更新。可以用结构式、CAS 化学物质登记号、化学名称（包括商品名、俗名等同义词）和分子式进行检索。

CHEMCATS（化学品商业信息数据库）：包含数百万个化学品商业信息，可用于查询化学品提供商的联系信息、价格情况、运送方式，或了解物质的安全和操作注意事项等信息，记录内容还包括目录名称、定购号、化学名称和商品名、化学物质登记号、结构式、质量等级等。每周更新。用户可以用结构式、CAS 化学物质登记号、化学名称（包括商品名、俗名等同义词）和分子式进行检索。

MARPAT（马库什，Markush 结构专利信息数据库）：收录了超过 1 百万个可检索的马库什结构，数据来源于 1961 年至今的专利文献。数据每日更新。

MEDLINE（美国国家医学图书馆题录型数据库）：主要收录 1946 年以来与生物医学相关的 5600 多种期刊文献。免费数据库，每日更新。

（2）SciFinder 的注册与登录

目前，SciFinder 采用基于 Web 页面的网络版方式提供服务（http：//scifinder. cas. org/），在用户使用前需要注册，建立自己的 SciFinder 用户名和密码。用户在注册时会被要求采用单位后缀的 Email 地址，提交注册表格后，系统会自动发送电子邮件指导用户完成注册过程，完成注册后登录主页即可进行检索，如图 3-2 和图 3-3 所示为 SciFinder 的注册界面和登录页面。

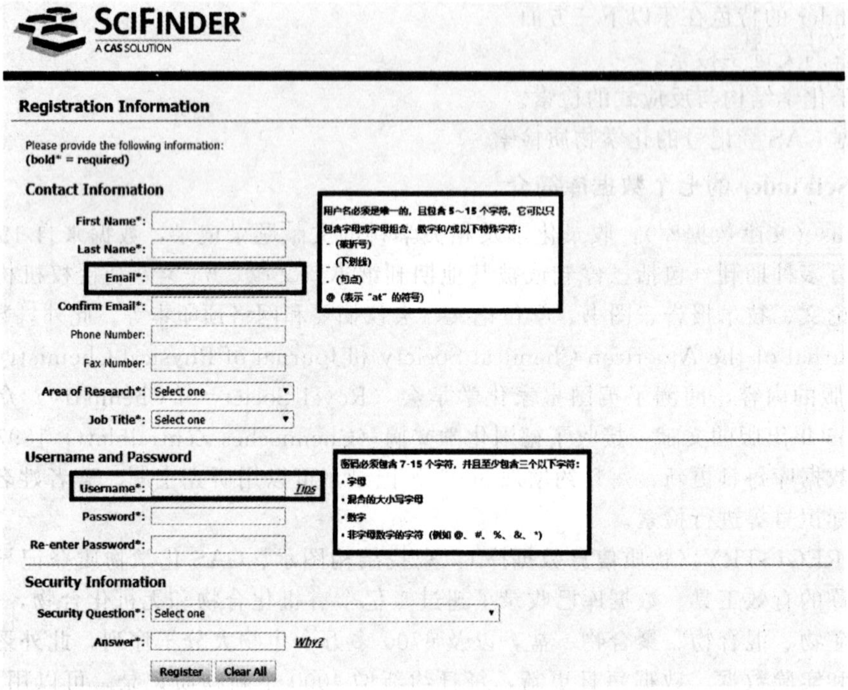

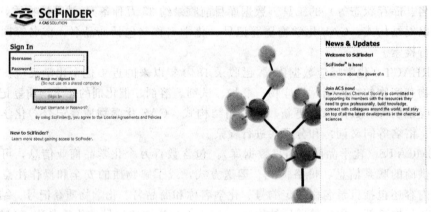

图 3-2　SciFinder 的注册界面

图 3-3　SciFinder 的登录界面

需要注意的是，单位在购买 SciFinder 或 SciFinder scholar 使用权时，一般都会限定使用时的 IP 地址范围及登录的并发数。同时，随着单位所购买的服务内容的不同，能够使用的功能也会有所不同。

无法登录时可能的问题如下。

① 网络或服务器故障。

② IP 地址未在允许的范围内。

③ 登录的人数已达到最大并发数。

④ 操作违规、账户被锁定。

⑤ 账户被盗、登录密码已修改。

（3）SciFinder 的检索方式

登录 SciFinder，检索（Explore）界面列有三大检索选项"Explore References"（文献检索）、"Explore Substances"（物质检索）以及"Explore Reactions"（反应式检索），如图 3-4 所示。

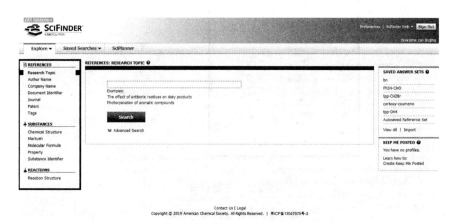

图 3-4　SciFinder 的检索界面

1）文献检索

文献检索选项是利用各种关键字对 SciFinder 收录的文献进行检索，定位于满足条件的文献资料。SciFinder 提供的关键字包括：主题（Reference Topic）、作者（Author Name）、单位（Company Name）、文献标识（Document Identifier）、期刊（Journal）、专利（Patent）、书签（Tags）等相关信息。

> Document Identifier 检索是通过专利号或者数字文献标识符（Digital Object Unique Identifier，DOI）等标识符进行的检索。DOI 是公开发行的数字对象的唯一标识号，包括电子版的论文、音乐、视频等数字资源。Publisher Item Identifier（PII）是出版项目标识号。
>
> 在 SciFinder 中用户可以给文献贴上标签（Tags），即用自己的描述性语言标记文献。Tags 检索就是获得与用户自定义的书签有关的文献。

我们以主题检索为例进行说明，如图 3-5 所示，其他检索方式类似。如果你想检索某个研究课题时，输入已确定的检索词，SciFinder 将检索出在标题或者摘要中包含该检索词及其同义词在内的文献。打开高级搜索设置，还可以对检索结果提前限定出版年限、文献类型、语种、作者等。系统同时提供了多种可能的检索记录集，具体说明如表 3-2 所示，可以选择一个或合并多个，点击"Get Reference"即可获取初步检索结果。例如，在"Research Topic"文本框中输入检索词"organic solar cells"，然后点击"search"按钮进行检索，系统提供了两个检索结果候选项（图 3-6），选择检索结果与检索词完全匹配（as entered），检索结果列表如图 3-7 所示，共检索得到 16104 篇相关文献。

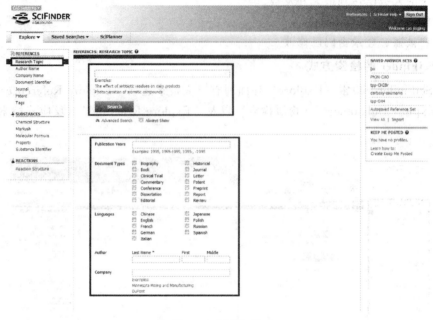

图 3-5 主题检索

表 3-2 检索候选项的说明

术　语	说　明
as entered	检索结果与检索词完全匹配
closely associated with one another	多个检索词密切相关
present anywhere in the reference	多个检索词同时出现
containing the concept	包含检索词及类似概念的所有检索结果

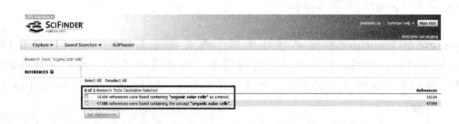

图 3-6 主题检索结果候选项

检索结果以文摘记录的方式呈现，其中输入的检索词会以高亮显示，部分文献也会显示图片。点击"Sort by"下拉菜单可以对文献排序进行选择，如选择"Citing Reference"，被引频次最高的文献会出现在最前面，引用文献数出现在页面的右边，其他排序方式包括按作者（Author Name）、按标题（Title）、按出版年（Publication Year）等。

对每篇文献都可以进行快速浏览（Quick View）、获取资源（Other Sources）。勾选具体文献，可以从页面上端的"Get Substances"获取相关物质，从"Get Reactions"获取相关反应，从"Get Related Citations"获取相关文献，这里的相关文献包括引用文献和施引

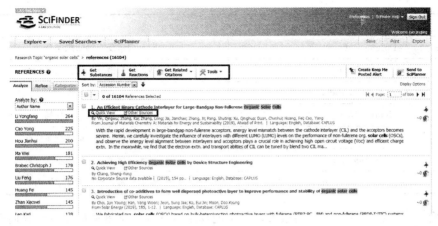

图 3-7　检索结果列表

文献。

　　SciFinder 提供了对检索结果统计分析（Analysis）的功能（图 3-8）。分析结果有两个意义：发现研究方向的关键（Key）和趋势（Trend）、筛选文献（二次检索）。具体的分析选项如表 3-3 所示。例如，以前文的例子为例，我们按照"Author Name"对初步检索结果进行分析，分析结果按照"Frequency"排序，就可以获取在有机太阳能电池领域发表文献最多的作者群，他们往往也是这个领域的权威或者专家。

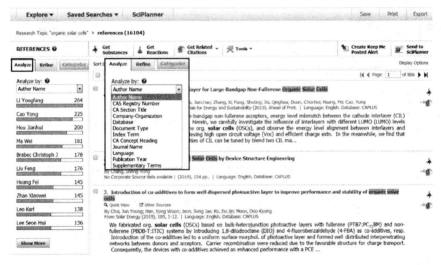

图 3-8　分析检索结果

表 3-3　检索结果的分析选项

分析选项	说　　明
Author Name	发现某一领域中发文章最多的研究者
CAS Registry Number	了解相关的物质及应用
CAS Section Title	了解在不同学科的分布情况
Company/Organization	发现在某一领域研究最多的研究机构
Database	来源数据库

分析选项	说　明
Document Type	报道反应的文献类型
Index Term	帮助分析该领域中文献的内容
CA Concept Heading	CA 概念名
Journal Name	发现相关的学术期刊
Language	了解有关文献的语种分布情况
Publication Year	了解该领域的研究历史和发展
Supplementary Term	帮助分析该领域中文献的内容

初步检索往往获得的文献范围很大，并不能仅通过一次检索就精确定位到我们需要的资料，因此需要进一步精炼检索结果以缩小文献范围。SciFinder 提供的限定（Refine）功能就可以实现对检索结果的精炼。可以对文献的主题（Research Topic）、作者（Author）、公司名（Company Name）、出版年限（Publication Year）、文献类型（Document Type）、语言（Language）等进行限定。其中，主题限定最为常用，其作用就是增加一个新的概念（术语）以得到检索结果的子集。如图 3-9 所示，在前文得到的检索结果基础上，增加"polymer"主题限定，检索结果从 16364 篇文献缩小到 6857 篇。文献类型的限定也较为常用，可以把检索范围定位到某一特定的文献类型。

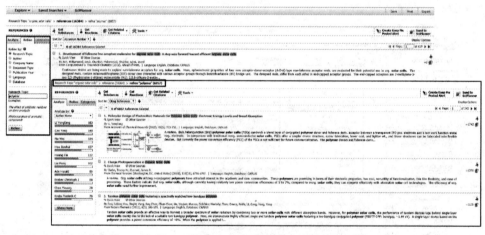

图 3-9　精炼检索结果

2）物质检索

SciFinder 拥有一个庞大的化学物质数据库，每一种物质都对应一个 CAS 登记号（CAS Registry Number）。

　　CAS 登记号，也称 CAS 注册登记号、CAS 注册号，简称 CAS 号，是 CAS 为已确定结构的化学物质分配的唯一的数字识别码，避免了化学物质有多种名称的麻烦，使数据库的检索更为方便。如今几乎所有的化学数据库都允许用 CAS 号检索。到 2012 年 1 月 20 日，CAS 已经登记了 64944800 余种物质最新数据，并且还以每天 4000 余种的速度增加。

SciFinder 中物质检索的方式包括：化学结构式检索（Chemical Structure）、专利结构检索（Markush）、分子式检索（Molecular Formula）、性质检索（Property），以及物质标识符检索（Substance Identifier），即通过输入物质名称、CAS 注册号、俗名、商品名、缩写等进行检索。如图 3-10 所示。

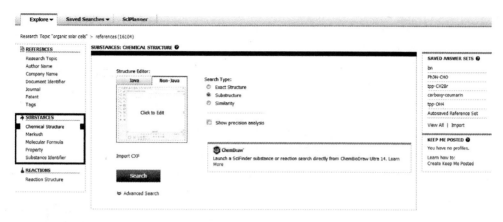

图 3-10　物质检索

以化学结构式检索为例。初次使用时需要安装 SciFinder 的 Java 插件（plug-in）。点击化学结构编辑器（Structure Editor）直接绘制物质的化学结构（图 3-11），查询含有相关化学结构的物质。化学结构编辑器的各种绘制工具如图 3-12、图 3-13 所示。

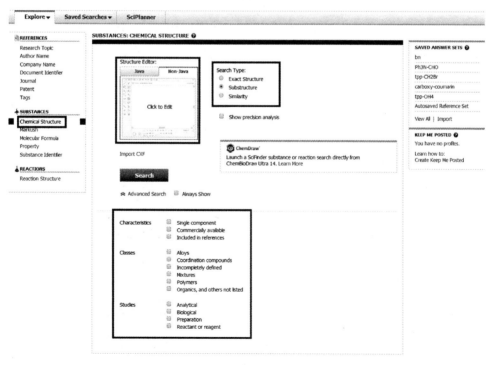

图 3-11　化学结构式检索

化学结构式检索有三种检索类型（图 3-14）。

图 3-12　SciFinder 结构绘制工具（一）

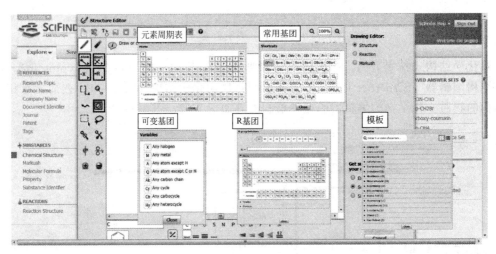

图 3-13　SciFinder 结构绘制工具（二）

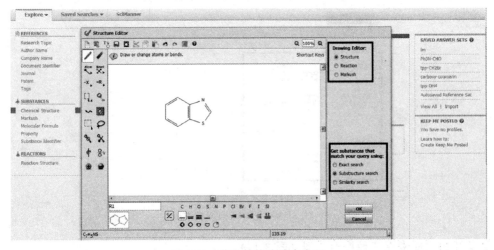

图 3-14　化学结构式检索类型

① 精确结构检索（Exact Search）：检索结果得到的物质结构与所绘结构完全相同，且不能修饰。

② 亚结构检索（Substructure Search）：检索结果得到的物质结构中包含所绘结构，母体结构不能修改，但是可以被修饰。

③ 相似结构检索（Similarity Search）：检索结果得到的物质结构与所绘结构相似，母体结构可以修改，也可以被修饰，同时选择相似度范围可以控制获得的结果。

例如，我们在化学结构编辑器中绘制苯并噻唑的结构，选择亚结构检索，检索结果列表如图 3-15、图 3-16 所示。检索到了 910600 个物质，默认物质按照 Relevance（相关性）排列，与查询结构最接近的物质排在最前面。结果列表中显示了检索到的物质及其基本信息，包括物质的 CAS 号、化学结构式、化学式、化学名、涉及的文献数等。点击相关菜单还可以获取更多信息，如使用快速浏览（Quick View）了解物质的详细信息、显示物质细节（View Substance Detail）、根据结构进行检索（Explore by Structure）、合成方法检索（Synthesize this...）、获取化学反应（Get Reactions Where Substance is a...）、获取商品信息（Get Commercial Sources）、获取法规信息（Get Regulatory Information）、获取文献（Get References）等。物质的详细信息中除了基本信息外，还包括物质的相关性质（Properties）数据，如生物相关性质、化学性质（溶解度、蒸气压、吸收系数等）、热性质（熔点、沸点、闪点等）、光谱（如核磁、红外、紫外、拉曼等）等。对物质检索结果也可以进行分析（Analyze）和限定（Refine），同文献检索类似。

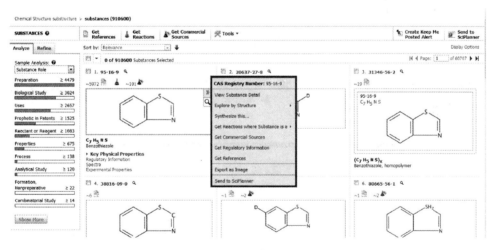

图 3-15　物质检索结果列表

3）反应式检索

在有机合成和药物合成过程中，常需要查找某一物质可能的合成路径以及反应条件等信息，需要进行化学反应式检索（图 3-17）。SciFinder 具有强大的反应式检索功能，选择"Explore/Reactions：Reaction Structure"，在化学结构编辑器中可以直接绘制出化学反应式，也可以绘制出化合物的结构，并指定该化合物在反应中为反应物、产物、试剂，或者任意角色，即可在数据库中对反应式进行检索（图 3-18）。反应式检索有两种检索类型，精确检索（Variable only at the Specified Positions）和亚结构检索（Substructures of More Complex Structures）。

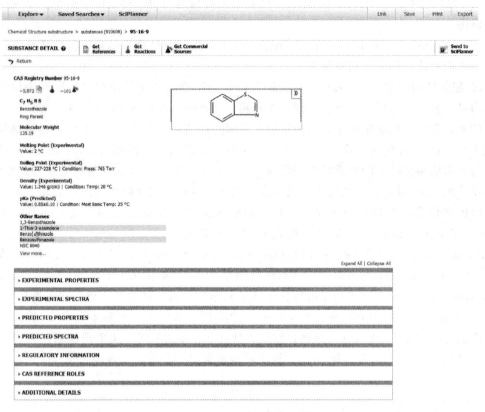

图 3-16 物质详细信息

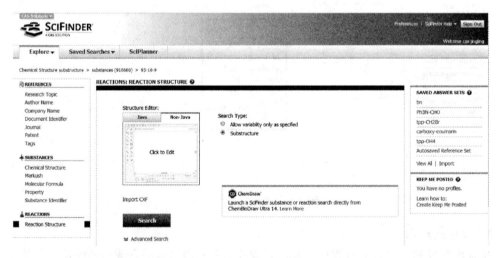

图 3-17 化学反应式检索

例如，我们以苯甲醛氧化得到苯甲酸的反应为例，选择亚结构检索，如图 3-19 所示，共检索到 125644 个反应。点击"Overview"获取有关某一反应的详细信息。点击"Send to SciPlanner"归集资料并设定实验方案。SciPlanner 是一个创建合成路线及组织文献、物质、和反应式检索结果的动态工作平台。对反应式检索结果也可以进行分析（Analyze）和限定（Refine）。

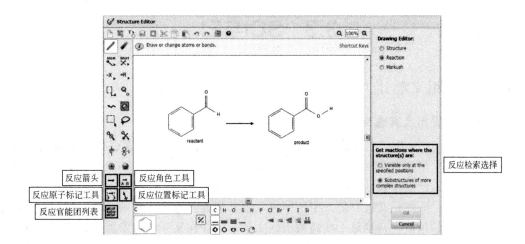

图 3-18　化学反应式绘制

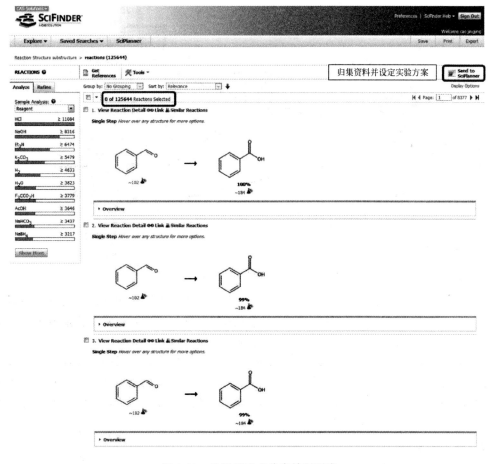

图 3-19　化学反应式检索结果列表

3.3 SCI与EI

3.3.1 科学引文索引（SCI）

（1）SCI 的提出及其意义

Dr. Garfield 于 1955 年在 Science 杂志上发表论文，提出将引文索引作为一种新的文献检索与分类工具。所谓引文（Citation），就是文献中引用的参考文献（Reference），即在一篇论文中引用前人已经发表的文献中的学术观点、研究结论或实验事实来证明或解释自己的实验结果。同时，一篇论文被其他人引用则表示有其他人在这个工作的基础上有所发展，也能够反映出论文的价值。特别是一些高被引的文献，往往在某一领域发展过程中具有重要的贡献，对后人具有高的启发价值。科学引文索引（Science Citation Index，SCI）就是根据论文的引文建立索引，将传统的通过关键字检索文献的思路转变为跟踪一个"Idea"，即论文相互关联发展创新的过程（如图 3-20 所示）。

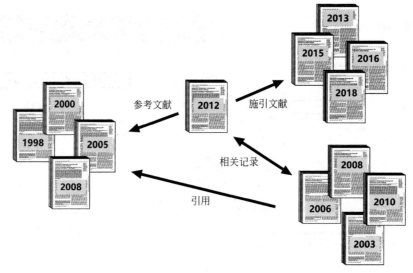

图 3-20　引文索引示意图

传统的索引方法是从作者、分类、标题等提供的途径，利用主题词或关键词来检索。由于依赖本身研究领域或自己对该领域的理解及所选的专业词汇局限，常常会遗漏很多重要的文献资料，特别是在跨学科或边缘科学的研究领域。

以文献之间相互引证的关系来提供检索途径，可以提高检索结果的相关性，研究人员可以很方便地通过它骥索某一观点或某一发现在各学科的发展过程及最新进展。同时，按照论文被引用的次数也能从一定层面上评价论文的学术价值。可以说 SCI 的本质就是揭示了科学发展的轨迹及研究工作对其的贡献。

（2）SCI 检索特点

传统的检索方法获得的文献往往是孤立的，文献之间没有相互关联。SCI 能够呈现出文献的引证和被引证关系，从而勾画出某一研究领域或某一学科的发展脉络和最新进展，以及不同领域和学科之间的相互关系。如图 3-21 所示，从某一文献出发得到其所引文献，进一步越查越旧（检索引文的引文），就能够了解某一研究领域的发展历史；从某一文献出发得到其被引文献（也称施引文献），进一步越查越新（检索引用的引用），就能够了解某一方向的最新进展和最新发现；从某一文献出发，还可以查到与其拥有相同所引文献或被引文献的相关记录，能够对传统检索工具往往遗漏的交叉学科的重要工作进行有效检索。因此，通过 SCI 检索，可以对某一学科、某一方向的研究信息进行全面掌握。

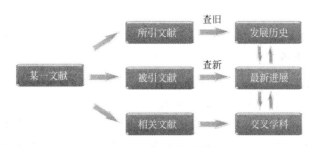

图 3-21　SCI 的检索特点

SCI 检索是对传统检索的一种补充，在实际工作中，我们常将传统的检索方法如关键字检索与引文检索有机地结合在一起，为科学研究工作提供便利。

（3）SCI 的出版与发行

美国科技信息研究所（Institute for Scientific Information，ISI）多元化的数据库广泛应用于自然科学、社会科学和艺术及人文科学各领域。ISI 开发了多种与化学化工专业有关的化学信息数据库，其中包括科学引文系列、现刊题录系统和化学专用信息系统。其中出版发行的 SCI 版本如下所示。

① 印刷版　1961 年创刊，1979 年以来为双月刊，定期出版 5 年、10 年累积本。

② 联机检索　通过 Dialog 和 DataStar 等联机检索系统可进行 SCI 检索。

③ 光盘数据库　从 1990 年起出版 SCI 光盘，分为带摘要和不带摘要两种版本。

④ 网络数据库　1997 年推出 SCI Web 版（Web of Science），2001 年升级为 Web of Knowledge，2014 年重新命名为 Web of Science。

3.3.2　Web of Science

Web of Science（http：//www.webofknowledge.com）是由 Clarivate Analytics（科睿唯安，原汤森路透-知识产权与科技）开发的信息服务平台，支持自然科学、社会科学、艺术与人文学科的文献检索，数据来源于学术期刊、图书、发明专利、学术会议录、技术标准、网络资源（包括免费开放资源）等。Web of Science 系统是由多个文献检索数据库组成的平台，用户可以同时对该平台上已订购的所有数据库进行跨库检索或选择其中的某个数据库进行单库检索。

汤森路透是世界一流的智能情报信息专业提供商，2008 年 4 月 17 日由加拿大汤姆森公司（The Thomson Corporation）与英国路透集团（Reuters Group PLC）合并组成。汤森路透将行业专门知识与创新技术相结合，在全世界最可靠的情报信息机构支持下，向金融、法律、税务与会计、科技、医疗保健和媒体市场的领先决策者提供关键信息及解决方案。Thomson Reuters 数据库和软件为科学研究和应用开发的每一步骤都提供了相应的工具，从知识的发现、管理、分析与发表，直到产品的开发与应用，不断推陈出新。

Web of Science 检索特色如下所述。

◆ 引文索引检索。

◆ 关键字检索。

◆ 基于化学结构与反应式的检索。

（1）主要数据库简介

ISI Web of Science 整合了自身的多个数据库：

1）Web of Science Core Collection（Web of Science 核心合集）

Web of Science 核心合集是 Web of Science 平台上首要的资源，也是全球最大、覆盖学科最多、学术影响力最高的综合性学术信息资源库。由以下几个重要部分组成。

① Science Citation Index-Expanded（SCI-E，科学引文索引）1900 年—

② Social Sciences Citation Index（SSCI，社会科学引文索引）1900 年—

③ Arts & Humanities Citation Index（A&HCI，艺术与人文引文索引）1975 年—

④ Conference Proceedings Citation Index（CPCI，会议论文引文索引）1990 年—

⑤ Book Citation Index（BkCI，图书引文索引）截至 2017 年收录了 60000 多种图书，共 1277000 多条记录，同时每年增加 10,000 种新书 2005 年—

⑥ Current Chemical Reactions 收录了 1985 年以来的最新化学反应 1985 年—

⑦ Index Chemicus 收录了 1993 年以来的化学物质的事实型数据 1993 年—

⑧ Emerging Sources Citation Index（ESCI）展示重要的新兴研究成果 2015 年—

2）BIOSIS Citation Index（BCI）

BIOSIS Citation Index 是全球生命科学领域中内容最权威、功能最强大的引文数据库，涵盖了传统生物学和生物医学领域的原始研究报告和综述。还包含了有关重大的生物学研究、医学研究发现和新生物体发现的主要期刊文献的参考文献。

3）Data Citation Index（DCI，数据引文索引）

DCI 将研究数据与众多强大的研究发现工具连接起来，使研究人员能够快速、轻松识别并获取最相关的数据研究。

4）Derwent Innovations Index（德温特专利索引，DII）

Derwent Innovations Index 是世界上最大的专利文献数据库，覆盖 50 个专利组织的专利文献，按技术内容分为 Chemical、Electrical & Electronic 和 Engineering 三个子数据库，提供快速、精准的专利信息和专利引文信息检索。

5）Chinese Science Citation Database（中国科学引文数据库，CSCD）

中国科学引文数据库收录 1989 年至今中国出版的 1200 余种中、英文科技核心期刊和优秀期刊，覆盖数学、物理、化学、天文学、地学、生物学、农林科学、医药卫生、工程技术、环境科学和管理科学等学科领域。数据库支持中、英文检索，既能用被收录文献的题录信息检索，也能用被引用文献的著者和来源检索。

6）Inspec

由 The Institution of Engineering and Technology（IET）出版的 Inspec 数据库收录世

界上关于物理学、电气电子技术、计算与控制工程、信息技术、机械制造等领域的科技文献。数据来源于近 5000 种期刊，以及图书、技术报告和 2500 种会议录。

7）MEDLINE

MEDLINE 是由美国国家医学图书馆（NLM）编制题录数据库，内容涉及生物医学、生命科学、生物工程、公共健康、临床护理，以及植物科学和动物科学。记录来源于学术期刊、报纸、杂志和时事通讯。

Web of Science 的数据库使用及相关服务可由用户自行选择购买。具有使用权限的数据库及服务显示在用户所打开的页面之中。因此，拥有不同权限的用户所看到的 Web 界面不同。通过数据库选取功能，可以指定检索目标数据库，也可以了解能够使用的数据库使用及相关服务（图 3-22）。

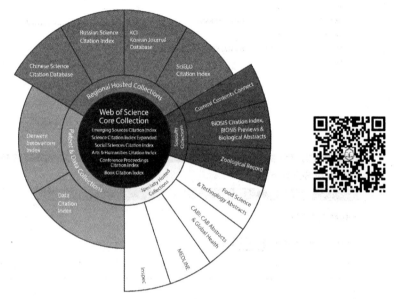

图 3-22　Web of Science 的数据库

（2）检索方法

使用 Web of Science 检索时需要先选择数据库，一般默认所有数据库。Web of Science 提供了多种检索方式，包括基本检索、高级检索、作者检索、化学结构检索、施引参考文献检索等，其中被引参考文献检索是 Web of Science 独具特色的一类检索方式，可以用来对某一研究领域溯源和查新。

基本检索中，可以输入主题、标题、作者、出版物名称、出版年、地址、作者识别号等关键词进行检索，如图 3-23 所示。

高级检索允许用户自己建立检索式进行检索，检索式的构建包括了字段标识、布尔运算符、括号和检索结果集等。使用高级检索能够灵活地调整参数，有助于提高检索结果的相关度，如图 3-24 所示。

作者检索通过输入作者姓名、选择研究领域和机构，从而获得某一作者被 Web of Science 收录论文的情况，如图 3-25 所示。

化学结构检索允许用户绘制化学结构式，或者输入化合物数据（名称、生物活性、分子量或反应角色），或者输入化学反应数据（如反应温度、产率等），来获得相关化合物和化学反应的文献资料，如图 3-26、图 3-27 所示。

图 3-23　Web of Science 的基本检索界面

图 3-24　Web of Science 的高级检索界面

图 3-25　Web of Science 的作者检索界面

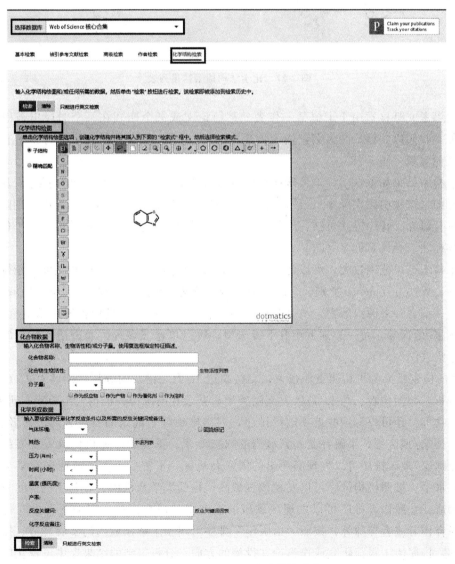

图 3-26　Web of Science 的化学结构检索界面

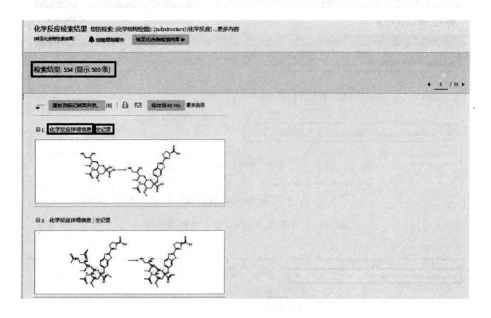

图 3-27　化学结构检索结果列表

施引参考文献检索用于了解某一作者、某篇论文或某个期刊在某个时段里被引用的情况。例如，我们以一篇论文为例，输入该论文的 DOI 号，检索获得到目前为止所有引用该论文的其他文献（图 3-28）。

初步检索结果如果众多，不可能详细地对所有结果进行阅读，可以通过排序发现其中最具代表性的（按被引频次降序）、最相关的（按照相关性）、最新的（按照出版日期降序）部分文献进行研究。排序方式包括：出版日期、入库时间、被引频次、相关性、第一作者、来源出版物标题、会议名称等（图 3-29）。

如果检索结果范围过大，可以使用精炼功能缩小范围，提高文献的相关度。精炼功能的选项包括：Web of Science 类别、文献类型（研究论文、综述、会议等）、研究领域、作者、团体作者、编者、来源出版物、丛书名称、会议名称、出版年、机构扩展、基金资助机构、语种、国家/地区等，每一类别下还有下级选项，可以单选或多选，通过精炼获得原有检索结果的子集（图 3-30）。

SCI 的检索结果分析功能更加强大，支持高达 10 万条记录的分析，能够对 16 个字段进行排序分析，包括作者、国家/地区、文献类型、基金资助机构、机构、出版年、研究方向、来源出版物等。还可以对这些选项进行排序，列出出现频率最高的研究方向、作者、机构、出版年、国家/地区等，了解在某一领域内的权威专家、重要的研究机构或者发展趋势。例如，按照国家/地区排序可以发现高产出的国家和地区，了解一个国家或地区在某个领域的科学研究水平；按照机构排序可以发现该领域高产出的大学及机构，有利于机构间开展合作和学生深造；按照作者排序可以发现该领域的高产出的研究人员，有助于选择同行评审专家、选择合作者或者导师等；按照"出版年"排序可用于了解领域内的发展趋势；按照"来源出版物"排序便于跟踪研究或作为论文投稿的方向。分析得到的结果提供可视化图像（树状图、柱状图）和列表两种显示方式（图 3-31）。

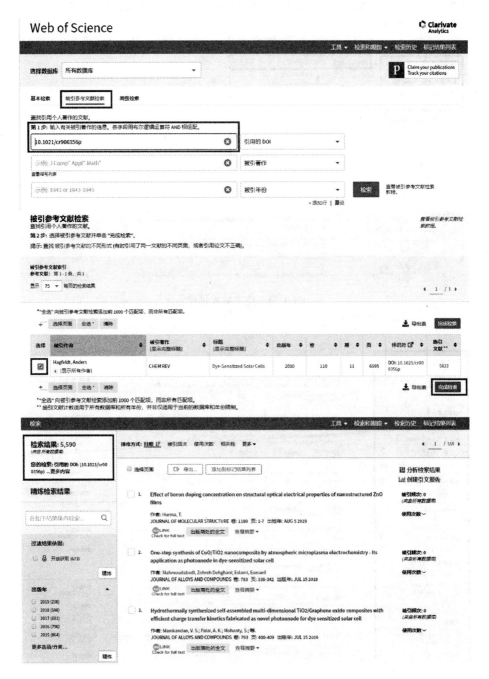

图 3-28　Web of Science 的施引参考文献检索

引文报告中不仅给出了文献的引用次数，而且分析了这些引用的年份（图 3-32）。通过引文报告可以发现在不同年份里引用的情况，从而判断出该文献的生命力或者这一领域在不同时间的发展趋势。需要注意的是，"引文报告"功能不适用于超过 10000 条以上记录的检索结果分析。

进入每一篇具体的文献记录页面（图 3-33），可以对文献的基本特征如标题、作者、来

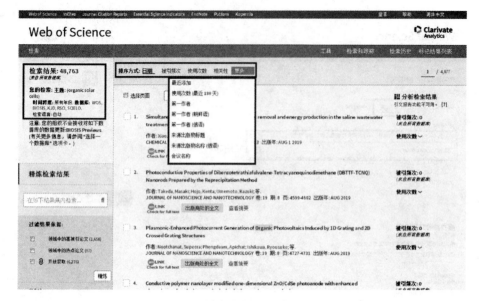

图 3-29　检索结果排序

图 3-30　精炼检索结果

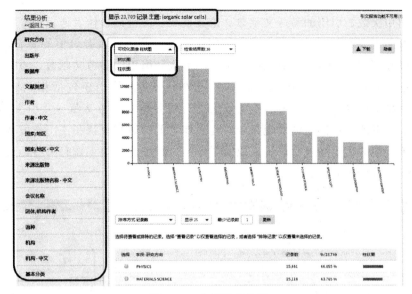

图 3-31 分析检索结果

图 3-32 引文报告

源信息、被引用次数、引用的参考文献数、论文摘要、关键词、作者通信地址、基金信息等有所了解，有助于我们判断是否需要访问并阅读全文。其中，最有价值的是它的引文网络，显示了该文献在 Web of Science 数据库中被引的频次和引用的参考文献数，点击具体数字可以分别进入引用和施引文献列表（图 3-34）。此外，引文网络中还包括相关记录（Related Records），即收录在 Web of Science 中与该论文有较多相同参考文献（共引文献）的文献。因此，通过引文系统，我们能够发现某个研究工作之前的研究现状和该工作发表之后的进一步发展，对该工作的重要性进行评价，以及了解与之相关的其他工作有哪些，以上内容也正是 Web of Science 的核心所在。

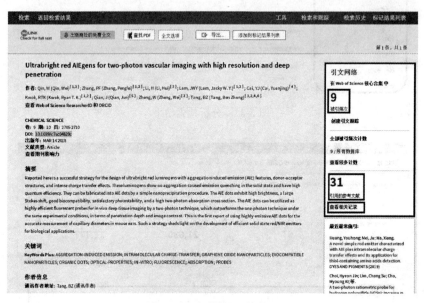

图 3-33　文献的记录页面

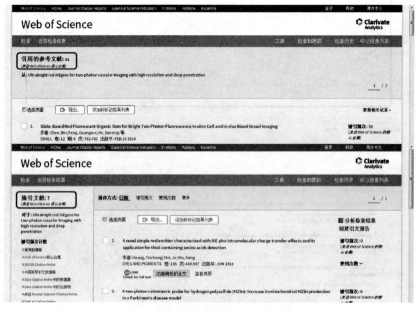

图 3-34　引用和施引文献列表

(3) 期刊引文报告（JCR）与影响因子

SCI 除了作为一种检索工具之外，也能够从一定程度上反映学术期刊的学术影响力。

科技期刊的影响因子（impact factor，IF）是按照该杂志前两年发表的文章被引用的总次数除以期刊文章的总数计算得到的，表示该期刊被引用的频率。期刊发表的论文被引用率越高，则该期刊的影响因子就越高，从一定程度上能够反映该期刊的学术水平。通过对引文的量化分析能够了解期刊的学术地位。SCI 期刊的影响因子可通过 Web of Science 平台上发布的 Journal Citation Reports（JCR）进行查询，如图 3-35～图 3-37 及表 3-4 所示。

图 3-35　Journal Citation Reports 页面

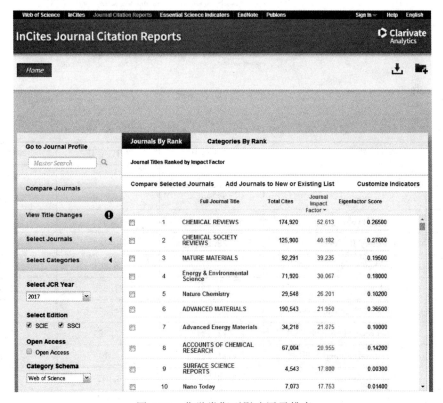

图 3-36　化学类期刊影响因子排序

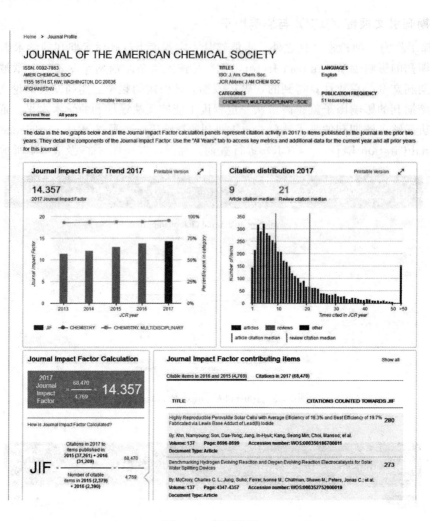

图 3-37　期刊详情

表 3-4　部分科技期刊的 IF（综合 & 化学类，2016/2017/2018 年）

期刊全名	2016 年 IF	2017 年 IF	2018 年 IF
Nature	40.137	41.577	43.070
Science	37.205	41.058	41.037
Chemical Review	47.928	52.613	54.301
Chemical Society Review	38.618	40.182	40.443
Nature Chemistry	25.870	26.201	23.193
Advanced Materials	19.761	21.950	25.809
Journal of the American Chemical Society	13.858	14.357	14.695
Advanced Functional Materials	12.124	13.325	15.621
Angewandte Chemie-International Edition	11.994	12.102	12.257
Analytical Chemistry	6.30	6.042	6.350
Chemical Communications	6.319	6.290	6.164

SCI 每年 6 月左右发表一次《期刊引用报告》，对世界权威期刊进行系统客观的分析。JCR 分为自然科学和社会科学两个版本，自然科学版为 SCI（Science Citation Index），社会科学版为 SSCI（Social Science Citation Index），收录了超过 10000 种权威学术期刊。某个期刊被 JCR 收录即称之为 SCI 或 SSCI 期刊。JCR 收录期刊分为 13 个学科大类、176 个小类。每个学科分类按照期刊的影响因子高低，平均分为 Q1、Q2、Q3 和 Q4 四个区：各学科分类中影响因子前约 25％期刊划分为 Q1 区，前 26％～50％为 Q2 区，前 51％～75％为 Q3 区，75％之后的为 Q4 区。

（4）中科院期刊分区

英国著名文献学家布拉德福（S. C. Bradford）的文献集中定律表明少数期刊集中了相对较高的影响因子（IF）和总被引频次（CI）。

影响较为广泛的 JCR 的期刊分区有两种：第一种是以上 Thomson Reuters 公司制定的分区，也称为汤森路透分区，如图 3-38 所示；第二种是中国科学院国家科学图书馆制定的分区（简称中科院分区），如图 3-39 所示。这两种分区方式均基于 SCI 收录期刊影响因子基础之上进行分区。

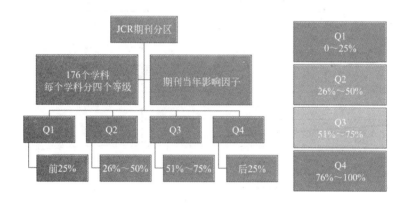

图 3-38　JCR 期刊分区

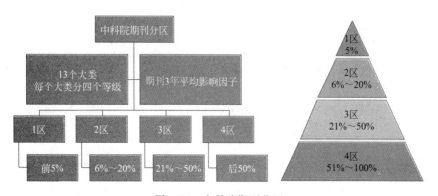

图 3-39　中科院期刊分区

中科院首先将 JCR 中所有期刊分为数学、物理、化学、生物、地学、天文、工程技术、医学、环境科学、农林科学、社会科学、管理科学及综合性期刊 13 大类。然后，将 13 大类期刊各自分为 4 个等级，即 4 个区。按照各类期刊影响因子划分，前 5％为该类 1 区、6％～20％为 2 区、21％～50％为 3 区，其余的为 4 区。显然在中科院的分区中，1 区和 2 区杂志很少，杂志质量相对也高，同时考虑总被引频次及同行评议结果确定是否为本领域的顶级（Top）期刊。中科院分区中四个区的期刊数量是从 1 区到 4 区呈金字塔状分布，如图 3-39 所示，2017 年中科院分区综合性和化学类 1 区期刊如表 3-5 所示，期刊分区数据在线平台如图 3-40 所示，期刊分区浏览如图 3-41 所示，期刊分区检索及检索结果如图 3-42 和图 3-43 所示。在国内，大部分高校和科研单位都采用中科院的分区。期刊分区表从 2004 年开始发布，延续至今；从 2012 年起，更改为网络版（查询网址：http：//www. fenqubiao. com/）。

表 3-5 2018 年中科院分区综合性和化学类 1 区期刊

期　　刊	类　　别	三年平均 IF
Nature	综合性期刊	39.951
Science	综合性期刊	37.641
Chemical Review	化学	45.970
Chemical Society Review	化学	37.630
Energy & Environmental Science	化学	28.337
Nature Chemistry	化学	26.655
Progress in Polymer Science	化学	25.836
Accounts of Chemical Research	化学	21.075
Chem	化学	14.104
Annual Review of Physical Chemistry	化学	14.002
Journal of the American Chemical Society	化学	13.751
Coordination Chemistry Reviews	化学	13.606
Journal of Photochemistry and Photobiology C-Photochemistry Reviews	化学	13.268
Surface Science Reports	化学	12.361
Angewandte Chemie-International Edition	化学	11.935
Natural Product Reports	化学	11.135
ACS Catalysis	化学	10.435
ACS Central Science	化学	9.583
Chemical Science	化学	8.958
Journal of Physical Chemistry Letters	化学	8.867
Green Chemistry	化学	8.739
Aldrichinica Acta	化学	8.109

期　　刊	类　　别	三年平均 IF
ChemSusChem	化学	7.251
Organic Letters	化学	6.601
Chemical Communications	化学	6.392
Analytical Chemistry	化学	6.083
ACS Macro Letters	化学	6.027

图 3-40　期刊分区数据在线平台

图 3-41　期刊分区浏览

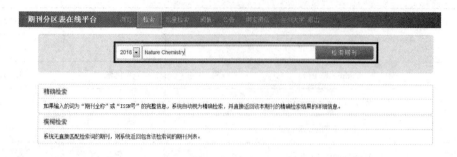

图 3-42　期刊分区检索

图 3-43　期刊分区检索结果

(5) SciFinder 与 Web of Science 的比较

使用 SCI 我们可以得到许多"意外"收获，例如了解这个概念是如何提出来的；这篇论文有没有被别人引用过；某个问题或方法有没有进一步证实、修正或改进；这项研究的最新进展是什么；这个理论或方法有没有延伸应用到新的领域中去；还有谁或其他研究机构在从事这方面的研究；这个研究人员或机构还写过哪些论文并发表在哪些刊物里等。从而帮助研究人员了解某项成果的被引用率和持续时间，估计其影响力，还可以通过对引文的分析能够了解期刊的学术地位及其学术影响力。

利用 Web of Science，我们可以从一篇高质量的文献出发，了解课题的全貌，或者在不了解关键词或者难于限定关键词的时候，通过一篇文章、一个作者、一个期刊、一篇会议文献或者一本书作为检索词，进行被引文献的检索，获取思路，激发研究灵感。

SciFinder 与 Web of Science 各有侧重。SciFinder 以文献的主题内容、作者等进行检索，易于实现检索目标内容的完整性；Web of Science 则以引文索引为优势，突出了某项成果发展与应用的轨迹，更适合交叉学科的研究。

3.3.3　EI 检索及 EI Village 2

美国《工程索引》（The Engineering Index，EI）是工程领域内最权威的文献检索工具之一。EI 所收录的内容涉及面广、综合性强，涵盖了世界上应用科学和工程技术领域的主要文献。EI 不包括纯理论方面的文献资料和专利，主要收录应用科学和工程技术领域的科技期刊和会议论文，其所收录文献的范围几乎覆盖工程技术各个领域的数据，主要涉及的相关学科包括环境工程、材料科学、化学和工艺工程、空气和水污染、固体废物的处理、农业工程和食品技术等学科领域。

> EI 创刊于 1884 年 10 月，最初由美国工程协会联合会（The Association of Engineering Society）下设的工程索引公司编辑出版，以"索引专栏"（Index Notes）的形式发表在该协会会刊的后面。7 年后，该协会把 1884～1891 年所发表的索引汇集出版了第一卷，定名为《近期工程文献叙述索引》（Descriptive Index of Current Engineering Library）；1892～1895 年汇集为第二卷，刊名改为《工程索引》（The Engineering Index）；1896～1900 年和 1901～1905 年分别汇集第三卷和第四卷。从 1906 年起，由美国工程杂志公司出版，并改为年刊，刊名改为《工程索引年刊》（The Engineering Index Annual）。从 1919 年起，美国机械工程师学会（American Society of Mechanical Engineer）购买了《工程索引》的所有权，以工程科学图书馆（The Engineering Science Library）定期收到的工程技术出版物作为收录报道的来源文献。1934 年起，由工程情报公司（The Engineering Information Inc.）专门负责编辑出版。从 1962 年，创办了《工程索引月刊》（The Engineering Index Monthly），每月一期，每年一卷，同时每年年终又集中月刊内容出一套年刊。

目前，EI 具有多种出版媒介，包括《工程索引》印刷版（年刊和月刊）、光盘版、EI Compendex 数据库以及网络版。其网络版为 EI Compendex Web，利用 EI Village 平台提供服务，2003 年升级为 Engineering Village 2（http：//www. engineeringvillage. com/）。

Engineering Village 2 提供三种检索方式：快速检索（Quick Search）、专家检索（Expert Search）和辞典检索（Thesaurus Search），如图 3-44 所示。

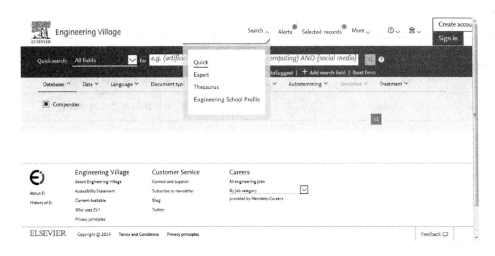

图 3-44　EI 的检索方式

（1）快速检索

在快速检索界面，如图 3-45 所示，用户首先在下拉菜单中选择检索字段，然后在检索框输入一个或若干个检索词，可以选择布尔逻辑符"AND""OR"和"NOT"限定检索词之间的逻辑关系，然后系统会按照检索词排列的先后顺序进行检索。此外，用户还可以根据需要对检索结果进行限定，包括文献类型、文献处理类型、语种和时间等，如表 3-6 所示。例如前面提到的例子，使用 EI 检索列表如图 3-46 所示，选中文献详细信息如图 3-47 所示。

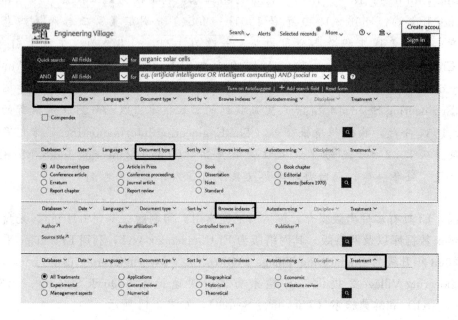

图 3-45　EI 的快速检索

表 3-6　EI 检索字段

字段名称	说　　明
All Fields	在数据库所提供的所有字段中检索
Subject/Title/Abstract	在标题、摘要、主标题词和受控词中检索
Abstract	文献摘要
Author	作者
Author Affiliation	作者单位
Title	文献题名
EI Classification Code	EI 分类码，是 EI 的主题词表中的分类代码
CODEN	图书馆所藏文献和书刊的分类编号
Conference Information	会议信息（包括会议名称、日期、地点和举办方）

字段名称	说　明
Conference Code	会议代码
ISSN	国际标准连续出版物号
EI Main Heading	EI 主题词
Publisher	出版商
Serial Title	期刊、专著或会议文集的名称
EI Controlled Term	EI 控制词组，是有 EI 索引专家建立的主题词组

图 3-46　EI 的检索列表

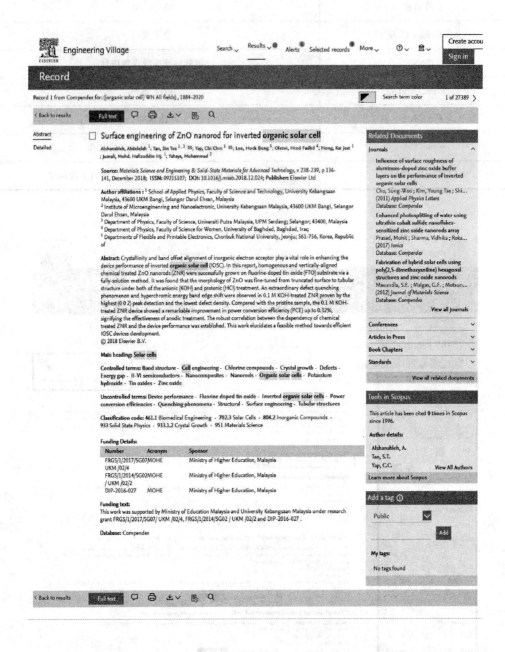

图 3-47 文献详细信息

(2) 专家检索

在专家检索中，检索式要由检索者自行使用检索词和布尔逻辑运算符构建，如图 3-48 所示。

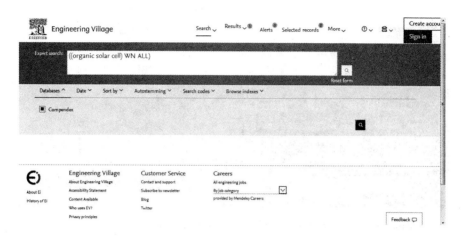

图 3-48　专家检索界面

3.4　ScienceDirect与Reaxys

3.4.1　ScienceDirect 的特点、检索方法与技巧意义

ScienceDirect（http：//www.sciencedirect.com）是一个全文文献数据库，主服务器设在美国，由 Elsevier Science 公司出版，涵盖数学、物理、化学、天文学、医学、生命科学、商业与经济管理、计算机科学、工程技术、能源科学、环境科学、材料科学、社会科学等众多学科。收录 2200 多种期刊，其中约 1500 种为 SCI 收录期刊；提供 50 余本参考工具书；150 余套系列丛书；160 余部手册；4000 多种电子图书。

Elsevier（爱思唯尔）公司是一家历史悠久的跨国出版公司，总部设在荷兰。其出版的期刊是世界公认的高品位学术期刊，且大多数为顶尖级期刊，被世界上许多著名的二次文献数据库所收录，包括《柳叶刀》（The Lancet）和《细胞》（Cell）。

ScienceDirect 数据库访问方式可分为以下两种。

① ScienceDirect OnSite（SDOS）：访问国内镜像站（清华大学、上海交通大学的镜像站点）。

② ScienceDirect OnLine（SDOL）：访问国外镜像站。

数据库访问采用 IP 地址控制方式。

ScienceDirect 主页如图 3-49 所示。由于 ScienceDirect 的期刊很多，要找到一个期刊，需要通过搜索期刊名称（Journal/Book Title）、按期刊名称首字母浏览期刊（Browse by Title）或根据学科分类浏览期刊（Browse by Subject）来定位一个期刊。

ScienceDirect 中期刊主页的结构基本一致，如图 3-50 所示为期刊 Cell 的主页。页面中包括期刊名称和封面、期刊的详细介绍（About the Journal）、投稿体系（Submit Your Article）等。在卷列表中包括了现刊和过刊各卷列表，此外还有即将出版的论文（Accepted Manuscript 和 Corrected Proof）。论文列表显示了本卷论文的标题、作者、摘要和图形摘要

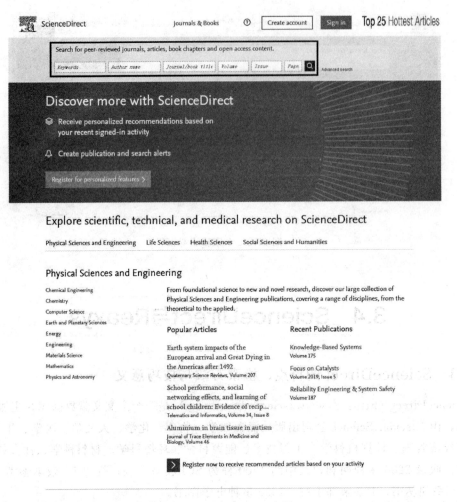

图 3-49　ScienceDirect 主页

等信息，点击论文标题，可以进入论文界面，如图 3-51 所示，点击全文或论文列表中的 PDF 图标，则可获得正式的 PDF 论文全文。

　　ScienceDirect 的检索方式包括快速检索和高级检索。快速检索始终以工具栏的形式显示在页面上端，首先选择要检索的是文章（Articles）还是图片（Images），然后在"All Fileds"中输入搜索的关键词，当有多个关键词时，不允许直接使用布尔逻辑运算符，要在多个检索词之间用空格隔开，还可以对检索结果进行限定，如选择期刊和书籍名称（Journal/Book Title）、作者（Author Name）、卷（Volume）、期（Issue）、页码（Page）等。高级检索（Advanced Search）页面如图 3-52 所示。

3.4.2　Reaxys 数据库

（1）Crossfire Beilstein/Gmelin 数据库

　　Crossfire Beilstein/Gmelin 数据库由 Beilstein 和 Gmelin 两个数据库组成。分别由德国 Beilstein Institute 和 Gmelin Institute 进行维护。前者收集有机化合物的资料，后者收集有

图 3-50　Cell 期刊主页

机金属与无机化合物的资料，是传统贝尔斯坦有机化学手册（Beilstein Handbuch der Organische Chemie）即盖墨林无机与有机金属化学手册（Beilstein Handbook of Inorganic and Organometallic Chemistry）的电子化。

> Beilstein 和 Gmelin 为当今世界上最庞大且享有盛誉的化合物数值与事实数据库。该数据库以客户端方式提供包含可供检索的化学结构和化学反应、相关的化学和物理性质，以及详细的药理学和生态学数据在内的最全面的信息资源。

主要数据的索引分为三部分。

① 化学物质部分　收集了结构信息及相关的事实和参考文献，包括化学、物理和生物活性数据；

图 3-51   Cell 论文界面

图 3-52   高级检索界面

② 反应部分　提供化学物质制备的详细资料，帮助研究人员用反应式检索特定的反应路径；

③ 文献部分　包括引用、文献标题和文摘，化学物质部分和反应部分的条目与文献部分有超链接。

用户可以用反应物或产物的结构或亚结构进行检索，更可以用相关的化学、物理、生态、毒物学、药理学特性以及书目信息进行检索。

（2）Reaxys 数据库

Elsevier 公司现将 Crossfire Beilstein/Gmelin 和 Patent Chemistry Database（专利化学信息数据库）内容整合为统一的资源，推出网络版的 Reaxys 数据库（https：//www.reaxys.com），形成专为帮助研究人员更有效地设计化合物合成路线的新型工具，提供给研究人员在查检实验物质及反应式时，可透过单一界面整合检索结果并简化研究人员的工作流程。Reaxys 的发展历程如图 3-53 所示。

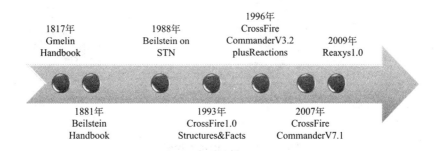

图 3-53　Reaxys 的发展历程

Reaxys 是一个全新的、辅助化学研发的在线解决方案设计系统，并新增更多强大的功能。与 Crossfire Commander 相比，Reaxys 的优势如下。

① 方便使用和管理　Reaxys 是基于网络的数据库，无需要另外安装客户端软件，界面也更直观，更人性化。

② 检索结果的整合与统一显示　基于在 Reaxys 平台，所有检索结果统一显示在一个窗口中，这种模式更有利于用户快速获得所需的相关信息。

③ 新的功能和工具　拥有更强大、更人性化的工具和特性，比如按照领域或者数值范围进行过滤和筛选，检索过程的可视化，利用 Synthesis Planner 设计和优化多步合成路线，将检索结果以 PDF、WORD、EXCEL 形式导出，或整合到其他文献管理系统中等。

④ 新增独有的引文数据及商业数据链接

用户除了可以直接链接到期刊文章和专利文献，还可以查看文章被引用的情况。同时，所有商业有售的化合物都会冠以"e"的图标，以便于用户鉴别。

在 Reaxys 的基本检索方式（Quick Search）中对物质、反应和文本（专利信息）的检索，可以使用的方式包括：①输入物质名称、反应名称、物质理化性质、物质的谱图、分子式、反应类型、关键词等；②使用结构编辑器绘制反应结构和物质结构（图 3-54）。值得注意的是，Reaxys 系统提供两种结构编辑器（图 3-55 和图 3-56）供用户选择，即 Marvin JS

结构编辑器和 ChemDraw JS 编辑器。在 Reaxys 中对物质的检索可以查找特定物质的性质，筛选符合特定条件的物质，同时注明数据来源，可查阅到原始文献。对反应的检索可以查找特定反应或反应类型，筛选设计特定物质的反应，例如物质作为反应溶剂、催化剂、反应物、反应产物等，同时能帮助用户设计合成路线，Reaxys 检索结果页面如图 3-57 所示。此外，Reaxys 还具有强大的排序、过滤和分析工具，实现对检索结果的筛选、精炼和分析，从而提高检索效率，Reaxys 过滤功能如图 3-58 所示。

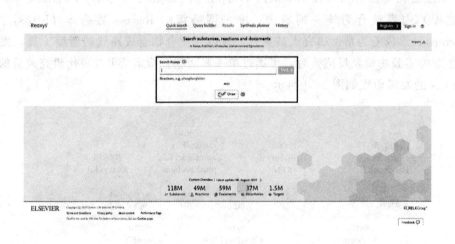

图 3-54　Reaxys 的基本检索方式

图 3-55　Reaxys 的结构编辑器（一）

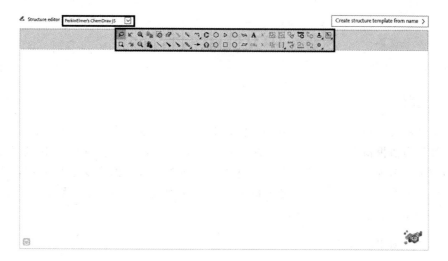

图 3-56　Reaxys 的结构编辑器（二）

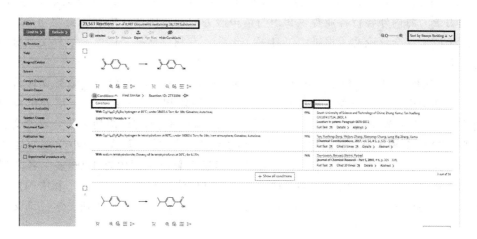

图 3-57　Reaxys 检索结果页面

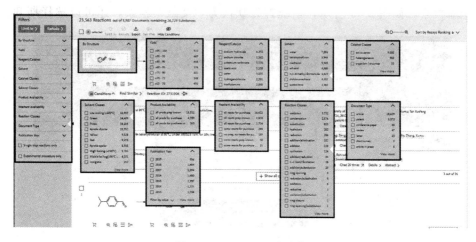

图 3-58　Reaxys 过滤功能

3.5 中文文献检索简介

3.5.1 概况

中文文献检索出现于 1974 年，20 世纪 80 年代得到了快速增长。中文信息检索在 90 年代之前都被称为情报检索，主要进行图书、期刊的编译、编目、文摘检索。随着计算机与网络技术的应用，出现了中文文献数据库、电子图书库等。常用的中文数据库有：中国知网（中国 CNKI 学术总库）、维普中文科技期刊、万方数据、超星电子图书、方正阿帕比（Apabi）电子图书、读秀知识库（学术搜索）等。

3.5.2 中国知网（CNKI）

中国知网（www.cnki.net），是中国国家知识基础设施工程（Chinese National Knowledge Infrastructure，CNKI）的研究和建设成果，目前已发展为全球领先的数字出版平台，是一家致力于为海内外各行各业提供知识与情报服务的专业网站。内容涵盖期刊杂志、博士论文、硕士论文、会议论文、报纸、工具书、年鉴、专利、标准、国学、海外文献等公共知识信息资源。

CNKI 系统的主要内容包括：中国知识资源总库、数字出版平台、文献数据评价、知识元检索等，其中中国知识资源总库拥有国内 9000 多种期刊、420 多家博士培养单位的博士学位论文、650 多家硕士培养单位的硕士学位论文、900 多家学会/协会重要会议论文、1000 多种报纸、2000 多种年鉴、数百家出版社已出版的图书、百科全书、中小学多媒体教学软件、专利、标准、科技成果、政府文件、互联网信息汇总以及国内外 1200 多个各类加盟数据库等知识资源。其中，最为重要的是中国学术期刊网络出版总库（全文）和中国博士和优秀硕士学位论文全文数据库。此外，CNKI 近年来也引入了多种外文期刊、学位论文、图书和专利等。

CNKI 的新版本主页如图 3-59 所示。CNKI 提供了多种检索方式，包括一框式检索、高级检索、专业检索、作者发文检索、句子检索等。在一框式检索模式中可以切换不同的数据库或者全库检索，如图 3-60 所示，系统首先默认为"文献"检索，还可以选择期刊、硕博

图 3-59　CNKI 新版本主页

士、会议、报纸、图书、年鉴、百科、词典、统计数据专利、标准等。其中，文献检索属于跨库检索，目前包含期刊、博士、硕士、国内重要会议、国际会议、报纸和年鉴七个文献类数据库。根据检索需要，可选取不同检索项来提高检索的查准率，不同的数据库的检索项不同，例如期刊数据库检索时的检索项包括全文、主题、篇名、关键词、作者、单位、刊名、ISSN、CN、基金、摘要、参考文献以及中图分类号。

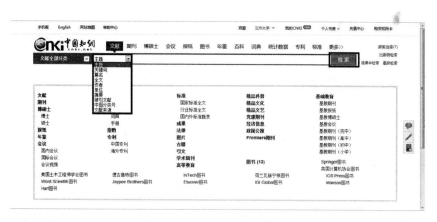

图 3-60　一框式检索界面

例如，选择"主题"项对"太阳能电池"进行检索，所得的初步检索结果列表如图 3-61 所示。对检索结果可以通过"相关度""发表时间""被引"以及"下载"进行排序浏览。为了进一步缩小检索范围，在"文献全部分类"导航系统中可以选择对应的一级分类和二级分类。在分组浏览中选择主题、发表年度、研究层次、作者、机构、基金等选项，进一步限定检索的范围。在检索文本框中输入新的关键词，可以选择"结果中检索"，也可以对初步检索结果进行二次检索。

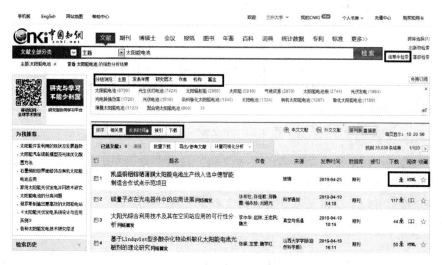

图 3-61　检索结果页面

当有多个检索词时，需要使用高级检索模式创建更为复杂的检索式，如图 3-62 所示。在高级检索模式中可以输入多个检索词，并且每个检索词的检索项都可以限定，通过确定下拉选项"并且""或者"和"不含"来限定检索词之间的逻辑关系，还允许选择检索的精确程度（"精确"代表输入的字符串不可拆分，"模糊"代表字符串可以拆分）。此外，高级检索模式中，还提供了发表时间、文献来源、作者单位、支持基金等限定选项。

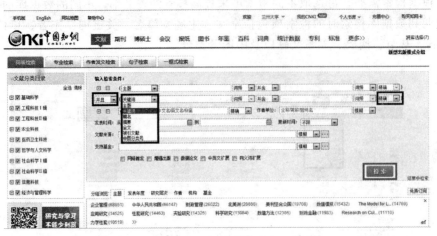

图 3-62　高级检索页面

专业检索是所有检索方式里面比较复杂的一种检索方法，专业检索页面如图 3-63 所示。需要用户自己输入检索式来检索，并且确保所输入的检索式语法正确，这样才能检索到想要的结果。每个库的专业检索都有详细的语法说明可供参考。

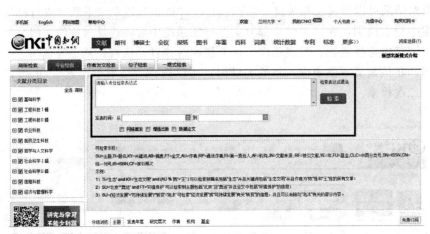

图 3-63　专业检索页面

作者发文检索可用于检索某作者的发表文献，检索非常简单，如图 3-64 所示，只要用户输入相应作者姓名、单位即可。

科研基金检索可用于检索某基金发表的文献。

句子检索可用来检索文献正文中所包含的某一句话或者某一个词组等文献，如图 3-65所示。

来源期刊数据库主要针对想了解期刊来源的用户，检索某个期刊的文献，利用期刊的来源类别、期刊名称、年限等进行组合检索。

完成检索后，在检索结果列表中可以对文献进行排序和进一步精练，对具体的文献提供全文下载。CNKI 提供 CAJ 及 PDF 格式文档下载。其中，CAJ 是中国学术期刊全文数据库（China Academic Journals）的英文缩写，是中国期刊网的专用全文格式，并与中国期刊网

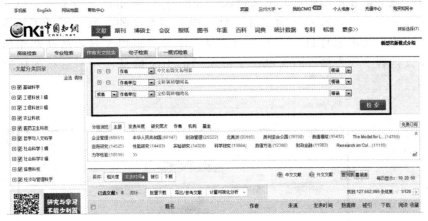

图 3-64　作者发文检索页面

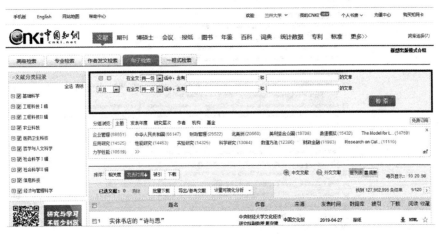

图 3-65　句子检索页面

高度匹配，阅读 CAJ 格式的文档需要在 CNKI 主页中下载 CAJ 阅读器（CAJ Viewer）。

　　具体文献的信息界面记录了文献的基本信息、摘要、基金、关键词、分类号、引文网络、关联作者、相似文献、相关基金文献等，如图 3-66 所示。其中，引文网络以图示

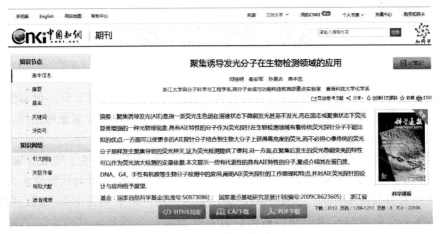

图 3-66　具体文献页面

的形式展现了该文献在不同年份的引文情况，如图 3-67 所示，①为参考文献，可以获取本文研究工作的背景和依据；②为引证文献，即引用本文的文献，可以了解本文研究工作的继续、应用、发展或评价；③为共引文献、④为同被引文献，从这些相似文献中能够找到与本文内容上较为接近的文献。了解文献的引文信息，对于后续的研究工作具有重要的价值。

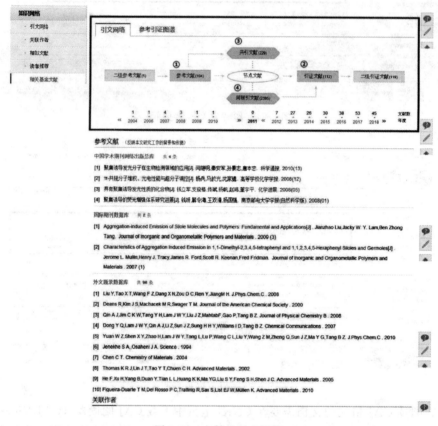

图 3-67　文献的引文网络

3.6　搜索引擎检索

搜索引擎是一种以 WWW 资源站点为主的网络信息资源的检索工具。搜索引擎因其提供的检索结果为特定资源的链接，与传统的以提供原始文献出处的检索原理相同，本质上是一种二次文献检索服务。

搜索引擎的工作原理大致如下：第一步数据采集，即利用称为网络爬虫（Web Spider）的自动搜索程序，不断从互联网上抓取网页；第二步是数据标引，即对所采集的海量信息进行整理并建立索引数据库；第三步是数据组织，当用户向搜索引擎发出指令后，按照用户要求检索索引库，在极短的时间内找到所需信息，并通过一定的算法对检索结果建立搜索排序；最后一步是数据检索，即把检索结果返回给用户。

3.6.1 谷歌学术

谷歌搜索引擎是谷歌公司的主要产品，也是世界上最大的搜索引擎之一，由两名斯坦福大学的理学博士生拉里·佩奇和谢尔盖·布林在1996年建立。谷歌搜索引擎拥有网站、图像、新闻组和目录服务四个功能模块，提供常规搜索和高级搜索两种功能。谷歌搜索引擎每天需要处理2亿次搜索请求，数据库存有30亿个WEB文件。提供常规搜索和高级搜索两种功能。

谷歌学术搜索（Google Scholar，http：//scholar.google.com）是一个可以免费搜索学术文献资料的网络搜索引擎。Google Scholar索引能够帮助用户查找包括期刊论文、学位论文、书籍、预印本、文摘和技术报告在内的学术文献，内容涵盖自然科学、人文科学、社会科学等多种学科。Google Scholar的文献排名是严格按照文章的学术价值来进行的，参考因素包括文献、作者、出版者的权威性、引用次数等，因而能够最大限度地检索出高质量的文献。

例如在文本框中输入"organic solar cells"作为关键词，检索结果如3-68所示，检索顺序按照标题、正文、参考文献依次排序。检索结果为一个列表，显示每篇文献的基本信息，包括标题、著作者、文献来源、出版商、摘要、被引用次数、相关文章、保存、引用等。其中，引用功能提供文献的参考文献格式，包括GB/T 7714—2015（中国国标）、MLA、APA三种引用格式，以及EndNote、RefMan、Notefirst、NoteExpres等文献管理软件格式，可以直接导出到相应的文献管理软件。在左上角的选项中，可以对文献的发表时间进行限制，以及对文献按照相关性还是按日期排序进行选择。

图 3-68　谷歌学术检索结果页面

选择进入高级搜索页面，如图 3-69 所示。高级检索中，可以对多个检索词之间的逻辑关系、语言、地区、更新时间、网站、安全搜索、文件类型、使用权限等进行设置，还可以设置检索习惯、语言、显示选项等。

3.6.2 百度学术

百度是全球最大的中文搜索引擎，是中国互联网用户最常用的搜索引擎之一。与

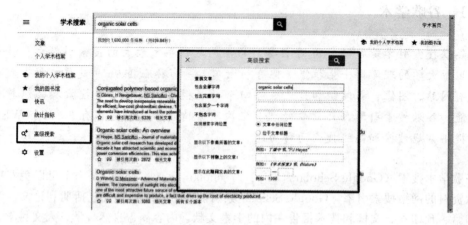

图 3-69　谷歌学术高级搜索

Google 相比，百度对于中文内容的信息完整性和中文检索词的理解能力更强。

百度学术搜索（http：//xueshu.baidu.com/）是百度搜索开发的一个可以**免费搜索**学术文献资料的网络搜索引擎，内容涵盖自然科学、人文科学、社会科学等多种学科。百度学术能够帮助用户查找包括期刊论文、学位论文、书籍、预印本、文摘和技术报告在内的国内外学术文献，并通过时间筛选、标题、关键字、摘要、作者、出版物、文献类型、被引用次数等细化指标提高检索的精准性。

百度学术主页如图 3-70 所示，收录了包括知网、维普、万方、Elsevier、Springer、Wiley、NCBI 等的 120 多万个国内外学术站点，索引了超过 12 亿学术资源页面，建设了包括学术期刊、会议论文、学位论文、专利、图书等类型在内的 4 亿多篇学术文献，在此基础上，构建了包含 400 多万个中国学者主页的学者库和包含 1 万多中外文期刊主页的期刊库。

图 3-70　百度学术主页

在百度学术搜索中，用户还可以选择将搜索结果按照"相关性""被引量""时间顺序"三个维度分别排序，如图 3-71 所示，以满足不同的需求。除基础检索外，还支持用户进行高级检索，如图 3-72 所示，百度学术首页和搜索结果页的搜索框的右侧均可进入高级检索界面进行检索。

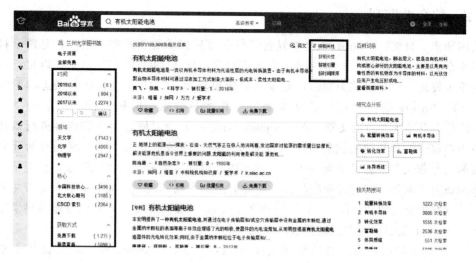

图 3-71　百度学术结果列表

图 3-72　百度学术高级检索

3.7　重要学术期刊简介

3.7.1　电子期刊的兴起

电子期刊又称在线期刊，是一种直接在网络上发表的刊物。相对于传统的印刷版期刊而言，具有以下特点：更新快，接受的论文及时上网可查；查阅、保存方便，多为 PDF 电子文档；兼有简单检索功能。

目前，除原印刷版期刊也逐步推出其电子期刊外，还出现了只发表于网络的电子期刊。论文发表模式也出现了 Open Access 这一新的模式，即由作者支付出版及版权相关费用，读者可任意下载、传播该论文。

3.7.2 综合性期刊

英国杂志《自然》（Nature）是世界自然科学界最权威的学术期刊之一，是跨学科的周刊类科学杂志，也是世界上最早的国际性科技期刊，自从 1869 年创刊以来，以报道科学世界中的重大发现、重要突破为使命，要求科研成果新颖。2018 年《自然》杂志的影响因子为 36.101。Nature 的主要读者是从事研究工作的科学家，但研究论文之前的 News & Views 部分会有导读性质的文章（Accompany Articles）会对研究论文的内容进行概括和评述，使得普通读者和其他领域的科学家也能理解期刊内最重要的文章。期刊开始部分的社论、新闻及专题文章报道科学家一般关心的事物，包括最新消息、研究资助、商业情况、科学道德和研究突破等。期刊也介绍与科学研究有关的书籍和艺术。期刊的其余部分主要是研究论文，这些论文可以 Review、Article 或者 Letter 的形式发表。与其他专业的科学杂志一样，在 Nature 上发表的文章需要经过严格的同行评审。

《自然》杂志的出版商为自然出版集团（NPG）。除了 Nature 外，还出版其他专业期刊，近些年，NPG 加快了 Nature 子刊扩充的速度，截至 2018 年 1 月 14 日，Nature 的子刊共有 51 种，其中化学相关的包括 "Nature Chemistry" "Nature Materials" "Nature Nanotechnology" "Nature Chemical Biology" "Nature Communications" 等高影响因子的期刊。

美国杂志《科学》（Science）是美国科学促进会（American Association for the Advancement of Science，AAAS）出版的学术期刊，为全世界最权威的学术期刊之一。《科学》是发表最好的原始研究论文，以及综述和分析当前研究和科学政策的同行评议的期刊之一。该杂志于 1880 年由爱迪生投资 1 万美元创办，于 1894 年成为美国最大的科学团体"美国科学促进会"的官方刊物。全年共 51 期，为周刊，全球发行量超过 150 万份。该期刊的主要关注点是重要的原创性科学研究和科研综述的出版，此外《科学》也发表科学相关的新闻、以及关于科技政策和科学家感兴趣的事的观点。

3.7.3 常见的化学化工类期刊

综述是指作者针对某一专题，对大量原始研究论文中的数据、资料和主要观点进行归纳整理、分析提炼而写成的论文。国际上著名的化学类综述性期刊有 Chemical Reviews、Chemical Society Reviews 等。

《化学评论》（Chemical Reviews），简称 Chem. Rev.，1924 年创刊，美国化学会出版，双月刊。是评论性刊物之一。刊载化学方面的评论性文章及最近研究成果综述。

《化学会评论》（Chemical Society Reviews），简称 Chem. Soc. Rev.，1972 年创刊，英国化学会出版。刊载化学理论与技术问题以及化学进展方面的研究论文。

综合性化学会刊登载的文献内容较广，涉及化学的各个方面，各国化学会的会志都属于这种类型。例如 JACS、Angew. Chem.、J. Chem. Soc. 等。

《美国化学会志》（Journal of American Chemical Society），简称 JACS，1879 年创刊，是最重要的化学杂志之一，主要发表化学领域各个方面的原始研究论文、简评和书评。

《应用化学》（Angewandt Chemie）（德），简称 Angew. Chem.，1888 年创刊（德文版），1962 年出版英文版，内容与德文版相同。本刊水平较高，涉及面广，着重于登载化学领域的最新进展，即有原始论文，又有综述性评论，对于了解化学学科各领域的当前动态，很有帮助和启发。

《英国化学会志》（Journal of Chemical Society），简称 J. Chem. Soc. ，1841 年创刊，是世界上历史最悠久的国家化学会志。1972 年起分六辑出版。

① Dalton Transactions（道尔顿汇刊），半月刊，主要刊登无机化学、金属有机化学研究内容。

② Perkin Transactions Ⅰ：Organic and Bio-Organic Chemistry（Perkin 汇刊Ⅰ——有机与生物有机化学），半月刊，为合成及天然产物、有机与生物有机化学部分。

③ Perkin Transactions Ⅱ：Physical Organic Chemistry（Perkin 汇刊Ⅱ——物理有机化学），每年出版 15 期，登载有机反应动力学与反应历程的研究，以及应用物理化学、光谱学与结晶学技术解决有机化学的文献。

④ Chemical Communications（化学通讯）。半月刊，刊登化学中重要新成果的紧急简短通讯。

⑤ Faraday Transactions Ⅰ：Physical Chemistry（法拉第汇刊Ⅰ——物理化学），分两辑出版，月刊，包括放射化学、气相动力学、电化学、表面化学、多相催化、聚合动力学等。

⑥ Faraday Transactions Ⅱ：Chemical Physics（法拉第汇刊Ⅱ——化学物理），主要发表理论性文章，例如，价与量子理论、统计力学、分子间力、松弛现象、光谱研究等。

重要的中文化学期刊如下所述。

《化学学报》（Acta Chimica Sinica），1933 年创刊，是中国化学会主办的基础性化学科学期刊。

《科学通报》（Chinese Science Bulletin）1950 年创刊。

《高等学校化学学报》（Chemical Journal of Chinese Universities）。

《中国科学》系列，即（SCIENCE CHINA Chemistry）。

此外，还有针对不同领域的专业类期刊，如表 3-7 中所示为部分专业类期刊。

表 3-7　部分专业类期刊

无机和有机化学	分析化学	化学信息学
Inorganic Chemistry Journal of Coordination Chemistry Journal of Organic Chemistry Organic Letters Journal of Organometallic Chemistry Tetrahedron Tetrahedron Letters Journal of Heterocyclic Chemistry Synthesis Synthesis Communication	Analytical Chemistry Journal of Chromatography A Analytica Chimica Acta Analyst Talanta	Journal of Chemical Information and Modeling Chemometrics and Intelligent Laboratory Systems Journal of Molecular Modeling Journal of Computer Aided Molecular Design Journal of Molecular Graph and Modeling
物理化学与结构化学	高分子化学化工	结构化学
Physical Chemistry Chemical Physics International Reviews in Physical Chemistry Journal of Physical Chemistry A	Journal of Polymer Science Journal of Macromolecular Science Macromolecular Chemistry and Physics Polymer Engineering & Science Modern Plastics	Chinese Journal Structural Chemistry

3.8　文献管理软件

3.8.1　文献管理与软件

科研离不开文献。我们进行一个课题研究时，从课题开题、研究过程中遇到问题、到撰写文章等过程中，都需要不断地从文献中吸取知识、启迪思想、总结经验。因此，需要有效地管理大量的文献，在论文、材料、著作写作时需要对参考文献进行合理地编排，高效管理文献是科研工作者必备基本技能。传统的手工方式耗时耗力，如图 3-73 所示，利用计算机数据库管理可以大大提高效率。

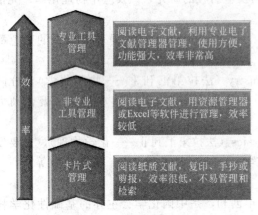

图 3-73　文献管理的发展

文献管理软件应具备的基本功能：①建立属于自己的参考文献数据库，有多种导入方式，并能加以整合，剔除重复信息，文献库容易携带、备份；②方便地阅读和编辑参考文献信息，可与本地参考文献的 PDF 原文建立关联，对其进行管理，方便检索文献库中的文献；③方便在文字处理软件 Word 中根据指定的格式插入所引用的文献，并进行智能管理。

目前市面上文献管理软件很多，如下。

① 汤姆森（Thomson）公司出品的文献管理软件包括以下几种。

EndNote　最受欢迎的文献管理软件之一。

Biblioscape　可在一个文献库下对题录分层管理，非常符合研究之需。

Reference Manager　是一个专门用来管理书目参考文献的资料库程序，提供网络功能，可同时读写文献库。

② CSA 公司的 RefWorks。一个基于网络联机的个人文献书目管理系统。

③ 北京爱琴海软件公司的 NoteExpress。目前较好的中文文献管理软件。

3.8.2　EndNote

EndNote 是 Thomson 公司的官方软件，由美国科学信息所（ISI）研制开发，是目前最受欢迎、最好用的文献管理软件之一。EndNote 软件能实现主题书目在线查找和图片管理，它具有如下特点。

① EndNote 支持绝大多数国际期刊的参考文献格式及写作模板，涵盖各个领域的杂志。

② EndNote 能直接连接上千个数据库，并提供通用的在线检索方式，提高了科技文献的检索效率。

③ EndNote 能管理的文献库没有上限，至少能管理数十万条参考文献。

④ EndNote 快捷工具嵌入 Word 编辑器中，可以很方便地边书写论文边插入参考文献，而不用担心插入的参考文献会发生顺序、格式等错误。

⑤ EndNote 的系统资源占用小，很少发生因 EndNote 文献库过大发生计算机死机现象。

⑥ 很多国内外数据库下载文献条目时，均支持 EndNote 格式。

EndNote 是如何进行文献管理的呢？如图 3-74 所示。我们从不同的文献数据库、搜索引擎等渠道获取了大量的文献信息，统一添加到 EndNote 中进行管理，这些资料包括图书、期刊论文、影音媒体、法律文件、图片等。因为不同渠道导入的文献资料的数据格式都不一样，所以导入 EndNote 时需要根据检索系统选择对应的 Filter，即经过 EndNote 的 Connection File Filter（连接文件过滤器）处理后，才能储存在 EndNote 的 Library 中进行统一管理。当这个图书馆中的文献资料很多时，还可以建立组群（Group）对其进行分类，并利用检索功能轻松找到具体的文献，还可在 EndNote 中直接阅读。在撰写论文阶段，EndNote 可以向用户提交所需样式（Style）的参考文献。所谓的样式，即参考文献的标注格式，不同的杂志对文献样式有着不同的要求。在 EndNote 的数据库中有上千种期刊的参考文献样式，选择一种文献样式，利用 EndNote 可以在 Word 中方便地插入参考文献。

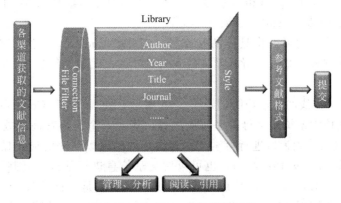

图 3-74　EndNote 文献管理原理

EndNote 目前已经更新到 EndNote X9，其功能在不断地提升。安装 EndNote 后，进入主界面，如图 3-75 所示。主界面分为三个窗口，分别为 Library 栏、文献列表栏以及文献格式预览栏。利用 EndNote 软件进行文献管理时，需要掌握的基本操作包括建立文献库、文献库管理、引文格式编辑三大部分（表 3-8）。

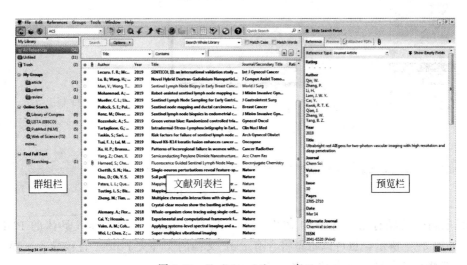

图 3-75　EndNote Library 窗口

表 3-8　EndNote 基本功能

程序基本模块	基　本　功　能
建立文献库	文献库建立的方式： EndNote 的内置在线检索功能；PDF 导入及文件夹批量导入；英文数据库的导入；中文数据库的导入（CNKI、万方、维普等）；谷歌学术搜索数据的导入；文献库的导入及手工录入
文献库管理	界面操作：栏位置显示与隐藏、排序。 文献书目操作：复制、删除、统计、查找、输出。 管理操作：全文管理（PDF、图片、表格、其他文档）、合并数据库、分组管理、研究注记等。 文献分析：文献简单分析等
引文格式编辑	如何在写作时插入引文；如何编辑文后参考引文的显示格式（即输出格式）；输出格式的编辑与修改；论文模板的使用

（1）建立文献库

安装 EndNote 后，通过"File"新建并命名个人图书馆（默认为 My Library），同时生成了".Data"文件夹及".enl"文档。

建立 Library 后，就可以将具体的文献导入其中。EndNote 提供多种文献导入方式：①内置的在线检索方式；②PDF 导入及文件夹批量导入；③数据库导入；④搜索引擎导入；⑤手工录入。

Endnote 内置了在线的检索功能，如图 3-76 所示，选择 Tools-Connect，会出现链接选择窗口，一系列的检索系统按字母排序可供选择，选择一个需要查询的数据库，例如 Web of Science，即可进入检索窗口进行检索。检索得到的结果以列表的形式显示，可以选择具体的文献进行查看（Show Preview），也可以对文献信息进行下载，复制到相关的 Library 中。不过，此时存入 Library 中的只是文献的信息，或者说是"目录"，如果想要在 Library 中阅读全文，还需要使用"Find Full Text"功能下载全文到本地计算机中，下载的 PDF 文档同样可到附件中查找。

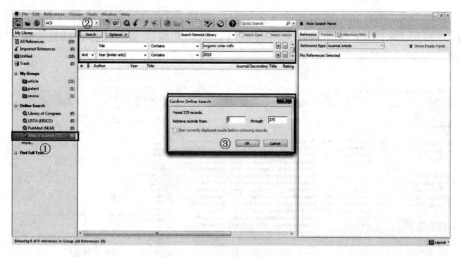

图 3-76　内置的在线检索功能

如果电脑中已经有很多标准的 PDF 文档，选择 Import 选项，导入具体的 PDF 文档（File），如图 3-77 所示，也可以批量将含有 PDF 文档的文件夹 Folder 直接导入，导入后的 PDF 文档都将以附件的形式存放在 EndNote 中。

图 3-77 PDF 文档导入

许多数据库都提供了将文献信息导入到 EndNote 的功能，例如在 Web of Science 检索结果列表中，只要勾选对应的一篇或多篇文献，选择储存到"EndNote Desktop"就会自动打开 EndNote 并将文献的信息汇入其中（图 3-78 和图 3-79）。搜索引擎导入的方法类似（图 3-80 和图 3-81）。

图 3-78 英文数据库导入-Web of Science

手工录入文献时，选择 References 选项下 New Reference 建立新的文献记录，如图 3-82 所示。首先通过下拉菜单选择资料类型，如 Journal Article，再将其他信息一一对应填入相应位置。首次输入的作者、书刊名称、关键字呈红色显示。输入姓名时，姓在前名在后，中间用逗号隔开。输入完毕后，保存关闭，这条记录就会出现在 Library 中。如果输入的信息不完整，可以选中这条记录，右键点选"Find Reference Updates"，系统自动更新补齐所有文献信息。手工键入文献信息如图 3-83 所示。

(2) 文献库管理

一台电脑可以建立多个文献库（Library），每一个文献库都和图书馆一样，有自己的馆藏目录。同一个文献库中，为了更好地管理文献，可以建立组群（Create Group）将资料分

图 3-79　中文数据库文献导入-CNKI

图 3-80　搜索引擎导入-谷歌学术

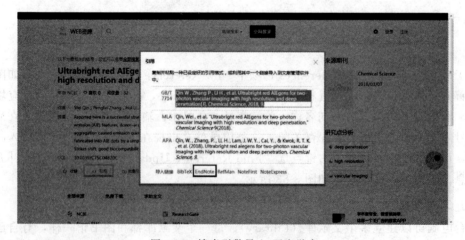

图 3-81　搜索引擎导入-百度学术

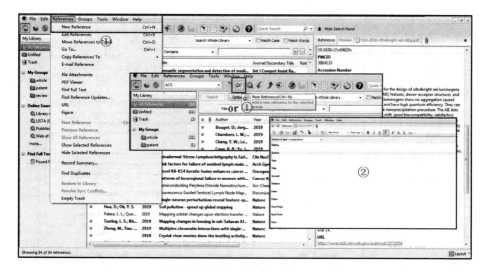

图 3-82　建立书目资料

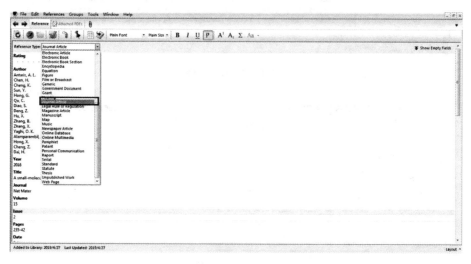

图 3-83　手工键入文献信息

门别类存放，如图 3-84 所示。结合内置检索工具，可以将 Library 中具有某些相同条件，例如含有相同的关键词的文献汇集在一起，建立 Smart Group。通过多个群组的交集、并集和差集，也可以建立新的群组（Creat From Groups...）。

在已经建立好的 Library 中查找具体文献时，如同我们从图书馆中查询书目一样，在文献列表上端的快速检索栏（Quick Search）中输入关键词进行检索。当有多个检索词时，EndNote 也提供了高级检索方式，可以设定检索词之间的逻辑关系，如图 3-85 所示。

（3）引文格式编辑

EndNote 不仅能为用户管理大量文献，另一个重要功能是解决论文撰写过程中参考文献的排版和格式问题。利用 EndNote 能够在 Word 中一键插入参考文献，并自动形成正确的引用格式，无论是文内引用还是文末参考文献都可以自动排序，需要修改时也可以一键更改或者转换格式。

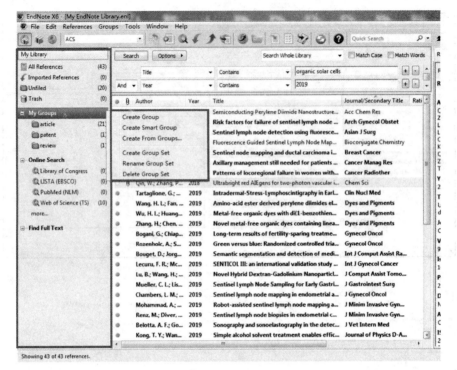

图 3-84　文献库组群

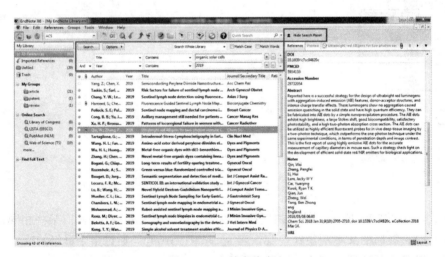

图 3-85　文献库检索

　　EndNote 安装后，会在 Word 中出现相应的菜单，在撰写论文时可以方便地插入对应的参考文献。当文中某一位置需要引用文献时，选择 EndNote 菜单下的 "Insert Citation" 对文献进行插入，如图 3-86 所示。

　　① 选择 "Insert Selected Citation(s)" 将 EndNote 中已经选择的文献直接插入 Word 文档中。

　　② 选择 "Find Citation" 跳转到 EndNote 中，检索到所需的参考文献再插入，如图 3-87所示。

　　③ 选择 "Find Figure..." 可以跳转到 EndNote 中检索图片并插入。Library 中存放的资

图 3-86　Word 中 EndNote 插件

图 3-87　Word 中插入文献

料除了各种文档外，也包括图标，在撰写论文时，可以直接检索图标将图片插入文中。

插入 Word 中的文献先以字符串的形式在大括号中显示，要转换成一定格式的参考文献，只要点击 Update Citations and Bibliography 键就可以轻松转换。

对于参考文献的显示格式，用户可在 EndNote 中的 Style 功能项中选择需要的类型，如图 3-88 所示，Style 中的文献格式类型既可以直接导入，也可以手动编辑。

图 3-88　文献导入类型

对于已经插入文内的参考文献，EndNote 提供了 Edit & Manage Citation(s)功能方便随时修改、增删等，如图 3-89 所示。在 Edit & Manage Citation(s)界面中，论文中所有的参考文献以列表的形式显示，常用的功能包括：利用上下键调整先后次序；删除某一文献（Remove Citation）或增加某一文献（Insert Citation），删除或增加后文内的参考文献都会自动重新编号；更改参考文献格式等。

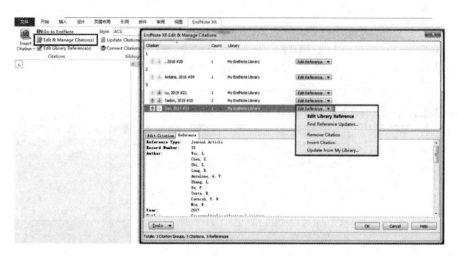

图 3-89　"Edit & Manage Citation(s)" 功能

除了软件版，EndNote 也推出了网络版 EndNote Web，只要订购了 Web of Science 数据库的单位就可使用 EndNote Web 进行文献管理工作，EndNote Web 页面如图 3-90 所示。网络版 EndNote 相当于将个人图书馆建立在网络上，只要登录个人账号（在 Web of Science 中注册的账号）就能使用最新版本的各项功能，无需担心版本升级的问题，在任意可连接网络的电脑上都可以进行文献管理。EndNote Web 提供的服务包括以下几种。

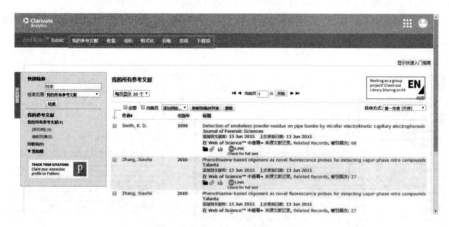

图 3-90　EndNote Web 页面

① 可在线导入、管理文献记录，支持修改、删除等操作。
② 可以连接到 Web of Science 中查看相关信息（如连接到 JCR 等）。
③ 可在 Word 中加载工具条。
④ 可以和单机版 EndNote 进行数据传递，同步更新。

思考与练习

1. 为什么说文献检索使我们能够站在巨人的肩膀上？

2. 文献有哪些类型及其特点？

3. 文献的主要来源有哪些？

4. 计算机检索科技文献的检索方式有哪些？

5. 在 SciFinder 中化学结构检索的三种方式即精确结构检索、亚结构检索、相似结构检索有什么区别？

6. 在 SciFinder 中，对检索结果进行分析和精炼可以获得哪些有价值的信息？

7. SCI 检索与传统检索方法的区别是什么？

8. JCR 期刊分区和中科院期刊分区各有什么特点？

9. Reaxys 数据库在文献检索时有哪些独特的优势？

10. CNKI 中提供了哪些检索方式？

11. 搜索引擎检索和数据库检索的区别是什么？

12. EndNote 中导入文献有哪些方式？在撰写文章时如何插入参考文献？

参考文献与扩展阅读

[1] 赵乃瑄，冯新 . 化学化工电子文献检索与分析策略 . 北京：化学工业出版社，2007.

[2] 邵学广，蔡文生 . 化学信息学 . 北京：科学出版社，2005.

[3] 肖信，袁中直 . Internet 化学化工文献信息检索与利用 . 北京：化学工业出版社，2014.

[4] 刘二稳 . 信息检索与创新专利 [M]. 北京：科学出版社，2017.

[5] 杜慰纯 . 信息获取与利用 . 北京：清华大学出版社，2009.

[6] 童国伦，张楷焄，周哲宇 . EndNote & RefWords 论文与文献写作管理 . 台北：五南图书出版公司，2018.

第 4 章

常用数据处理方法

本章要点

1. 化学计量学与化学数据。
2. 常用数据预处理方法。
3. 常用建模分析的基本思路与方法。

在化学研究与化工生产过程中，人们通过获取各种理化信息的数据以描述研究体系的性质、状态等，为实现准确的定性与定量分析、探究物质相互作用及其化学变化规律提供了必要的基础。然而，由于化学测量往往受到多种因素不同程度的影响，造成有效信息与噪音的混杂、信号的重叠与缺失等诸多问题，难以直观地反映研究体系的本质信息。另一方面，对于同一数据集采用不同的处理方法，得到的结果也可能不尽相同，甚至得到相反的结论。因此，必须采用恰当的数理统计技术与方法才能获得可靠的分析结果。

················· **4.1　化学计量学简介** ·················

4.1.1　计量与计量学

不以规矩、不能成方圆（规是画圆的工具，矩是画直角或方形的工具），社会的有序发展离不开统一的量测。为此，就需要建立统一的单位制、测量基准与标准以保证量值的准确性与可靠性，从而形成了计量。随着科学技术与社会经济的迅速发展，计量在以往"度量衡"的基础上，逐步拓展为长度、温度、力学、电磁学、光学、声学、化学（含标准物质）、电子（含无线电）、时间频率、电离辐射等十大计量专业，并形成了与量测紧密相关的独立学科体系——计量学（Metrology）。

按照国际计量局（BIPM）、国际标准化组织（ISO）、国际法制计量组织（OIML）等国际组织联合制订的《国际通用计量学基本术语》，计量学被定义为测量科学，并说明："计量学包括涉及测量理论和实用的各个方面，不论其不确定度如何，也不论其用于什么测量技术领域。"计量学研究的内容涵盖了可测的量；计量单位和单位制；计量基准、标准的建立、复现、保存和使用；测量理论及其测量方法；计量检测技术；测量仪器（计量器具）及其特性；量值传递和量值溯源；测量结果及其测量不确定性的评定；基本物理常数、标准物质及材料特性的准确测定；计量法制和计量管理等与测量有关的一切理论和应用问题。

计量学作为信息的获取、管理、表达及解析等重要的技术与方法，已经成为现代科学研究中的基石。

计量在我国历史上称为"度量衡"："度"是计量长短用的器具、"量"是测定容积的器皿、"衡"是测量物体轻重的工具。据史籍记载，约公元前 21 世纪，黄帝就设置了"衡、量、度、亩、数"五量。舜在行使权力时则"协时月正日，同律度量衡"。禹在划分九州治理水患时，使用规、矩、准、绳等测量工具丈量规划四方土地。我国古代还出现了以人体的某一部分或其他的天然物、植物的果实等作为计量标准，如"布手知尺""掬手为升""取权为重""迈步定亩""漏刻计时"及"日晷计时"等。《礼记》记载了"周公六年，颁度量而天下大服"。公元前 221年，秦始皇统一中国后，立即颁发诏书，以最高法令形式将秦国的度量衡法制推行于天下；秦朝还监制了许多度量衡标准器，并实行定期的检定制度。中国计量也是历代王朝行使权力的象征，如北京故宫博物院太和殿和乾清宫丹陛前左右两侧，分别陈列着鎏金铜嘉量和日晷两件计量器具，就是在庄严地宣示着清王朝的统治权力。

4.1.2　化学计量学的基本内涵

化学计量学（Chemometrics）是计量学在化学及相关领域中的应用，其研究对象是有关化学量测的基础理论和方法学，并针对化学研究的特点与需求进行了扩展，成为化学信息学的一个重要的组成部分。化学计量学应用统计学、数学、计算机科学以及其他相关学科的理论与技术来设计、选择和最优化实验量测的方法，并通过解析化学量测数据与体系状态之间的联系，最大限度地获得研究体系有关组成、结构、机理等所需的化学信息。

化学计量学研究的主要内容包括了分析采样理论、试验设计与优化、化学信号的检测与分辨、化学量测数据的校正、化学模式的识别、化学过程和化学量测过程的计算机模拟、定量构效关系、人工智能和专家系统等。信号与数据的分析是化学计量学的前提。

随着学科的交叉渗透，化学计量学的技术与方法也被广泛应用于生物、医药、环境、食品与农业等多个学科领域。

瑞典 Umeå 大学的沃尔德（S. Wold）教授于 1971 年首先提出了化学计量学的概念，并与美国华盛顿大学的科瓦尔斯基（Bruce R. Kowalski）教授于 1974 年共同倡议成立了国际化学计量学学会（International Chemometrics Society，ICS）。化学计量学目前已有了较大的发展，各种新的化学计量学算法及其应用研究取得了长足的进步，有力地推动了化学、生物、医药等相关学科的发展，并成为了化学学科中重要的研究前沿之一。

4.2　化学数据的预处理

4.2.1　化学数据的基本特点

(1) 化学数据的来源及其特点

化学数据的来源可分为实验测定及理论计算两大类。

1) 实验测定

化学实验往往会受到实验方法的局限、实验条件与操作的控制、仪器的状态与水平、试剂的纯度与浓度、待分析样品的组成等众多因素不同程度的影响，因而所获得的数据常常会包含各种噪音与基质效应等非目标组分信号的干扰，甚至还可能发生数据缺失等诸多问题。只有通过"去粗取精、去伪存真"才能达到"由此及彼、由表及里"。

> 例如，在色谱测定中，由于局部微环境的变化而出现谱峰及基线的漂移等现象；在合成实验中，物料加入的时间与速率、搅拌的方式与速度等诸多因素都可能影响反应的进程及产物的组成。因此，借助化学计量学的技术与方法，不仅在进行数据分析时可选用必要的数据预处理手段以改善实验数据的质量并建立精准、可靠的预测模型，而且能够透过实验观测去探索实验的关键因素、反应（作用）机理等。

2) 理论计算

随着理论化学的不断完善、计算技术及建模方法的快速发展，很多化学信息可以通过相关的理论计算来获得。成功的理论模型抓住了研究体系内在的本质特征，从而可以给出与实际情况较为相符的结果。因此，不同的理论模型及其计算方法都有其适用的体系或应用的领域，而可靠、准确的计算结果是以与研究体系相符合的理论模型与方法为前提的。

> 在量子化学的理论计算中，对于稍微复杂一点的分子体系，求其薛定谔（Schrödinger）方程的精确解目前仍存在很大的困难。因此，在保证一定精准度及计算的可行性、有效性的前提下，针对不同类型的代表性分子体系并考虑所需要计算的目标，人们提出了不同的简化模型及其算法。同样地，在分子力学与分子动力学的计算中也有不同的力场（模型）等。

(2) 化学数据的组织及其特点

化学数据大致可分为：①零阶数据，单个样本产生标量数据，仅有一个数据点，一系列样本则可产生一维向量数据；②一阶数据，单个样本产生一个矢量数据即向量，一系列样本就可构成二维矩阵数据，如常规的可见-紫外光谱（Vis-UV）、红外光谱（IR）、高效液相色谱（HPLC）等；③二阶数据，单个样本产生一个二维矩阵数据（三维图谱），一系列样本数据的组合便组成三维矩阵，如激发-发射矩阵的荧光光谱（EEM）、高效液相色谱-二极管阵列检测器（HPLC-DAD）的三维色谱图等；④三阶及三阶以上的高阶数据（表4-1）。不同类型的化学数据有其不同的处理方法。

表 4-1　化学数据常见类型

数据类型	单样本数据	系列样本数据	相应仪器
零阶数据	•	│	零阶仪器:温度计等
一阶数据	│	□	一阶仪器:红外光谱仪、紫外-可见光谱仪等
二阶数据	□	⬠	二阶仪器:EEM 荧光、HPLC-DAD 等
三阶数据	⬠	⬠⬠…⬠	三阶仪器:全二维液相色谱质谱联用仪等

　　阶与维:在很多文献资料中,阶与维常常被混用而造成歧义。通俗地讲,阶对应于产生数据时所具有的自变量个数,而维对应于描述数据点时所需要全部变量的个数。如,在固定波长下的紫外检测获得的是单点吸收强度,属零阶数据;而不同波长下获得的紫外图谱则属于一阶数据。又如,"二维色谱"通常是指色谱-色谱联用技术,其产生二阶数据(具有两个保留时间序列的独立变量),表现为三维图谱(t_1-t_2-H);"二维色谱图"则是常规色谱所产生的一阶数据(仅有一个保留时间序列的独立变量),表现为二维图谱(t-H)。

　　低阶的化学信号对样本属性的表征是有限的,二阶及其以上化学数据形式的出现可以描述样品更加全面、复杂而详细的信息,为进一步分析、挖掘多因素之间内在的复杂关联及多目标的同时定性定量分析等提供了可能。因此,高阶数据的分析及应用得到越来越多的关注。例如,采用 HPLC-DAD 对样本进行测定可产生二阶数据(包含波长 λ 和保留时间 t 两个独立变量),给出相应的三维图谱(λ-t-H)。该三维图谱可以看作由不同波长下的色谱图组成,反映了样品的色谱特性;如果将三维图谱看作由不同保留时

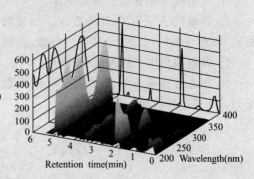

图 4-1　三维图谱的色谱特性与光谱特性

间下的吸收强度随波长变化的图谱组成,则可反映样品的光谱特性(图 4-1)。只要在足够高的多维空间中,多组分的信号必然会呈现出有效的分离。

4.2.2　化学数据的基本描述

　　通过对化学数据的基本描述,不但可以初步了解数据的质量,还可以为数据的预处理提供依据或参考。

(1) 数据分布

　　数据范围:以最小值、最大值表示的数据区间。

　　均值:常见的有算术平均值、加权平均值。当数据集呈现正态分布或均匀分布时,算术平均值可表征其平均水平;而当数据集呈现偏态分布时,加权平均值更适合作为其平均水平的表征。如果对呈现偏态分布的数据集采用算术平均,其结果缺乏代表性而难以服众。

　　中位数:将所有观测值进行排序后找出中间的数作为中位数;对于偶数个观测值,通常

取居中两值的平均数。当数据点呈现正态分布或均匀分布时，中位数具有一定的参考意义。

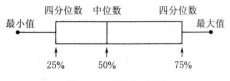

图 4-2　四分位盒图

四分位数：将所有数据依大小排序并按数据个数四等分时，处于分界点位置的数值就是四分位数。四分位数可给出数据分布的大致轮廓，常用如图 4-2 所示的四分位盒图表示（注意：在盒图中，四分位数的标识是以其数据值大小定位于数轴上的）。很多用于统计、作图的软件（包括 Excel）都可给出四分位数盒图的绘制。

> Excel 中的四分位数函数是 QUARTILE（*array*，*quart*）。其中，*array* 为数据区域（无须预先排序），*quart* 可分别取值 0（最小值）、1（25%处）、2（50%处）、3（75%）及 4（最大值）。

频数分布：所有数据按不同的取值范围分别进行计数统计，并将统计结果由小到大排列，形成所有数据在各组间的分布，常用直方图表示，如图 4-3 所示。

注意：

① 对值域等距分组、覆盖全程。

② Y 轴的表示可有多种形式。如频数（出现次数）、频率（频数/总数）、频度（频数/组距）。

③ 各组顶端中点的连线称为分布折线。

④ 正态分布概率密度曲线　可依据数据值采用正态分布概率密度函数计算获得：

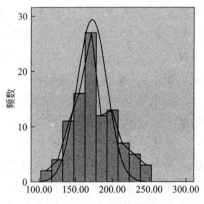

图 4-3　频数分布的几种表示

$$f(x) = \frac{1}{\sqrt{2\pi}\sigma} \exp\left[-\frac{(x-\mu)^2}{2\sigma^2} \right]$$

式中　μ——总体均值；

　　　σ——总体标准偏差。

正态分布概率密度曲线是理论曲线，仅与数据集的均值及标准偏差有关，因而可用于检验数据的实际分布与正态分布相符的程度。

> Excel 中可用以下函数计算频数分布及正态分布。
> $$y = \text{FREQUENCY}(data\_array, bins\_array)$$
> 式中，*data_array* 为数据集所在单元区域；*bins_array* 为间隔点数据组所在单元区域。
> $$p = \text{NORMDIST}(x, mean, standard\_dev, cumulative)$$
> 式中，*x* 为测量值的列向量或覆盖数据范围的自定义序列，为作图方便，建议排序；*cumulative* 中 1 表示累积密度，0 为概率密度；*mean* 为均值，可由 AVERAGE 函数计算；*standard_dev* 为样本标准偏差，可由 STDEV 函数计算。

众数：一组数中出现次数最多的数。若所有数出现次数相同，则无众数。

标准偏差（Standard Deviation，SD）：用于描述数据点的离散程度。标准偏差越小表明数据点越集中。

$$SD = \sqrt{\frac{1}{N-1}\sum_{i=1}^{n}(x_i - \overline{x})^2}$$

相对标准偏差（Relative Standard Deviation，RSD）：常用于表征日间、日内或平行实验测定等结果的相对变化。相对标准偏差越小，则分析方法的精密度越高。在化学分析中，RSD 通常要求小于 2%；在仪器分析中，RSD 通常要求小于 5%。

$$RSD = (SD/\overline{x}) \times 100\%$$

【例 4-1】 实验室采用重量法平行测定金属钨样品中的镍含量（$m\%$），获得数据如下所示。请对此数据进行基本描述。

1.136	1.119	1.119	1.096	1.151	1.116	1.099	1.161	1.113	1.102
1.111	1.095	1.086	1.196	1.170	1.129	1.082	1.094	1.115	1.144
1.080	1.050	1.077	1.130	1.132	1.134	1.116	1.126	1.106	1.146

解：

1）利用 Excel 的 QUARTILE 函数获得四分位数

B2＝QUARTILE(A2：A31，0)；最小值

B3＝QUARTILE(A2：A31，1)；25%

B4＝QUARTILE(A2：A31，2)；50%（中位数）

B5＝QUARTILE(A2：A31，3)；75%

B6＝QUARTILE(A2：A31，4)；最大值

Excel 四分位数盒图的绘制如下所述。

① 选中四分位数的数据区域 B2：B5；

② 插入图表＞折线图＞数据点折线图＞系列产生在"行"，生成图形；

③ 右键单击数据点-数据系列格式-选项，如下所示。

√高低点连线　　√涨/跌柱线

调整系列次序为：25%值、最小值、50%值、最大值、75%值。

④ 调整数据标记、修饰图形。

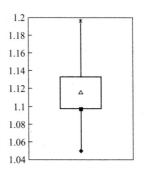

2）均值、标准偏差和相对标准偏差

E2＝AVERAGE(A2：A31)；

F2＝STDEV(A2：A31)；

$F3 = (F2/E2) * 100\%$

3）频数分布

① 设置分组边界值于 C2：C11。

② 选取 D2：D11 区域，调用 FREQUENCY 函数。

③ 设定相关参数后，以"Ctrl＋Shift＋Enter"组合键完成计算。

④ 以频数数据（区域 D2：D11）作柱形图（纵向）或条形图（横向）。

 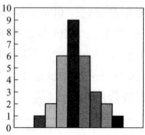

4）正态分布

① 设 $x = 1：0.001：1.2$ 位于 H2：H202。

② 选取 I2：I202 区域，调用 NORMDIST 函数。

③ 选定均值及标准偏差后，以"Ctrl＋Shift＋Enter"组合键完成概率密度值 p 的计算。

④ 以 $x\text{-}p$ 数据（区域 H2：H202，I2：I202）作折线图。

 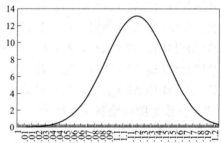

（2）数据的准确性描述

标准误差（Standard Error，SE）描述的是计算值（预测值）与测量数据真值的离散程度，因而是表征模型与方法准确性的重要指标之一。然而，由于待测目标的真值很难得到，所以采用实际误差估计值代替标准误差。

$$SE = \sqrt{\frac{1}{n}\sum(x_i - \hat{x}_i)^2}$$

标准误差又称均方根误差（Root Mean Square Error，RMSE），均方误差（MSE）为 $RMSE^2$。

> 需要特别注意的是：在文献报道中，标准误差尚有其他计算公式，在进行计算结果的比较时须先明确其计算方法。如：
>
> $$RMSE = \sqrt{\frac{1}{n-p-1}\sum(x_i - \hat{x}_i)^2}$$
>
> 式中，n 表示样本数；p 表示模型中的自变量数。

相对标准误差（RSE）：

$$RSE = SE/\bar{x} \times 100\%$$

标准偏差描述的是数据点的离散程度，即精密性；标准误差描述的是准确性。两者构成了精准性。

如图 4-4 所示，A 组数据具有较高的准确性，但精密性不高，表明数据中存在较大的随机误差；B 组数据虽然具有较高的精密度，但准确性不高，表明实验操作或建立的模型、方法存在较大的系统误差。

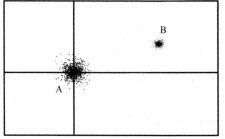

图 4-4　数据分析的精准性

（3）相关性分析

在实际工作中，单一自变量的数据集并不多见。当数据集中含有多个自变量时，它们之间往往会存在程度不同的相互关联，即相关性。这种相关性在数据的预处理、分析方法的选择及建模分析与讨论时应加以考虑。

简单相关系数（Correlation coefficient，r），表征两变量间的相关性：

$$r = \frac{\sum\limits_{i=1}^{n}(x_i - \overline{x})(y_i - \overline{y})}{\sqrt{\sum\limits_{i=1}^{n}(x_i - \overline{x})^2}\sqrt{\sum\limits_{i=1}^{n}(y_i - \overline{y})^2}}$$

r 的绝对值大小表明两变量间线性相关程度的强弱，越接近于 1，相关性越强，越接近于 0，独立性越强。

r 的正负表明线性相关方向，大于 0 表明线性正相关，小于 0 表明线性负相关。

需要特别注意以下两点。

① 简单相关系数仅表示了两变量间的数量关系（表观），而不一定存在因果关系。

② 如果两变量间线性相关系数很小，并不能排除它们之间可能存在的非线性相关关系。

如表 4-2 及图 4-5 所示：x 与 y_1 呈线性相关，其相关系数为 1.0000；x 与 y_2 的相关系数仅为 0.0114，说明它们之间线性关系不好，但具有很好的非线性关系；尽管 x 与 y_3 的相关系数为 0.9395，表明它们之间存在较好的线性关系，然而它们具有更好的非线性关系。

表 4-2　相关关系与相关系数

x	$y_1 = 2x + 3$	$y_2 = \sin x$	$y_3 = \ln x$
1	5	0.8415	0.0000
2	7	0.9093	0.6931
3	9	0.1411	1.0986
4	11	−0.7568	1.3863
5	13	−0.9589	1.6094
6	15	−0.2794	1.7918
7	17	0.6570	1.9459
8	19	0.9894	2.0794
9	21	0.4121	2.1972
10	23	−0.5440	2.3026
11	25	−1.0000	2.3979
12	27	−0.5366	2.4849
13	29	0.4202	2.5649
14	31	0.9906	2.6391
15	33	0.6503	2.7081
r	1.0000	0.0114	0.9395

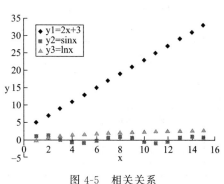

图 4-5　相关关系

由于简单相关系数表示的是表观的、线性的相关关系，所以会受到其他变量相关性传递的影响。

> 按照经济学理论，在一定收入水平下，商品的价格（P）越高，商品的需求量（Q）就越小，即需求（Q）与价格（P）之间负相关。在现实经济生活中，由于收入（S）与价格（P）都常有不断提高的趋势，同时，收入（S）的增加也会引起需求（Q）的增加。如果不扣除收入（S）的影响，仅仅考虑需求（Q）和价格（P）的简单相关关系，就有可能得出价格（P）越高、需求（Q）越大的错误结论。其原因就在于收入（S）、需求（Q）和价格（P）之间存在相关性的传递。
>
> 对于简单相关系数的计算，除直接利用其公式外，还可采用 Excel 的 CORREL 函数等。

【例 4-2】 请根据以下微量元素摄入量（mg/年）资料，通过相关分析讨论各微量元素之间的关系。

No.	国家或地区	Se	Cu	Zn	Cd	Cr	Mn	As
1	Australia	75.9	1125	6948	124	21.4	722	152.4
2	Austria	71.6	824	4272	77	22	858	102.4
3	Belgium	70.6	741	4425	80.5	21.1	803	158.2
4	Canada	61.8	874	5313	97.2	21.9	711	139.1
5	Denmark	71.1	725	4387	76.9	18.6	677	166
6	Fore West Germany	64.3	784	4473	74.4	20.6	751	136.3
7	Ireland	75.1	836	3712	99.7	16.4	889	114.4
8	Israel	77.3	822	4449	77.1	23.2	923	136.9
9	Holland	57.8	693	3741	70.8	20.3	701	108.5
10	Norway	82.2	608	4126	87.5	17	672	269.1
11	Sweden	65.8	703	3783	74.8	18.3	646	167.1
12	Switzerland	65.6	850	4169	83.6	23.2	819	109.6
13	England	61.7	729	4502	85.4	17.7	717	132.2
14	America	61	849	5108	87.3	25.4	652	132.8
15	Bulgaria	107.6	861	3924	79.5	16.7	1129	102.1
16	Czechoslovakia	85.1	838	4712	82.6	15.3	1029	120.2
17	Finland	67.1	690	3623	88.2	13.7	716	132.1
18	France	76.4	881	5339	91.5	21.2	965	173.8
19	Greece	91.9	911	4452	92.3	17.7	1154	185.4
20	Hong Kong,China	91.2	639	2959	54.6	19.6	463	273.4
21	Hungary	86.5	768	3958	72.4	14.9	1075	91.3
22	Italy	82.5	855	4304	83.8	16.4	1161	134.4
23	Japan	85.8	643	2420	43.4	17.4	674	233.4

No.	国家或地区	Se	Cu	Zn	Cd	Cr	Mn	As
24	Poland	93.8	634	5231	80.3	15.9	876	138.3
25	Portugal	87.2	714	4347	74.6	15.8	1008	268.5
26	Taiwan，China	84.1	592	1674	33.3	12.8	522	184.3
27	Fore Yugoslavia	98.6	722	3288	72.9	11.7	1169	82.1

注：该数据已对年龄因素进行了校正。

解：

七种微量元素摄入量之间的简单相关系数计算结果如下。

r	Se	Cu	Zn	Cd	Cr	Mn	As
Se	1.0000	-0.1008	-0.2438	-0.2407	-0.5705	0.5155	0.1858
Cu	-0.1008	1.0000	0.7216	0.7522	0.4459	0.3877	-0.3857
Zn	-0.2438	0.7216	1.0000	0.8540	0.4986	0.2014	-0.2003
Cd	-0.2407	0.7522	0.8540	1.0000	0.3155	0.2760	-0.2855
Cr	-0.5705	0.4459	0.4986	0.3155	1.0000	-0.2940	-0.0341
Mn	0.5155	0.3877	0.2014	0.2760	-0.2940	1.0000	-0.4036
As	0.1858	-0.3857	-0.2003	-0.2855	-0.0341	-0.4036	1.0000

通过分析各种微量元素摄入量之间的相关关系，可以得到以下主要结果。

① Se 与 Mn、As 呈正相关而与其他元素呈负相关。

② Zn 与除 Se、As 外的其他元素呈现正相关。

③ Cr 与 Se、Mn、As 呈负相关而与其他元素呈现正相关。

主要结论如下。

① 各种微量元素的摄入量之间存在相互制约的动态平衡关系。所以，单独补充某种微量元素的效果有限且具有潜在风险。

② Se 的摄入量受 As 的正相关影响。

当然，这些初步结果还需要结合其他统计技术进一步分析并与实验研究相互印证。

复相关系数（Multiple Correlation Coefficient，R）：反映一个变量与一组变量（两个或两个以上）之间的线性相关程度。它不能直接测算，只能通过多元线性回归的方法间接获得。

$$R = \frac{\sum_{i=1}^{n}(y_i - \overline{y})(\hat{y}_i - \overline{y})}{\sqrt{\sum_{i=1}^{n}(y_i - \overline{y})^2}\sqrt{\sum_{i=1}^{n}(\hat{y}_i - \overline{y})^2}}$$

复相关系数的平方（R^2）可简化为：

$$R^2 = \frac{\sum_{i=1}^{n}(\hat{y}_i - \overline{y})^2}{\sum_{i=1}^{n}(y_i - \overline{y})^2}$$

简单相关系数描述的是两变量间的线性相关性，其正负可表示相关的方向，取值范围为 $[-1, 1]$；复相关系数仅描述一对多变量间的线性相关程度，取值范围为 $[0, 1]$。

> 偏相关系数（Partial correlation coefficient）：在排除其他变量相关性传递的影响下，计算两个变量之间的线性相关系数称之为偏相关系数。偏相关也称"净相关"或"纯相关"。
>
> 设有 m 个随机变量 x_1、x_2、x_3、…、x_m，则 x_i 与 x_j 的偏相关系数 r_{ij} 可由下式计算：
>
> $$r_{ij} = -r_{ij}/\sqrt{r_{ii}r_{jj}}$$
>
> 式中，r_{ij}、r_{ii} 及 r_{jj} 为简单相关系数矩阵 R 的逆矩阵 R^{-1} 中对应位置上的元素值。

4.2.3 化学数据常用的预处理方法

(1) 异常点（Outlier）剔除

异常点也称离群值，是指偏离数据总体的值，通常位于排序后的两端。异常点的存在会降低数据质量，进而干扰数据分析的结果，应予以剔除。在化学实验中，除了因人为操作失误或理论计算依据的选用不当而得到的数据点可直接判定为异常点外，可疑数据点应通过检验分析才能确定其是否为异常点。

① 拉依达法：正态分布的 3σ 准则（样本数 $n \geq 30$）。

$$|x_i - \overline{x}| > 3s$$

式中，x_i 为可疑值；$\overline{x}$ 为平均值；s 为标准偏差。

满足上式的可疑值判定为异常值。

② 4d 法：3σ 准则的简化方法，仅为初步判断（样本数 $n \geq 30$）。

$$|x_i - \overline{x}| > 4\overline{d}$$

式中，$\overline{d}$ 为平均偏差；$\overline{x}$ 及 $\overline{d}$ 为根据去除可疑值后其余数据计算。

满足上式的可疑值判定为异常值。

③ 格鲁布斯（Grubbs）法：（样本数 $n \geq 10$）。

$$G_n = |x_i - \overline{x}|/s$$

查临界值表（附录 1）中的 $G_P(n)$ 值，当 $G_n > G_P(n)$ 时，判定为异常值。

④ Q-检验法：可用于小样本量的检验（样本数 $n \leq 10$）。

$$Q_1 = \frac{x_2 - x_1}{x_n - x_1} \quad \text{或} \quad Q_n = \frac{x_n - x_{n-1}}{x_n - x_1}$$

查临界值表（附录 2）中的 $Q_P(n)$ 值，当 $Q_1(Q_n) > Q_P(n)$ 时，判定为异常值。

⑤ t 检验法：正态分布（样本数 $n \geq 10$）。

$$k_n = |x_i - \overline{x}|/s$$

式中，$\overline{x}$ 及 s 为根据去除可疑值后其余数据计算。

查临界值表（附录 3）中的 $k_P(n)$ 值，当 $k_n > k_P(n)$ 时，判定为异常值。

⑥ 四分位距（Inter Quartile Range, IQR）：三个四分位数分别用 Q_1（25%）、Q_2（50%）、Q_3（75%）表示。

若 $IQR = Q_3 - Q_1$

有 $up\ limit = Q_3 + 1.5 * IQR$；$low\ limit = Q_1 - 1.5 * IQR$

则处于 $[low\ limit, up\ limit]$ 范围之外的数据点可判定为异常点。

注意：

① 异常点的判别方法有各自的优势与风险，均有可能出现误判。在应用中可综合多种方法并结合实际情况谨慎处理。

② 当存在多个可疑值时，可由最大离群点开始采取逐次检验以确定是否剔除。

③ 回归分析数据中可疑值的判断可采用对其残差向量进行检验。

在很多大型综艺类比赛节目中，常常可以看到主持人宣布"去掉一个最高分、去掉一个最低分，参赛选手最后平均得分为 x.xx 分"。这是一种最简单的异常点去除措施，其目的就是避免评委由于个人原因而给出过高或过低的评分，以保证比赛的公平性。

(2) 数据平滑（除噪）

数据中的噪声是难以避免的，其水平常以信噪比（S/N）表征。在化学实验中，噪声可能来自于实验人员不确定的操作误差；在仪器分析中，由于设备自身状态的不稳定性而产生噪声；在涉及生物样本的分析中，生物样本的个体性差异是噪声的主要来源。噪声信号通常所具有的高频、随机等特性成为除噪的重要依据。目前，很多商品化的分析仪器配备的软件系统都包含有除噪的功能模块。最常用的技术与方法如下所述。

① 平行累加法：通过多次平行测定结果的累加消除随机噪音。如在 NMR 的 ^{13}C 谱测定中，由于 ^{13}C 丰度较低、信号较弱，通常采用数千次的累加以消除随机噪音、提高信噪比。

② 移动平均法：以原数据相邻点的平均值构建新的数据序列。该方法简单、快速，但移动窗口大小（相邻点的数目）的确定既是关键也是难点。

【例 4-3】 模拟一个包含噪音的正弦信号，采用移动平均法进行除噪。

设 $x = 0 : 0.01 : 5$，共产生 501 个数据，列于 A 列；

模拟信号为 $y = 8\sin(A2) + rand()$，位于 B 列。rand() 为 Excel 随机数函数。

解：

移动窗口大小（W）分别设为 5、9，窗口中心对应于更新点（信号两端未能进行更新计算的数据点采用了原始数据）。移动平均计算值列于 C、D 列：

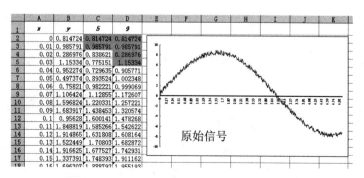

公式定义：C4 = AVERAGE(B2：B6)；D5 = AVERAGE(B2：B10)

利用自动填充功能计算其他各点的值。

移动平均除噪的效果如下所示。对于此原始信号，移动窗口大小不同，除噪效果不同；移动窗口的大小对信号两端也有影响。

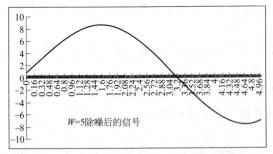

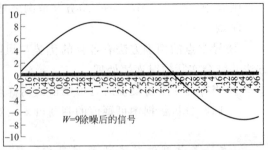

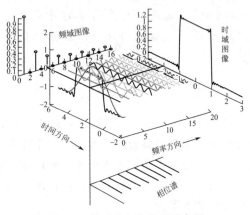

图 4-6　傅里叶变换原理示意图

③ Fourier 法：通过傅里叶变换去除噪音，已在很多分析测试仪器的数据处理中广泛应用，如 FT-IR 等。傅里叶变换（Fourier Transform）的基本原理见图 4-6。

任何一个信号均可由频率不同、相位不同的周期函数加合而成。噪声信号多表现于高频的周期函数。将高频函数的系数（振幅）置零后进行傅里叶逆变换，即可消除高频噪声信号。需要注意的是，傅里叶除噪方法对平稳的周期性噪声的除噪效果较好。由于除噪可能会造成有用信号的损失，应用时需更加谨慎、细致。

【例 4-4】　对【例 4-3】模拟的信号通过 Fourier 法进行除噪。

在 Excel 中，加载了数学分析工具库后，可进行傅里叶变换与逆变换的操作。调用 Excel 的函数时，数据点的个数最多为 4096 且满足 2^n，数据点个数不足时须加零予以补齐。

解：

① 由于现有数据点为 501，为满足 Excel 中 Fourier 变换的要求，将 y 数据以零补齐至 512 个；

② 调用数学分析工具中的"傅里叶分析"模块对 y 列的 512 个数据进行 Fourier 变换得到 yFT（C 列）；

③ 保留 yFT 列的前 50 个数据，其余置零，再对 yFT 所有 512 个数据进行逆变换得 $yiFT$（D 列）；

④ 对 $yiFT$ 列的前 501 个复数数据取其实部（调用 IMREAL 函数）即为除噪后的信号，存放至 yy（E 列）。

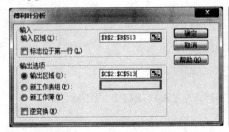

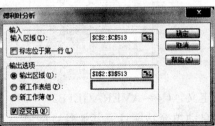

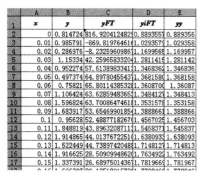

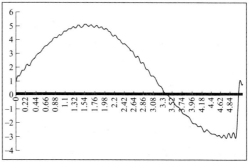

	A	B	C	D	E
1	x	y	yFT	yiFT	yy
2	0	0.814724	816.920412482	0.8893557	0.889356
3	0.01	0.985791	-869.819796461	1.0293579	1.029358
4	0.02	0.286976	-8.23259609867	1.1699569	1.169957
5	0.03	1.15334	42.2596583320	1.2811415	1.281142
6	0.04	0.952274	57.6138983341	1.3468362	1.346836
7	0.05	0.497374	64.8978045543	1.3681580	1.368158
8	0.06	0.75821	65.8011438532	1.3608700	1.36087
9	0.07	1.106424	63.6285948365	1.3484127	1.348413
10	0.08	1.596824	63.7008647461	1.3531578	1.353158
11	0.09	1.683917	53.6546990185	1.3888661	1.388866
12	0.1	0.95628	52.4887718267	1.4567025	1.456703
13	0.11	1.848819	43.8963208711	1.5458371	1.545837
14	0.12	1.914865	44.0137672251	1.6380933	1.638093
15	0.13	1.522449	44.7389742048	1.7148127	1.714813
16	0.14	1.916625	28.5090994862	1.7634922	1.763492
17	0.15	1.337391	26.6897501436	1.7819669	1.781967
	0.16	1.665307	20.1251001570	1.7790469	1.779046

从本例中直接利用 Fourier 变换获得的除噪结果可以看出，在噪音信号消除的同时，也损失了部分的主体信号，表现在除噪后信号强度的总体降低。

小波分析技术也被应用于除噪。与傅里叶的频域变换不同，小波变换（Wavelet Transform，WT）可在时域与频域同时展开，其主要特点是通过伸缩与平移等运算对信号逐步进行多尺度细化，从而可聚焦到信号的任意细节以满足时频信号分析的要求。由于能够有效地从信号中提取所需特征信息，小波分析被誉为"数学显微镜"而广泛应用于各个学科。

除噪的方法还有很多，选择除噪的方法需要考虑具体信号，离开了具体信号的特征，就无从评价哪一种除噪技术效果最佳。

(3) 数据插值

在实际工作中，造成数据缺失的原因很多。如：化学数据用表中缺少所需数据点；样品测定中未能捕获的信号数据点；为消除强干扰信号需替换的数据点等。通过已有数据对缺失数据进行的推算称为插值。

插值的基本思路如下。

① 基于已有数据构建拟合（插值）函数。

② 利用插值函数计算缺失的数据。

根据缺失数据相对于已有数据的位置可分为内插与外插，通常内插的准确度较高。常见的插值方法有线性、多项式、三次样条等，可根据已有数据呈现特点进行选用。

【例 4-5】 已知不同温度下水的密度如下所示，求 338K 时水的密度。

T/K	313	323	333	343	353	363
D	0.992	0.988	0.983	0.978	0.972	0.965

解法一：

采用二次多项式获得插值函数（$y = a_0 + a_1 x + a_2 x^2$）。

$$\begin{cases} y_1 = a_0 + a_1 x_1 + a_2 x_1^2 \\ y_2 = a_0 + a_1 x_2 + a_2 x_2^2 \\ y_3 = a_0 + a_1 x_3 + a_2 x_3^2 \\ \vdots \end{cases} \qquad \underbrace{\begin{bmatrix} y_1 \\ y_2 \\ y_3 \\ \vdots \end{bmatrix}}_{Y} = \underbrace{\begin{bmatrix} 1 & x_1 & x_1^2 \\ 1 & x_2 & x_2^2 \\ 1 & x_3 & x_3^2 \\ \vdots & \vdots & \vdots \end{bmatrix}}_{X} \times \underbrace{\begin{bmatrix} a_0 \\ a_1 \\ a_2 \end{bmatrix}}_{A}$$

以系数 a_i 为变量，求方程组最小二乘解后可获得插值函数：

$$A = X/Y = X^{-1} * Y$$

将插值点 x 代入函数计算出对应的 y。

解法二：

利用 Excel 的拟合功能获得插值函数后计算 338K 下水的密度。

① 以散点图方式作图。

② 添加趋势线时选择拟合函数并勾选显示公式、R^2 等。

③ 利用获得的公式计算插值点的数据。

采用线性拟合函数进行插值，可求得 338K 下水的密度为 0.9797；采用二次多项式拟合函数进行插值，可求得 338K 下水的密度为 0.9805。

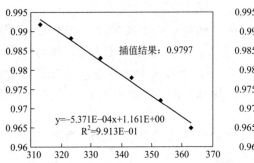
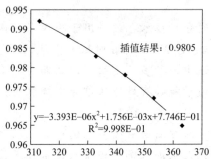

尽管依据分析化学中有效数字修约规则，最后结果均为 0.980，但从数据趋势或 R^2 看，采用二次多项式拟合函数进行插值更为可靠。

(4) 数据变换

在化学数据处理中还往往需要采用一些数据变换技巧以简化数据操作、提高数据分析的精准性和可靠性。

1) 线性化

通过简单的数学代换可将一些非线性表达变换为线性表达。如，对阿伦尼乌斯公式进行以下变换后，将 $\ln k$、$1/T$ 看作新的变量，则线性关系成立。

$$k = A e^{-\frac{E}{RT}} \quad \Rightarrow \quad \ln k = \ln A - \frac{E}{RT}$$

在很多试验设计及其数据分析中，常常会用到类似线性化的数学变换。

2) 线性映射

通过等比例变换，将原范围 $[x_{min}, x_{max}]$ 中的数据值（x_i）映射到指定范围 $[x'_{min}, x'_{max}]$ 中对应的值（x'_i）：

$$x'_i = x'_{min} + \frac{(x'_{max} - x'_{min}) \times (x_i - x_{min})}{x_{max} - x_{min}}$$

在一些建模算法（如支持向量机、人工神经网络等）中，模型的输入有着最佳的数据范围。此时，若实际数据范围与之不符，可采用线性映射加以变换。

3) 中心化

使数据集均值为零，可简化分析模型的复杂度，但不能消除量纲。

$$x'_i = x_i - \overline{x}$$

4）归一化

将绝对的物理量变换为无量纲的某种相对量。归一化的计算方法有很多，应视具体的需求而定。例如，在质谱分析中，以最高的分子离子峰为 100% 去计算其他物质的相对含量：

$$p_i = \frac{h_i - h_{min}}{h_{max} - h_{min}}$$

在色谱分析中，如果所有组分都出峰且校正因子可得，则可采用面积归一化定量分析：

$$C_i = \frac{S_i^*}{\sum_i S_i^*}$$

5）标准化

不同的变量往往具有不同的量纲和数量级，因而会影响数据分析的结果。为了消除各变量不同的量纲及数量级影响，需要进行数据标准化处理。经过数据标准化处理后，各变量均无量纲且处于同一数量级，具有可比性，从而避免"蝴蝶效应"，可提高数据分析的质量。

$$x_i^* = \frac{x_i - \mu}{\sigma}$$

式中，μ 为总体均值；σ 为总体标准偏差。

在实际应用中采用下面的公式进行标准化。

$$x_i^* = \frac{x_i - \overline{x}}{s}$$

式中，$\overline{x}$ 为样本均值；s 为样本标准偏差。

标准化后的变量具有均值为零、方差为 1 的特点。

> 蝴蝶效应（The Butterfly Effect）是拓扑学连锁反应的一种形象比喻，其常见的表述为"一只南美洲亚马孙河流域热带雨林中的蝴蝶，偶尔扇动几下翅膀，就可以在两周以后引起美国得克萨斯州的一场龙卷风。"
>
> 在数据分析中，数量级小的原始变量不一定就不重要。数据标准化可以使得各变量拥有同等的表现力，因而也是很多建模分析算法里所必需的数据预处理步骤。

（5）降维

当由多变量描述数据点时，往往会有程度不同的变量相关性。如在化学实验中，各实验条件之间都或多或少地存在着某种关联，共同影响最终的实验结果；在建模分析中，变量间的相关性会降低模型的可靠性、准确性与预测能力。数据降维不仅可以减少原变量之间相关性对数据分析的影响，而且可以在抽提重要特征信息（综合变量）的同时消除噪音及冗余信息，提高数据分析的质量，也为数据的可视化提供方便。

常用的数据降维方法有主成分分析、因子分析、偏最小二乘分析等。

4.3　线性回归

可靠、精准的模型不仅可用于预测分析，还可反映被分析体系内在的本质特性。回归分析是模型建立的重要方法之一，常用于化学数据的处理。

4.3.1 回归模型与最小二乘法

(1) 回归建模分类

根据已有数据确定模型中的待定系数，进而获得最终模型的一类方法称为回归建模。回归建模的分类如图 4-7 所示。其中，一元线性模型可以看作多元线性模型的简化或特例，入选模型的变量可以是原始变量，还可以是从原始变量提取出的综合变量；而多元线性模型的变量筛选又可分为逐步回归、遗传算法等多种方法。因此，回归建模的方法多种多样、灵活多变。

(2) 最小二乘法 (Least Square，LS)

精准的模型能够对未知样本给出可靠的预测结果。基于已知数据在建立模型的过程中，实际值 (y_i) 与模型计算值 ($\hat{y}_i$) 之间的误差平方和 (Q，也称之为残差平方和) 最小化是确定模型中待定系数的重要依据，此为最小二乘法：

$$Q = \sum_{i=1}^{n}(y_i - \hat{y}_i)^2 = \sum_{i=1}^{n}\varepsilon_i^2$$

以一元线性模型 ($y = ax + b$) 为例，应用最小二乘法确定模型中的待定系数 a 和 b。假定有六个实验测定数据点 (图 4-8)，不同的 a、b 取值可获得不同的线性模型 (画出不同的直线)。如何确定哪一条直线 (模型) 最能反映数据的线性关系？

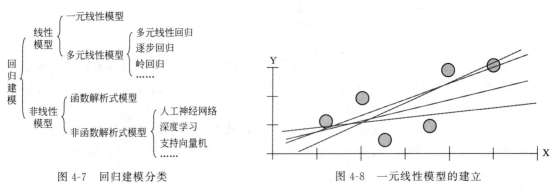

图 4-7 回归建模分类 　　　　　　　　图 4-8 一元线性模型的建立

由最小二乘法可得：

$$Q = \sum_{i=1}^{n}(y_i - \hat{y}_i)^2 = \sum_{i=1}^{n}[y_i - (ax_i + b)]^2$$

根据函数极值原理，当 Q 为最小值时须满足：

$$\begin{cases} \dfrac{\partial Q}{\partial a} = 2\sum(y_i - ax_i - b)(-x_i) = 0 \\ \dfrac{\partial Q}{\partial b} = 2\sum(y_i - ax_i - b)(-1) = 0 \end{cases}$$

解之，得：

$$\begin{cases} a = \dfrac{n\sum x_i y_i - \sum x_i \sum y_i}{n\sum x_i^2 - (\sum x_i)^2} \\ b = \dfrac{\sum y_i}{n} - a\dfrac{\sum x_i}{n} = \overline{y} - a\overline{x} \end{cases}$$

随着 a、b 的获得，线性模型（$y=ax+b$）及其对应的回归直线就被确定。

（3）决定系数（Determination Coefficient）

设实际值及其平均值分别为 y_i、$\overline{y}$，模型计算值为 $\hat{y}_i$，则有：

数据集的总方差：$TSS=\sum(y_i-\overline{y})^2$

模型的解释方差（回归平方和）：$SSR=\sum(\hat{y}_i-\overline{y})^2$

模型的未解释方差（残差平方和）：$SSE=\sum(y_i-\hat{y}_i)^2$

且 $TSS=SSR+SSE$

则模型的决定系数定义为：

$$R^2=\frac{SSR}{TSS}=\frac{\sum(\hat{y}_i-\overline{y})^2}{\sum(y_i-\overline{y})^2}=\frac{TSS-SSE}{TSS}$$

$$=1-\frac{SSE}{TSS}=1-\frac{\sum(y_i-\hat{y}_i)^2}{\sum(y_i-\overline{y})^2}$$

简单相关系数、复相关系数与决定系数的比较如下。

1）简单相关系数描述的是两变量之间的线性相关性（大小及方向）；复相关系数描述的是一对多变量之间的线性相关程度（仅大小）；决定系数描述的是模型中因变量与自变量之间的关联程度，即模型对实际数据拟合的准确程度（仅大小），而模型可以是线性或非线性的。

2）根据计算公式，（复）相关系数的平方就是其对应的线性回归模型之决定系数。

注意：

很多文献资料中，简单相关系数、复相关系数与决定系数的使用未加以严格区分，读者须自行分辨。

【例 4-6】 用 721 紫外-可见分光光度计在 730nm 波长下测定一组磷铵化肥样品中 SiO_2（mg/mL）含量，获得以下数据。现测得未知样吸光度（A）为 0.250，求其 SiO_2 含量。

c	0.00	0.02	0.04	0.06	0.08	0.10	0.12
A	0.032	0.135	0.187	0.268	0.359	0.435	0.511

解法一：

采用基础公式并结合 Excel 自动计算功能分步计算。

公式定义：

D2＝B2＾2；E2＝B2＊C2；F2＝C2＾2；B9＝sum(B2:B8)

B10＝(7＊E9-B9＊C9)/(7＊D9-B9＾2)；B11＝C9/7-B9/7＊B10

G2＝$B$10＊B2＋$B$11；I2＝(G2-$C$9/7)＾2；J2＝(C2-$C$9/7)＾2

E11＝I9/J9

将未知样吸光度 0.250 作为 x 代入模型计算出 SiO_2 含量为 0.054：

$$J11＝B10＊0.250＋B11$$

No.	A (x)	C (y)	x^2	x*y	y^2	y计	(y计-y均)^2	(y实-y均)^2
1	0.032	0.000	0.001	0.000	0.000	-0.0015	0.0038	0.0036
2	0.135	0.020	0.018	0.003	0.000	0.0245	0.0013	0.0016
3	0.187	0.040	0.035	0.007	0.002	0.0377	0.0005	0.0004
4	0.268	0.060	0.072	0.016	0.004	0.0582	0.0000	0.0000
5	0.359	0.080	0.129	0.029	0.006	0.0812	0.0004	0.0004
6	0.435	0.100	0.189	0.044	0.010	0.1004	0.0016	0.0016
7	0.511	0.120	0.261	0.061	0.014	0.1196	0.0035	0.0036
Σ	1.927	0.420	0.705	0.160	0.036	0.4200	0.0112	0.0112
a=	0.2528		y=0.2528x-0.0096				SSR	TSS
b=	-0.0096		R^2=	0.9970			未知样:	0.054

解法二：

利用 Excel 作图功能。

1）以吸光度为 x、浓度为 y 做散点图。

2）添加趋势线，选取线性模型并勾选显示公式、R^2。

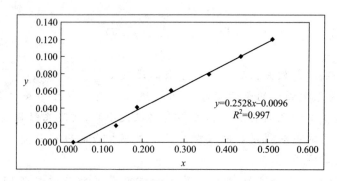

$$y=0.2528x-0.0096$$
$$R^2=0.997$$

将未知样吸光度 0.250 作为 x 代入模型可计算出 SiO_2 含量。

解法三：

利用 Excel 多元回归函数—LINEST。

LINEST（y，x，$const$，$stats$）

式中　$const$——1 或 true（缺省值），正常计算常数 b（截距）；0 或 false，强制 b 为 0；

　　　$stats$——1 或 true，给出附加统计结果；0 或 false（缺省值），仅给出回归系数。

调用时须注意以下两点。

① 先选取存放结果的单元区域。

② 使用 Ctrl＋Shift＋Enter 组合键确定。

回归结果以 $5*(m+1)$ 的矩阵表示（m 为变量个数，＋1 为常数项）：

1	0.253	-0.010	#N/A
2	0.006	0.002	#N/A
3	0.9970	0.0026	#N/A
4	1678.5968	5.0000	#N/A
5	0.0112	0.0000	#N/A
6	#N/A	#N/A	#N/A

第一行　回归系数 a_m、a_{m-1}、a_{m-2}、$\cdots$、a_2、a_1、a_0。

第二行　标准误差向量 se_m、se_{m-1}、se_{m-2}、$\cdots$、se_2、se_1、se_0。

第三行　R^2、y 标准误差。

第四行　F 值、自由度，可用于 F 检验。

第五行　回归平方和（SSR）、残差平方和（SSE）。

将未知样吸光度 0.250 作为 x 代入模型可计算出 SiO_2 含量。

4.3.2 多元线性回归分析

(1) 多元线性回归（Multivariable Linear Regression，MLR）

多元线性回归是一元线性回归的扩展，模型的一般形式可表示为：

$$y = a_n x_n + a_{n-1} x_{n-1} + a_{n-2} x_{n-2} + \cdots + a_1 x_1 + a_0$$

$$= \sum_{i=1}^{n} a_i x_i + a_0$$

式中的待定系数 a_i、a_0 同样可由最小二乘法确定。

需要注意的是。

① 多元线性模型中的变量应彼此相互独立。若变量间存在一定的相关性，则可能降低模型的可靠性。因此，必要时可采用降维方法进行数据的预处理。

② 为顺利获得模型中待定系数的最小二乘解，样本数量应大于独立变量数的 3～5 倍。

③ 若未对变量进行标准化预处理，则模型中变量的回归系数绝对值不能体现该变量对响应变量的贡献程度。

【例 4-7】 过渡金属原子 d 轨道受配位原子静电场作用发生裂分，电子在裂分轨道间的跃迁使配合物产生特征吸收而呈现对应于特定波长的颜色。现由实验测定获得 Cu(Ⅱ) 与肽、氨基酸、多胺配体在水溶液中所形成络合物的配位数及最大吸收波长，请给出线性经验公式以预测同类新化合物的最大吸收波长。

化合物	N (氨基酸,x_1)	N (肽,x_2)	O (羧基,x_3)	O (水分子类,x_4)	最大吸收波长 /nm
1	1	0	0	3	735
2	1	0	0	3	730
3	1	0	0	3	725
4	2	0	0	2	665
5	1	0	1	2	715
6	2	0	2	0	617
7	1	1	1	1	635
8	1	1	0	2	660
9	2	0	0	2	660
10	1	2	1	0	555
11	1	2	0	1	580
12	1	2	0	1	578
13	1	2	0	1	575
14	1	1	1	1	650

化合物	N（氨基酸，x_1）	N（肽，x_2）	O（羰基，x_3）	O（水分子类，x_4）	最大吸收波长 /nm
15	3	0	0	1	611
16	2	2	0	0	540
17	1	3	0	0	520
18	4	0	0	0	549
19	4	0	0	0	545
20	4	0	0	0	547

解：

以最大吸收波长为因变量 y、配位数 $x_1 \sim x_4$ 为自变量，采用 Excel 中的 LINEST 函数直接进行多元线性回归建模，得到以下结果：

71.68455	49.51526	0	11.08376	502.9116	#N/A
2.116772	3.605173	0	2.043441	6.169079	#N/A
0.988988	8.035748	#N/A	#N/A	#N/A	#N/A
478.9787	16	#N/A	#N/A	#N/A	#N/A
92787.63	1033.172	#N/A	#N/A	#N/A	#N/A
#N/A	#N/A	#N/A	#N/A	#N/A	#N/A

从表中看出，x_2 对应的回归系数为零，说明模型中的肽配位数（x_2）不影响最大吸收波长的预测，故从模型中去除。事实上，保留 x_2 并去除 x_1 也可以获得性能相同的预测模型。其原因在于，虽然 x_1 与 x_2 的相关性并不高（$r = -0.4683$），但都体现了 N 原子配位对最大吸收波长的贡献，只是表达方式不同而已。

本例也说明了在实际的化学数据分析中，描述样本的多个变量之间很难保证相互的独立性。因此，在多元线性回归建模中要特别注意通过各种统计参数全面评价模型的性能。

（2）模型的基本评价

建立模型的目的是进行精准的预测，而模型的性能可通过其基本统计参数等进行表征。对于常规的理论模型（如基于 Lambert-Beer 定律的各种定量分析模型），使用决定系数就可表征模型的性能或实验的精准性；而对于新建的经验模型，则必须借助多种统计参数等方法对建立的模型进行全面、严格地评价。

一般评价模型时，先将样本集随机划分为训练集、校验集及测试集（建议样本划分比例为 3：2：1）。训练集样本用于建立模型；校验集样本用于模型可靠性验证；测试集样本作为外部独立样本不参与模型的建立，仅用于测试已建立模型的预测能力（也称泛化能力）。如果样本数量不够多，也可仅随机划分为训练集和测试集（建议样本划分比例为 3：1）；此时，训练集同时用于建模及校验。

1）建模之重要统计参数

● 决定系数（R^2）

● 调整决定系数（R_{adj}^2）

● 误差（MSE 或 $RMSE$）

● 模型的 F 检验

● 各回归系数的 t 检验

其中，由于在建模时过多的变量会使模型变得不稳定，且决定系数 R^2 会变虚大，因此定义调整决定系数 R_{adj}^2 进行监控：

$$R_{\text{adj}}^2 = 1 - (1 - R^2)\frac{n-1}{n-k-1} = 1 - \frac{SSE/(n-k-1)}{TSS/(n-1)}$$

式中，R^2 为决定系数；n 为训练集样本数；k 为模型中的变量数。

2）校验方法与重要统计参数

模型的校验多采用交叉验证（Cross-Validation）技术，常见的有留一法（Leave-One-Out，LOO）及 k-分组法（k-folds）等。

留一法：将训练集（或校验集）中的样本取出一个，剩余样本以建模中已确定的变量重新建模并计算取出样本的响应值。放回该样本，取出另外一个样本建模并计算取出样本的响应值。重复此过程遍历所有训练集（或校验集）样本后，便获得了各样本的计算响应值。以实际值和计算响应值进行统计参数的计算。

k-分组法：如果样本量很大，留一法计算较为费时，可改为 k-分组法。将校验集样本先分为 k 个组，以组为单位进行留一法计算，获得各样本的计算响应值并进行统计参数的计算。

重要的交叉验证统计参数如下。

● 相关系数（q^2、Q^2、R_{cv}^2）

● 误差（MSE_{cv} 或 $RMSE_{\text{cv}}$）

3）测试之重要统计参数

将测试集样本对应的解释变量代入模型中计算获得对应的响应值，可计算以下统计量。

● 相关系数（R_{pred}^2）

● 误差（MSE_{pred} 或 $RMSE_{\text{pred}}$ 或 RE_{pred} 或 RSD_{pred}）

此外，新的模型评价方法与统计参数还在不断出现。

【例 4-8】 为了研究不同的饱和酯化合物的结构与其在固定相 OV-25 上的气相色谱保留指数之间的关系，对 98 个不同的饱和酯化合物，利用量化软件计算获得了 9 个结构参数。请建立多元线性 QSAR 模型。

编号	CHI-0A	CHI-2A	CHI-0AV	CHI-2AV	WA	QMAX	QTOT	LUMO	DIP	OV-25
1	0.85	0.50	0.60	0.33	1.67	0.25	1.27	0.92	3.95	571
2	0.82	0.45	0.62	0.37	2.00	0.35	1.43	1.09	3.91	655
3	0.81	0.43	0.64	0.48	2.33	0.35	1.63	1.09	3.91	756
4	0.79	0.41	0.65	0.53	2.67	0.35	1.83	1.09	3.91	852
5	0.78	0.40	0.65	0.56	3.00	0.35	2.03	1.09	3.91	952
6	0.77	0.40	0.66	0.58	3.33	0.35	2.24	1.09	3.91	1047
7	0.83	0.44	0.66	0.51	2.13	0.35	1.73	1.14	4.02	686
8	0.81	0.42	0.67	0.61	2.48	0.35	1.81	1.10	3.85	803
9	0.80	0.41	0.67	0.61	2.82	0.35	2.03	1.10	3.93	915
10	0.86	0.45	0.66	0.35	1.80	0.37	1.54	1.01	1.83	693
11	0.83	0.44	0.67	0.37	2.13	0.38	1.80	1.06	1.89	760
12	0.80	0.41	0.68	0.48	2.82	0.35	2.08	1.06	4.15	949

编号	CHI-0A	CHI-2A	CHI-0AV	CHI-2AV	WA	QMAX	QTOT	LUMO	DIP	OV-25
13	0.79	0.41	0.68	0.51	3.17	0.35	2.28	1.06	4.15	1044
14	0.78	0.40	0.69	0.53	3.51	0.37	2.59	1.04	1.92	1113
15	0.84	0.43	0.70	0.47	2.29	0.35	1.98	1.10	4.28	782
16	0.82	0.42	0.70	0.55	2.64	0.30	2.73	0.95	4.21	898
17	0.81	0.41	0.70	0.56	3.00	0.30	3.05	0.95	4.31	1001
18	0.83	0.38	0.67	0.37	2.07	0.37	1.71	1.05	1.76	775
19	0.81	0.38	0.68	0.39	2.38	0.37	1.97	1.09	1.83	845
20	0.80	0.38	0.68	0.45	2.71	0.37	2.15	1.09	1.98	934
21	0.79	0.38	0.68	0.48	3.06	0.37	2.36	1.09	1.98	1032
22	0.78	0.37	0.69	0.51	3.40	0.37	2.56	1.09	1.98	1125
23	0.78	0.37	0.69	0.53	3.75	0.35	2.69	1.10	4.25	1115
24	0.82	0.39	0.70	0.47	2.54	0.37	2.25	1.11	1.78	971
25	0.81	0.39	0.70	0.54	2.89	0.37	2.32	1.08	1.92	985
26	0.80	0.38	0.70	0.55	3.24	0.37	2.55	1.07	1.84	1086
27	0.81	0.38	0.68	0.44	2.38	0.37	1.92	1.05	1.75	868
28	0.80	0.38	0.68	0.44	2.68	0.35	2.05	1.10	4.12	931
29	0.79	0.38	0.68	0.49	3.00	0.35	2.24	1.10	4.11	1022
30	0.78	0.38	0.69	0.52	3.33	0.35	2.48	1.11	4.30	1114
31	0.78	0.37	0.69	0.54	3.67	0.35	2.69	1.11	4.30	1208
32	0.77	0.37	0.69	0.55	4.01	0.30	4.01	1.00	4.39	1292
33	0.81	0.39	0.70	0.51	2.83	0.35	2.37	1.14	4.24	955
34	0.80	0.39	0.70	0.56	3.18	0.35	2.44	1.08	4.17	1065
35	0.79	0.38	0.70	0.57	3.53	0.35	2.66	1.08	4.25	1163
36	0.80	0.38	0.68	0.48	2.71	0.37	2.12	1.05	1.74	961
37	0.79	0.38	0.68	0.48	3.00	0.37	2.38	1.09	1.80	1014
38	0.78	0.38	0.69	0.52	3.31	0.35	2.44	1.10	4.10	1111
39	0.78	0.37	0.69	0.54	3.64	0.35	2.64	1.10	4.09	1205
40	0.77	0.37	0.69	0.55	3.97	0.35	2.89	1.11	4.33	1204
41	0.77	0.37	0.69	0.56	4.31	0.35	3.07	1.07	4.25	1382
42	0.80	0.39	0.70	0.53	3.16	0.35	2.57	1.14	4.23	1046
43	0.79	0.38	0.70	0.58	3.49	0.35	2.62	1.11	4.03	1156
44	0.78	0.38	0.70	0.58	3.83	0.35	2.86	1.08	4.27	1253
45	0.79	0.38	0.68	0.51	3.06	0.37	2.32	1.05	1.74	1056
46	0.78	0.38	0.69	0.50	3.33	0.35	2.45	1.10	4.11	1118
47	0.78	0.37	0.69	0.54	3.64	0.35	2.65	1.10	4.09	1207
48	0.77	0.37	0.69	0.55	3.96	0.35	2.89	1.11	4.36	1295
49	0.77	0.37	0.69	0.56	4.28	0.35	3.07	1.07	4.26	1384

编号	CHI-0A	CHI-2A	CHI-0AV	CHI-2AV	WA	QMAX	QTOT	LUMO	DIP	OV-25
50	0.76	0.37	0.69	0.57	4.62	0.35	3.30	1.11	4.36	1475
51	0.79	0.39	0.70	0.55	3.49	0.35	2.79	1.14	4.20	1131
52	0.78	0.38	0.70	0.59	3.82	0.35	2.84	1.08	4.20	1246
53	0.78	0.38	0.70	0.59	4.15	0.35	3.06	1.08	4.28	1342
54	0.84	0.38	0.70	0.48	2.19	0.37	1.87	1.07	1.70	812
55	0.82	0.38	0.70	0.48	2.50	0.37	2.13	1.10	1.99	875
56	0.81	0.37	0.70	0.52	2.83	0.37	2.31	1.10	1.99	968
57	0.80	0.37	0.70	0.54	3.18	0.37	2.52	1.10	1.99	1059
58	0.79	0.37	0.70	0.55	3.53	0.35	2.66	1.11	4.23	1155
59	0.78	0.37	0.70	0.56	3.88	0.37	2.93	1.10	1.77	1238
60	0.83	0.39	0.72	0.53	2.67	0.38	2.43	1.14	1.67	889
61	0.82	0.38	0.72	0.58	3.02	0.37	2.50	1.11	2.02	1008
62	0.81	0.38	0.72	0.58	3.38	0.35	2.65	1.12	4.26	1109
63	0.82	0.39	0.70	0.54	2.54	0.37	2.11	1.04	1.84	902
64	0.81	0.39	0.70	0.53	2.83	0.30	3.11	0.96	1.84	967
65	0.80	0.39	0.70	0.56	3.16	0.37	2.55	1.07	1.93	1059
66	0.79	0.39	0.70	0.58	3.49	0.35	2.66	1.09	4.19	1149
67	0.78	0.38	0.70	0.59	3.83	0.38	2.97	1.08	1.80	1238
68	0.78	0.38	0.70	0.60	4.18	0.38	3.17	1.08	1.80	1326
69	0.82	0.40	0.72	0.57	3.00	0.38	2.66	1.10	1.83	989
70	0.81	0.39	0.72	0.61	3.35	0.35	2.64	1.09	4.13	1096
71	0.80	0.39	0.72	0.62	3.70	0.37	2.97	1.09	1.76	1196
72	0.81	0.39	0.70	0.56	2.89	0.37	2.33	1.04	1.90	1019
73	0.80	0.39	0.70	0.55	3.18	0.38	2.59	1.08	1.96	1078
74	0.79	0.38	0.70	0.57	3.49	0.35	2.75	1.10	4.35	1165
75	0.78	0.38	0.70	0.58	3.82	0.38	3.00	1.09	1.85	1252
76	0.78	0.38	0.70	0.59	4.15	0.38	3.20	1.09	1.84	1340
77	0.77	0.38	0.70	0.60	4.50	0.38	3.41	1.09	1.84	1427
78	0.81	0.39	0.72	0.58	3.35	0.35	2.83	1.13	4.45	1095
79	0.80	0.39	0.72	0.62	3.68	0.38	2.98	1.10	1.88	1200
80	0.79	0.39	0.72	0.62	4.03	0.38	3.20	1.10	1.81	1298
81	0.81	0.35	0.70	0.49	2.72	0.37	2.30	1.06	1.97	989
82	0.80	0.35	0.70	0.49	3.00	0.37	2.56	1.10	2.05	1053
83	0.79	0.35	0.70	0.52	3.31	0.35	2.67	1.12	4.20	1136
84	0.78	0.35	0.70	0.54	3.64	0.37	2.99	1.09	1.59	1222
85	0.78	0.35	0.70	0.55	3.97	0.37	3.14	1.11	1.76	1310
86	0.77	0.35	0.70	0.56	4.32	0.37	3.34	1.11	1.76	1398

编号	CHI-0A	CHI-2A	CHI-0AV	CHI-2AV	WA	QMAX	QTOT	LUMO	DIP	OV-25
87	0.81	0.36	0.72	0.53	3.16	0.38	2.84	1.14	1.90	1000
88	0.80	0.36	0.72	0.57	3.50	0.37	2.93	1.12	1.83	1179
89	0.79	0.36	0.72	0.58	3.85	0.37	3.14	1.12	1.72	1267
90	0.81	0.33	0.70	0.45	2.61	0.37	2.30	1.07	1.95	979
91	0.80	0.33	0.70	0.45	2.89	0.37	2.56	1.11	2.02	1037
92	0.79	0.34	0.70	0.49	3.20	0.36	2.68	1.15	4.17	1130
93	0.78	0.34	0.70	0.51	3.53	0.38	2.95	1.13	1.77	1217
94	0.78	0.34	0.70	0.52	3.87	0.38	3.17	1.12	1.80	1303
95	0.77	0.34	0.70	0.54	4.22	0.37	3.41	1.11	1.60	1393
96	0.81	0.35	0.72	0.50	3.06	0.38	2.86	1.16	1.88	1058
97	0.80	0.35	0.72	0.54	3.39	0.38	2.97	1.12	1.62	1167
98	0.79	0.35	0.72	0.55	3.74	0.37	3.17	1.12	1.76	1263

解法一：

采用 Excel 中的 LINEST 函数。

以气相色谱保留指数 OV-25 为因变量 y、各结构参数 $x_1 \sim x_9$ 为自变量，采用 Excel 中的 LINEST 函数直接进行多元线性回归建模，得到以下结果：

2.880226	-335.276	-5.5642	367.6759	285.8979	-219.355	563.2081	-893.293	186.0705	310.7967	#N/A
4.625692	101.256	19.71608	320.0871	16.95374	75.50241	346.5255	204.7689	424.0788	248.7224	#N/A
0.985891	23.0793	#N/A	#N/A	#N/A	#N/A	#N/A	#N/A	#N/A	#N/A	#N/A
683.2244	88	#N/A	#N/A	#N/A	#N/A	#N/A	#N/A	#N/A	#N/A	#N/A
3275300	46873.55	#N/A	#N/A	#N/A	#N/A	#N/A	#N/A	#N/A	#N/A	#N/A
#N/A	#N/A	#N/A	#N/A	#N/A	#N/A	#N/A	#N/A	#N/A	#N/A	#N/A

可以看到，决定系数（R^2）为 0.9859，模型准确性较高；对模型的 F 检验表明保留指数与结构描述符之间的线性关系具有统计学上的显著性。

解法二：

采用 Excel 中数学分析工具库的"回归"功能，获得结果如下：

> **注意**：Excel 在缺省安装时并无数学分析工具库，需自行通过"加载宏"安装数学分析工具库。

从回归结果中可以看到：

① 决定系数（R^2）为 0.9859，模型准确性较高；

② 调整决定系数（R_{adj}^2）为 0.9844，与 R^2 较为接近，表明模型中的变量数合理；

③ F 检验结果（F 值为 683，p-value：2.08×10^{-77} 远小于 0.05）表明，模型在统计学上具有显著的线性关系；

④ 回归系数 t 检验结果表明，常数项、x_1、x_3、x_6、x_7、x_9 的回归系数均未具备应有的显著性统计意义（t 检验的 p-value > 0.05）。

结论：由全部 9 个自变量建立的 QSAR 线性模型并不可靠！

解法三：

采用 MATLAB 中的 Regstats 函数。

> 在 MATLAB 平台中，Regstats 是可用于多种类型回归建模的函数，返回包含各种统计参数在内的结构型建模结果变量。对于最简单的线性回归建模，其调用格式为：
> $$R = \text{Regstats}(y, x)$$

本例中，利用该函数的调用可给出以下主要结果：

与解法二的结果相对比不难发现，MATLAB 的 Regstats 函数与 Excel 中数学分析工具库的"回归"工具给出的结果相一致。

特别提醒：即便剔除未通过 t 检验的变量后，以剩余的变量再重新回归建模也不能保证新建模型的可靠性！

(3) 逐步回归（Stepwise Regression）

为筛选出有效的解释变量并建立可靠的线性模型，逐步回归是广泛应用的方法之一，其基本的思路是：将解释变量逐个引入线性模型，每引入一个解释变量后都要进行 F 检验，并对已经选入的解释变量逐个进行 t 检验。如线性模型中现有的解释变量不具有统计学的显著意义时，则将其删除。这是一个反复的过程，直到既没有显著的解释变量选入回归方程，也没有不显著的解释变量从回归方程中剔除为止，以保证最后筛选出的解释变量子集是最优的。

逐步回归是降维的又一种方法。由于选取了较少的变量建立线性模型，在一定程度上也减少了变量间的相关性传递，改善了线性模型的性能。建立的线性模型是否可靠、准确，仍需要进行严格的统计参数加以检验。

【例 4-9】 以【例 4-8】的数据，采用逐步回归建立线性模型。

解：

在 MATLAB 平台中，Stepwisefit 是用于逐步回归建立线性模型的函数之一，其简单调用格式为：

$$[b, se, pval, inmodel, stats] = \text{Stepwisefit}(x, y)$$

式中，b 为回归系数向量；se 为回归系数标准误差向量；$pval$ 为回归系数 t 检验的 p 值向量；$inmodel$ 为回归模型中变量是否选取的逻辑向量；$stats$ 为存放模型统计参数等信息的结构型变量。

本例中，调用该函数可给出以下主要结果：

```
命令行窗口
>> [b, se, pval, inmodel, stats] = stepwisefit (x, y);
Initial columns included: none
Step 1, added column 5, p=7.10271e-72
Step 2, added column 2, p=8.44128e-14
Step 3, added column 8, p=0.00134197
Step 4, added column 1, p=0.014987
Step 5, added column 4, p=0.028385
Step 6, added column 3, p=0.0391878
Step 7, removed column 1, p=0.827069
Final columns included: 2 3 4 5 8
'Coeff'      'Std.Err.'   'Status'  'P'
[ 87.9604]   [401.4774]   'Out'    [  0.8271]
[-834.9234]  [144.0906]   'In'     [9.5075e-08]
[657.6157]   [178.5849]   'In'     [3.8963e-04]
[-233.3261]  [ 68.6540]   'In'     [  0.0010]
[278.1200]   [ 6.4859]    'In'     [1.3181e-62]
[238.6856]   [150.7256]   'In'     [  0.1168]
[-18.4520]   [15.4765]    'Out'    [  0.2363]
[-221.3828]  [65.9846]    'In'     [  0.0012]
[ -1.6947]   [ 2.2956]    'Out'    [  0.4623]
```

变量 - pval	
pval	stats
9x1 double	
	1
1	0.8271
2	9.5075e-08
3	3.8963e-04
4	0.0010
5	1.3181e-62
6	0.1168
7	0.2363
8	0.0012
9	0.4623

变量 - stats	
pval	stats
1x1 struct 包含 17 个字段	
字段 △	值
source	'stepwisefit'
dfe	92
df0	5
SStotal	3.3222e+06
SSresid	4.8672e+04
fstat	1.2375e+03
pval	1.0183e-82
rmse	23.0009
xr	98x4 double
yr	98x1 double
B	[87.9604;-834....
SE	[401.4774;144....
TSTAT	[0.2191;-5.794...
PVAL	[0.8271;9.5075...
covb	9x9 double
intercept	406.1107
wasnan	98x1 logical

左图为逐步回归中模型里变量的变化过程；中图为回归系数 t 检验的 p 值向量；右图为存放回归模型的统计参数等信息的结构型变量。

从逐步回归的结果中，我们可以看到：

① 回归模型中从原始 9 个自变量中选取了第 2、3、4、5、8 共五个变量，且均具有显著性统计意义；

② 模型的 F 检验的 F 值为 1238，$pval$ 为 1.0183×10^{-82}，表明模型反映了可靠的线性关系；

③ 决定系数（R^2）可由 $1 - stats.SSresid / stats.SStotal$ 计算得到（0.9859），模型准确性较高；

④ 调整决定系数（R_{adj}^2）可由定义公式计算得到（0.9846），与 R^2 较为接近，表明模型中的变量数合理。

因此，建立的含有五个自变量的 QSAR 线性模型是可靠的！与全变量建模【例 4-6】结果相比，通过逐步回归建立的模型不但所有回归系数具有显著性统计学意义，而且具有相同的决定系数、更高的调整决定系数、更佳的模型 F 检验结果等。

当然，将样本集划分后进行建模、校验、测试，可获得更加全面、严格的模型评价。

化学定量分析方法的评价：

新的定量分析方法离不开可靠、准确模型的建立。除模型统计参数外，新建分析方法的重要评价指标还应包括以下几个。

> 线性范围（Linear Range）
> 检出限（Limit of Detection，LOD）
> 定量限（Limit of Quantification，LOQ）
> 回收率（Recovery，%）
> 日间精密度（Inter-day precision，RSD）
> 日内精密度（Intra-day precision，RSD）

4.4 主成分分析与因子分析

在多元线性回归分析中，各解释变量之间理论上要求相互独立，而在现实中却可能存在着程度不同的多重相关关系。当采用原始变量建模不够理想时，就可以考虑先将原始变量线性组合为相互独立的、新的综合变量；再以少数新的、重要的综合变量进行建模。

在实际的研究工作中，通常会从不同角度、不同水平尽可能多地对样本进行各种量测，形成了多维度（变量）的大数据集。虽然多变量的样本数据无疑会为研究和应用提供全面、丰富的信息，但难免出现信息的冗余及噪音等各种干扰信息。对于复杂体系而言，内在的本质信息往往隐藏于描述样本的各个变量之中。因此，准确、高效地提取隐含的、本质的特征信息是提高数据分析质量的关键和前提。主成分分析和因子分析就是应用广泛的特征信息提取与数据降维的方法之一。

4.4.1 主成分分析

(1) 主成分分析基本思路

主成分分析（Principal Component Analysis，PCA）又称主分量分析，是通过正交变换将多个原变量线性地转化为新的综合变量的多元统计方法，其基本思路如下：

① 找出样本数据集最大变异方向，各变量在此方向上的投影构成了第一主成分；

② 将第一主成分信息从数据集中去除，获得残差数据集；

③ 在与第一主成分正交且残差数据最大变异方向获得第二主成分；

④ 依此类推，获得第三主成分、第四主成分等。

$$
\begin{bmatrix} p_1 \\ p_2 \\ \vdots \\ p_i \\ \vdots \\ p_n \end{bmatrix} = \begin{bmatrix} a_{11} & a_{12} & \cdots & a_{1j} & \cdots & a_{1n} \\ a_{21} & a_{22} & \cdots & a_{2j} & \cdots & a_{2n} \\ \vdots & \vdots & \vdots & \vdots & \vdots & \vdots \\ a_{i1} & a_{i2} & \cdots & a_{ij} & \cdots & a_{in} \\ \vdots & \vdots & \vdots & \vdots & \vdots & \vdots \\ a_{n1} & a_{n2} & \cdots & a_{nj} & \cdots & a_{nn} \end{bmatrix} \begin{bmatrix} x_1 \\ x_2 \\ \vdots \\ x_j \\ \vdots \\ x_n \end{bmatrix}
$$

式中，p_i 为样本的第 i 主成分（综合变量），其值称为主成分得分；$[a_{ij}]$ 为正交变换矩阵，也称载荷矩阵；x_j 为样本的第 j 个原变量。

主成分对原变量方差的解释能力（提取能力）可通过相应的特征值（λ_i）计算出，主成分的贡献率为 $\lambda_i/\sum\lambda_i$。主成分的贡献率（重要性）随第一主成分、第二主成分、第三主成分等的顺序依次降低。有 n 个原变量就可提取 n 个主成分，即所有主成分的信息总和与所有原变量的信息总和完全相同；然而，少数前几个主成分就可概括原始变量的大部分信息。当以少数前几个主成分替代全部原变量时，就能在损失较少信息的同时实现数据的降维。通常，对选取的前几个主成分而言，其累积贡献率应不低于 85%。

（2）主成分分析的意义

① 主成分提取的是原变量的共性，是依相关性对原始信息的重新分配与表征。因此，主成分分析具有消除冗余信息、提取原变量中共同的特征信息的能力。

② 信息量的大小通常用数据中方差的大小来衡量，即方差越大，提供的信息越多，反之提供的信息就越少。因此，各主成分综合提取原变量的信息量是逐次减少的。由于随机误差的方差较小，多体现于最后一些主成分中；当选用少数前几个主成分时还可以消除部分随机误差。

③ 作为一种特征提取的方法，主成分分析可用于数据的预处理，获得的综合变量（主成分）可用于各种线性或非线性的建模。如，利用选定的主成分进行线性回归建模的方法称为主成分回归（Principal Component Regression，PCR）。

④ 由于主成分是原变量信息的综合概括，其在模型中的意义须结合专业背景的相关知识进行解释。

（3）主成分分析的实现

能够实现主成分分析的软件有很多，如 R 语言、Origin、SPSS、Mathematica、SAS 等。基本步骤如下：

① 原始变量的数据标准化；

② 调用函数或功能模块求得所有的主成分及其特征值等相关参数；

③ 根据累积贡献率确定需选取的前几个主成分的个数；

④ 主成分的应用及其意义解释等。

特别注意：在 SPSS 中，主成分分析作为因子分析的第一步，得到的变换系数需除以 $\sqrt{\lambda_i}$ 才是主成分的载荷！同样，成分的得分也不是主成分得分！

【例 4-10】 以【例 4-8】的数据，采用主成分分析建立线性回归模型。

解：

在 MATLAB 平台中，pca 函数是用于主成分分析的函数之一，其简单调用格式为：

$$[coeff, score, latent] = \mathrm{pca}(X)$$

式中，X 为描述样本的数据矩阵，每行对应一个样本，每列对应一个原变量；$coeff$ 为载荷矩阵，每列为一个主成分对应原变量的正交变换系数；$score$ 为主成分（得分）矩阵，每列为一个主成分，行对应于样本；$latent$ 为各主成分解释方差之特征值的向量。

解：

首先调用 zscore(X) 函数进行标准化，再调用 pca 函数等得到下主要结果：

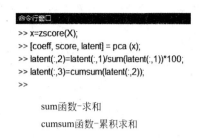

```
>> x=zscore(X);
>> [coeff, score, latent] = pca (x);
>> latent(:,2)=latent(:,1)/sum(latent(:,1))*100;
>> latent(:,3)=cumsum(latent(:,2));
>>
```

sum函数-求和

cumsum函数-累积求和

	1	2	3
1	4.2901	47.6676	47.6676
2	2.0262	22.5134	70.1810
3	1.0029	11.1432	81.3242
4	0.7703	8.5585	89.8827
5	0.5352	5.9462	95.8289
6	0.1930	2.1441	97.9730
7	0.1207	1.3409	99.3139
8	0.0359	0.3983	99.7123
9	0.0259	0.2877	100.0000

由特征值 $latent$ 表征的各主成分贡献率（第二列）、累积贡献率（第三列）可以看出，前四个主成分就可反映原始九个变量信息的 89.88%，故确定选取前四个主成分。其载荷矩阵 $coeff$ 及得分矩阵 $score$ 结果如下：

变量 - coeff 9x9 double

	1	2	3	4
1	-0.3576	0.2941	-0.2080	0.5008
2	-0.3779	-0.1926	-0.0532	0.2830
3	0.3592	0.1977	-0.2733	0.5254
4	0.3547	-0.2225	-0.1067	0.4651
5	0.4315	-0.2431	-0.0251	-0.1708
6	0.2082	0.5691	0.1763	-0.0734
7	0.4241	-0.1695	-0.3121	-0.0450
8	0.2464	0.2491	0.7250	0.2411
9	-0.0664	-0.5604	0.4616	0.2866

变量 - score 98x9 double

	1	2	3	4
1	-9.8187	-3.7176	-1.8573	-1.1199
2	-5.5562	-0.0986	1.9947	-1.0658
3	-3.6923	-0.5164	1.5397	-0.2811
4	-2.1662	-0.9635	1.4308	-0.4761
5	-1.2650	-1.3499	1.3637	-0.7152
6	-0.3810	-1.6787	1.1552	-0.6710
7	-3.4278	0.0919	1.8669	1.4517
8	-1.9372	-0.6667	0.9643	1.3726
9	-1.1934	-0.9911	0.9688	0.9165
10	5.9160	2.0837	1.0655	0.1787

选取前四个主成分（$p_1 \sim p_4$）对保留指数（y）进行线性回归建模，主要统计参数如下：

```
>> R=regstats(y,score(:,1:4));
```

mse	1.9443e+03	f	403.9163
rsquare	0.9456	pval	7.3930e-58
adjrsquare	0.9432		
t	[241.8241;37.9140;-10.6730;-2.6634;-7.5622]		
pval	[5.6725e-132;2.3438e-58;7.8126e-18;0.0091;2.7553e-11]		

PCA 多元线性回归模型中的常数及四个主成分变量的系数依次为：

	1	2	3	4	5
1	1.0771e+03	81.9527	-33.5693	-11.9071	-38.5765

【例 4-11】 请根据以下某年部分省市的统计资料进行主成分分析。

地区	人均 GDP /亿元	人均可支配收入/元	人均消费性支出/元	城镇就业率/%	人均教育支出/元	人均医保支出/元	人均预期寿命/年
北京	45444	17652.95	13244.20	0.3937	584.43	1295.76	76.10
上海	51474	18645.03	13773.41	0.2103	1136.15	796.82	78.14
浙江	27703	16293.77	12253.74	0.1936	972.69	831.79	74.70
江苏	24560	12318.57	8621.82	0.1680	656.29	579.32	73.91
福建	18646	12321.31	8794.41	0.2394	531.40	478.41	72.55
山东	20096	10744.79	7457.31	0.2142	546.64	579.01	73.92

地区	人均GDP /亿元	人均可支配 收入/元	人均消费性 支出/元	城镇就业 率/%	人均教育 支出/元	人均医保 支出/元	人均预期 寿命/年
重庆	10982	10243.46	8623.29	0.1705	772.52	629.32	71.73
吉林	13348	8960.62	6794.71	0.1836	502.08	675.77	73.10
黑龙江	14434	8272.51	6178.01	0.2418	479.85	613.35	72.37
山西	12495	8913.91	6342.63	0.2554	548.83	538.70	71.65
陕西	9899	8272.02	6656.46	0.2414	701.82	605.31	70.07
湖北	11431	8785.94	6736.56	0.2076	517.28	499.34	74.08
内蒙古	16331	9136.79	6928.60	0.2158	504.77	533.36	69.87
湖南	10426	9523.97	7504.99	0.1737	582.16	601.34	70.66
新疆	13108	7990.15	6207.52	0.3280	456.25	499.16	67.41
河南	11346	8667.97	6038.02	0.2439	421.72	472.31	71.54
宁夏	10239	8093.64	6404.31	0.2367	388.30	535.92	70.17
广西	8788	9286.70	7032.80	0.1811	528.13	466.04	71.29
甘肃	7477	8086.82	6529.20	0.2496	505.90	492.23	67.47
四川	9060	8385.96	6891.27	0.1892	449.68	442.83	71.2
云南	7835	9265.90	6996.90	0.1885	337.42	663.01	65.49
西藏	9114	9431.18	8617.11	0.2460	428.09	338.57	64.37
海南	10871	8123.94	5928.79	0.2000	347.11	351.06	72.92
青海	10045	8057.85	6245.26	0.2002	360.52	554.11	66.03

解：

对资料中 24 个地区的七个指标分别依次记为 $x_1 \sim x_7$，标准化后进行主成分分析得到如下主要结果：

latent ✕		
7x3 double		
	1	2	3
1	4.6886	66.9800	66.9800
2	1.2406	17.7222	84.7022
3	0.4774	6.8200	91.5222
4	0.3061	4.3735	95.8957
5	0.2135	3.0496	98.9453
6	0.0631	0.9018	99.8471
7	0.0107	0.1529	100

coeff ✕		
7x7 double		
	1	2	3
1	0.4431	0.0746	0.0726
2	0.4492	-0.0277	-0.1877
3	0.4373	-0.0120	-0.3792
4	0.1231	0.8241	0.1310
5	0.3666	-0.3939	-0.2494
6	0.3755	0.3079	-0.0112
7	0.3467	-0.2539	0.8580

由特征值 *latent* 表征的各主成分贡献率（第二列）、累积贡献率（第三列）可以看出，前三个主成分反映了原七个变量信息的 91.52%。从载荷矩阵 *coeff* 表中可以看到，在第一主成分中，除原变量 x_4（城镇就业率）的系数较小以外，其他原变量的系数接近，表明第一主成分基本代表了各地区总体发展水平；在第二主成分中，原变量 x_4（城镇就业率）的系数很大，意味着第二主成分主要代表了就业形势；在第三主成分中，原变量 x_7（人均预期寿命）的系数很大，说明第三主成分主要代表了健康水平。

如果要对这些地区的综合发展水平进行评价，可利用主成分得分及贡献程度来定义综合发展指数（DI）：

$$DI = \sum_{i=1}^{3} S_i \times \lambda_i$$

式中，S_i 为第 i 个主成分的得分；λ_i 为第 i 个主成分特征值（可视作贡献权重）。
计算及排序结果如下：

	A	I	J	K	L	M	N
1	地区	S1	S2	S3	DI		λ
2	北京	5.6812	3.5461	0.3983	31.2262		4.6886
3	上海	6.0256	-1.4900	-0.3572	26.2328		1.2406
4	浙江	3.8023	-1.2279	-0.8222	15.9116		0.4774
5	江苏	1.1311	-1.2934	0.1813	3.7852		
6	福建	0.5212	0.0163	0.1176	2.5200		
7	山东	0.3960	-0.3316	0.7119	1.7851		
8	重庆	0.3975	-1.3205	-0.4905	-0.0086		
9	吉林	-0.3145	-0.5374	0.6538	-1.8291		
10	黑龙江	-0.5951	0.4169	0.8019	-1.8900		
11	山西	-0.6010	0.4064	0.4853	-2.0820		
12	陕西	-0.5047	0.0766	-0.1936	-2.3639		
13	湖北	-0.5858	-0.5535	0.9656	-2.9724		
14	内蒙古	-0.6786	0.0081	-0.1034	-3.2210		
15	湖南	-0.4767	-0.8268	-0.2739	-3.3917		
16	新疆	-1.2615	2.0395	-0.2110	-3.4854		
17	河南	-1.1586	0.3838	0.6587	-4.6417		
18	宁夏	-1.3133	0.5405	0.2942	-5.3464		
19	广西	-0.9569	-0.8679	0.0704	-5.5296		
20	甘肃	-1.5058	0.6185	-0.5582	-6.5593		
21	四川	-1.2933	-0.5939	0.2537	-6.6793		
22	云南	-1.5709	0.4028	-1.1599	-7.4196		
23	西藏	-1.6207	0.6978	-1.6786	-7.5344		
24	海南	-1.6243	-0.4657	1.0555	-7.6895		
25	青海	-1.8930	0.3553	-0.7997	-8.8167		

这个结果与人们的普遍感受是大体吻合的，说明了数据选取及主成分分析的方法、策略较为合理、有效。

PCA 在对复杂体系的特点或综合实力等分析中是最常用的方法之一，如高校排名、单位考核等。为保证 PCA 分析结果的可靠性、准确性，首先要明确分析的目标性及指标选取的客观性、全面性与准确性；其次，在最终的综合评价指标计算中，如需自行设计各主成分的贡献权重，一定要确保其合理性。

4.4.2　因子分析

因子分析（Factor Analysis，FA）是依原变量相关性进行分组并提取表征各组原变量共性的综合变量的一种统计学方法。因子分析的过程通常是先利用 PCA 获取主成分载荷，再采用方差极大等方法对其进行正交或斜交旋转使所获得的因子载荷向 0 和 1 两极转化，以使其意义更加明确。

注意以下几点。

① 因子分析的数学前提是原变量的协方差矩阵必须为正定矩阵。

② 尽管都属于降维方法，但因子分析与主成分分析的思路、方法、意义及应用不同。

③ 主成分分析中，主成分的载荷矩阵是唯一的；因子分析中，可采用不同的旋转操作，因而获得的因子载荷矩阵并不唯一。

在 MATLAB 平台中，因子分析的函数为 factoran，其简单调用格式为：

$$[lambda, psi, T, stats, F] = factoran(X, m)$$

输入参数：

X——原变量数据矩阵，每行对应一个观测值，每列对应一个变量；

m——要提取的因子数。

输出参数：

$lambda$——因子的载荷矩阵；

psi——因子载荷的方差矩阵；

T——因子载荷的旋转矩阵；

$stats$——一个包含卡方检验等信息的结构变量；

F——因子得分矩阵。

贡献率计算：$Contribut = (sum(lambda.^2)/p * 100)'$；式中，$p$ 为原变量数。

累积贡献率计算：$Contribut(:, 2) = cumsum(Contribut(:, 1))$;

【例 4-12】 请对 1984 年洛杉矶奥运会上 55 个国家和地区的男子径赛成绩进行分析。

编号	国家/地区	100 米	200 米	400 米	800 米	1.5 千米	5 千米	10 千米	马拉松
1	阿根廷	10.39	20.81	46.84	1.81	3.70	14.04	29.36	137.72
2	澳大利亚	10.31	20.06	44.84	1.74	3.57	13.28	27.66	128.30
3	奥地利	10.44	20.81	46.82	1.79	3.60	13.26	27.72	135.90
4	比利时	10.34	20.68	45.04	1.73	3.60	13.22	27.45	129.95
5	百慕大	10.28	20.58	45.91	1.80	3.75	14.68	30.55	146.62
6	巴西	10.22	20.43	45.21	1.73	3.66	13.62	28.62	133.13
7	缅甸	10.64	21.52	48.30	1.80	3.85	14.45	30.28	139.95
8	加拿大	10.17	20.22	45.68	1.76	3.63	13.55	28.09	130.15
9	智利	10.34	20.80	46.20	1.79	3.71	13.61	29.30	134.03
10	中国	10.51	21.04	47.30	1.81	3.73	13.90	29.13	133.53
11	哥伦比亚	10.43	21.05	46.10	1.82	3.74	13.49	27.88	131.35
12	库克群岛	12.18	23.20	52.94	2.02	4.24	16.70	35.38	164.70
13	哥斯达黎加	10.94	21.9	48.66	1.87	3.84	14.03	28.81	136.58
14	捷克斯洛伐克	10.35	20.65	45.64	1.76	3.58	13.42	28.19	134.32
15	丹麦	10.56	20.52	45.89	1.78	3.61	13.50	28.11	130.78
16	多米尼加共和国	10.14	20.65	46.80	1.82	3.82	14.91	31.45	154.12
17	芬兰	10.43	20.69	45.49	1.74	3.61	13.27	27.52	130.87
18	法国	10.11	20.38	45.28	1.73	3.57	13.34	27.97	132.30
19	德意志民主共和国	10.12	20.33	44.87	1.73	3.56	13.17	27.42	129.92
20	德意志联邦共和国	10.16	20.37	44.50	1.73	3.53	13.21	27.61	132.23
21	大不列颠及北爱尔兰	10.11	20.21	44.93	1.70	3.51	13.01	27.51	129.13
22	希腊	10.22	20.71	46.56	1.78	3.64	14.59	28.45	134.60
23	危地马拉	10.98	21.82	48.40	1.89	3.80	14.16	30.11	139.33

编号	国家/地区	100 米	200 米	400 米	800 米	1.5 千米	5 千米	10 千米	马拉松
24	匈牙利	10.26	20.62	46.02	1.77	3.62	13.49	28.44	132.58
25	印度	10.60	21.42	45.73	1.76	3.73	13.77	28.81	131.98
26	印度尼西亚	10.59	21.49	47.80	1.84	3.92	14.73	30.79	148.83
27	以色列	10.61	20.96	46.30	1.79	3.56	13.32	27.81	132.35
28	爱尔兰	10.71	21.00	47.80	1.77	3.72	13.66	28.93	137.55
29	意大利	10.01	19.72	45.26	1.73	3.6	13.23	27.52	131.08
30	日本	10.34	20.81	45.86	1.79	3.64	13.41	27.72	128.63
31	肯尼亚	10.46	20.66	44.92	1.73	3.55	13.10	27.38	129.75
32	韩国	10.34	20.89	46.90	1.79	3.77	13.96	29.23	136.25
33	朝鲜	10.91	21.94	47.30	1.85	3.77	14.13	29.67	130.87
34	卢森堡	10.35	20.77	47.40	1.82	3.67	13.64	29.08	141.27
35	马来西亚	10.40	20.92	46.30	1.82	3.80	14.64	31.01	154.10
36	毛里求斯	11.19	22.45	47.70	1.88	3.83	15.06	31.77	152.23
37	墨西哥	10.42	21.30	46.10	1.80	3.65	13.46	27.95	129.20
38	荷兰	10.52	20.95	45.10	1.74	3.62	13.36	27.61	129.02
39	新西兰	10.51	20.88	46.10	1.74	3.54	13.21	27.70	128.98
40	挪威	10.55	21.16	46.71	1.76	3.62	13.34	27.69	131.48
41	巴布亚新几内亚	10.96	21.78	47.90	1.90	4.01	14.72	31.36	148.22
42	菲律宾	10.78	21.64	46.24	1.81	3.83	14.74	30.64	145.27
43	波兰	10.16	20.24	45.36	1.76	3.60	13.29	27.89	131.58
44	葡萄牙	10.53	21.17	46.70	1.79	3.62	13.13	27.38	128.65
45	罗马尼亚	10.41	20.98	45.87	1.76	3.64	13.25	27.67	132.50
46	新加坡	10.38	21.28	47.40	1.88	3.89	15.11	31.32	157.77
47	西班牙	10.42	20.77	45.98	1.76	3.55	13.31	27.73	131.57
48	瑞士	10.25	20.61	45.63	1.77	3.61	13.29	27.94	130.63
49	瑞典	10.37	20.46	45.78	1.78	3.55	13.22	27.91	131.20
50	中国台北	10.59	21.29	46.80	1.79	3.77	14.07	30.07	139.27
51	泰国	10.39	21.09	47.91	1.83	3.84	15.23	32.56	149.90
52	土耳其	10.71	21.43	47.60	1.79	3.67	13.56	28.58	131.50
53	美国	9.93	19.75	43.86	1.73	3.53	13.20	27.43	128.22
54	苏联	10.07	20.00	44.60	1.75	3.59	13.20	27.53	130.55
55	西萨摩亚	10.82	21.86	49.00	2.02	4.24	16.28	34.71	161.83

解：

1）主成分分析

首先调用 zscore(X) 函数进行标准化，再调用 pca 函数等得到如下主要结果：

	1	2	3
1	6.6221	82.7768	82.7768
2	0.8776	10.9702	93.7471
3	0.1593	1.9915	95.7386
4	0.1240	1.5506	97.2892
5	0.0799	0.9985	98.2877
6	0.0680	0.8496	99.1373
7	0.0464	0.5802	99.7175
8	0.0226	0.2825	100

	1	2
1	0.3176	0.5669
2	0.3370	0.4616
3	0.3556	0.2483
4	0.3687	0.0124
5	0.3728	-0.1398
6	0.3644	-0.3120
7	0.3668	-0.3069
8	0.3419	-0.4390

由主成分的累积贡献率（*latent* 中第三列）可以看出前两个主成分反映了 8 个原变量信息的 93.75%；由主成分载荷矩阵 *coeff* 可以看出第一主成分涉及的 8 个原变量系数均为正且彼此相当，反映了参赛队在各个项目上的综合素质，意义较为笼统；第二主成分则表现出较大差异，短距离项目对主成分得分贡献更大，因而体现出速度因素。

为进一步探究各队的差异，可采用因子分析方法加以分析。

2）因子分析

首先调用 zscore(X) 函数进行标准化，再调用 factoran 函数等。

$$x = \mathrm{zscore}(X)$$

$[lambda，psi，T，stats，F] = \mathrm{factoran}(x, 4)$; %试取 4 因子进行分析。

$Contribut = (\mathrm{sum}(lambda.\wedge 2)/8 * 100)'$; %计算贡献率。

$Contribut(:, 2) = \mathrm{cumsum}(Contribut(:, 1))$; %计算累积贡献率。

计算结果如下。从因子的累积贡献率可以看出前 2 个因子反映了原变量信息的 89.66%，概括了原数据集中的大部分信息；而四个因子的总贡献率 94.13%，表明尚有其他因子的存在。由因子载荷矩阵可以看到，第一因子反映了长距离比赛项目对用时的贡献较大，可定义为耐力因子；第二因子则表现出短距离比赛项目对用时的贡献更大，可定义为速度因子。

	1	2
1	50.4392	50.4392
2	39.2256	89.6648
3	3.7195	93.3843
4	0.7459	94.1303
5		
6		
7		
8		

	1	2	3
1	0.2786	0.9537	0.0
2	0.3857	0.8530	0.1
3	0.5339	0.7211	0.2
4	0.6679	0.5884	0.3
5	0.7852	0.5020	0.2
6	0.8963	0.3866	
7	0.9076	0.3966	
8	0.9132	0.2759	

通过因子的得分矩阵 F，可对各参赛队的速度与耐力进行评价：

	1	2	3
1	0.3346	-0.3592	0.7117
2	-0.5919	-0.3628	-0.8079
3	-0.8094	0.0859	1.5306
4	-0.7883	-0.1289	-1.0908
5	1.5520	-1.0326	-0.8627
6	0.1578	-0.7409	-1.8331
7	0.6036	0.4420	-1.2255
8	-0.2160	-0.8572	0.2386
9	0.1688	-0.4197	0.0394
10	-0.1039	0.1549	0.6196
11	-0.9116	0.1004	2.2114
12	2.1187	4.4239	-0.9657
13	-0.9348	1.6414	2.3246
14	-0.3043	-0.2818	-0.3047
15	-0.6594	0.3852	-0.1111
16	2.2877	-1.6473	-0.0924
17	-0.8430	0.1331	-0.9044
18	-0.1434	-1.0024	-0.6932
19	-0.5432	-0.8801	-0.3153

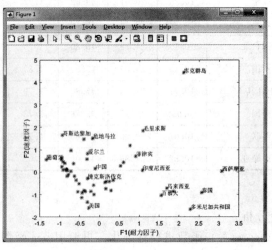

耐力因子（$F1$）得分越小表明耐力越好，速度因子（$F2$）得分越小表明速度越快。从各参赛队的因子得分来看，美国队偏速度型、葡萄牙偏耐力型，而中国队实力居中。

事实上，从此届运动会相关成绩来看，美国队获得了短跑项目的大多数奖牌，葡萄牙队摘取了马拉松赛项目的冠军。

自 1970 年 R. M. Wallace 首次应用因子分析法确定混合物中吸光物种数以来，在化学等领域有着广泛的应用，并陆续发展出了抽象因子分析、目标因子分析、秩消因子分析、渐进因子分析、平行因子分析等多种方法，为光谱数据解析、定性定量分析等诸多化学问题的解决提供了有力的分析工具。

因子分析法在大气污染源解析中也得到广泛的应用，其主要分析思路与步骤如下：

① 通过对收集到的降尘进行元素分析，获得各元素含量；

② 根据不同污染源所含的特征元素（已知资料），选取样本的数据集；

③ 对数据集进行因子分析，以因子累积贡献率确定因子数，即主要污染源数目；

④ 根据载荷矩阵分析各因子中最重要的元素贡献，结合富集因子判断元素来源（自然源或人为源）；

⑤ 对比不同污染源所含的特征元素并结合当地气候特征、生产生活环境特点等确定各因子所描述的污染源。

4.5 偏最小二乘分析及应用

（1）偏最小二乘特点

偏最小二乘（Partial Least Square，PLS）分析是从 PCA 方法发展而来的。与 PCA 方法的不同在于，PLS 方法同时考虑所提取的综合变量对 X 与 Y 的解释能力，从而使 PLS 的综合变量（又称 PLS 成分）具有以下特点：

① 有利于关联 X 与 Y 的重要特征信息，建立可靠性高的模型；

② 较好地解决了样本个数少于变量个数等问题；

③ 可用于多自变量对多因变量的回归建模。

由 PLS 所提取的综合变量还可以作为其他建模分析的输入，进一步拓展了 PLS 的应用。

（2）PLS 分析的基本步骤

① 分别对 X、Y 进行标准化；

② 分别从 X、Y 提取成分 t、u，尽可能多地携带各自重要的信息；

③ 保证 t 与 u 的相关程度能够达到最大；

④ 分别从 X、Y 减去主成分 t、u 后，提取下一个 PLS 成分。

同时满足②和③，意味着协方差 $\mathrm{cov}(t, u)$ 最大化；PLS 具体实现有多种算法。

提取出的 PLS 成分 t 如用于对 y 的线性回归，则称为偏最小二乘回归（Partial Least Squares Regression，PLSR）。

PLS 综合变量的提取数通常是以满足模型性能需要而设定，可依据成分 t 对 y 的累积贡献率、交互检验或 PLSR 模型的预测残差平方和等方法加以确定。

PLS 是集多元线性回归分析、典型相关分析、主成分分析等方法于一体的多元统计数据分析方法。自 1983 年由伍德（S. Wold）等人首次提出以来，在理论、方法和应用方面都得到了迅速的发展，是光谱多元定量校正中最常用的化学计量学技术之一，已被广泛应用于近红外、红外、拉曼、核磁和质谱等波谱定量模型的建立，几乎成为光谱分析中建立线性定量校正模型的通用方法。

MATLAB 平台中的 plsregress 函数的简单调用：
$$[XL,YL,XS,YS,BETA,PCTVAR]=\text{plsregress}(X,Y,ncomp)$$
式中　XL，XS，YL，YS——X 与 Y 的 PLS 成分之载荷矩阵、得分矩阵；
　　　　　　　$BETA$——PLSR 的回归系数；
　　　　　　　$PCTVAR$——第 1 行为对 X 的解释方差，第 2 行为对 Y 的解释方差；
　　　　　　　$ncomp$——提取的 PLS 成分数。
注意：该函数自动对 X 与 Y 进行中心化预处理

【例 4-13】　各种日用化妆品中，具有美白功效的成分主要有 Arbutin（AR）、Nicotin-amide（NA）、Kojic acid（KA）、Hydroquinone（HQ）及 Phenol（PHE）。出于安全考虑，前三种被限量使用而后两种被禁止添加。现采用 UV 测定法建立对这五种成分的定量模型。

解：

分子中电子能级跃迁的同时，也不可避免地伴随着振动能级与转动能级的跃迁。因此，紫外吸收光谱是多种跃迁产生的带状复合谱。当紫外光谱测量技术应用于多组分样本的分析时，常规的方法必须首先对混合物进行分离、提纯等样品预处理。采用 PLS 等化学计量学方法就有可能从混合物的紫外光谱中分离并提取出各目标组分的特征信息，进而实现多组分的同时定量分析。

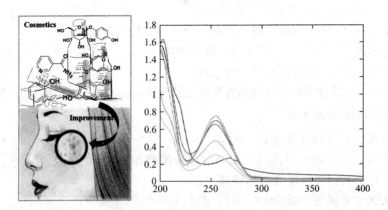

配制 36 个标准品混合样，通过 UV 测定（波长 400～200nm，间隔 1nm）获得 36×201 数据矩阵。因此，数据集中有 201 个原变量 x（光谱数据点）、5 个因变量（组分浓度）。所有样本被随机划分成训练集（27 个样本）和测试集（9 个样本）；训练集用于建立并校验线

性模型，测试集用于模型性能的外部验证。

PLS 回归分析：

基于训练集样本调用 plsregress 函数提取 10 个 PLS 成分，并计算成分 t 对浓度 c 的累积贡献率；根据累积贡献率随 PLS 成分数的变化，选取前五个 PLS 成分用于线性回归建模。

```
Command Window
>> [XL,YL,XS,YS,beta,PCTVAR] = plsregress(data,c,10);
>> plot(1:10,cumsum(100*PCTVAR(2,:)),'-bo');
>> xlabel('Number of PLS components');
>> ylabel('Percent Variance Explained in y');
>>
```

以 PLS 成分得分矩阵 XS 前五列对浓度 c 建立的 PLSR 线性模型，获得统计参数如下：

Analyte	Calibration			Cross-validation		Prediction	
	R^2	R_{adj}^2	$RMSE$	R_{cv}^2	$RMSE_{cv}$	R_p^2	$RMSE_p$
AR	0.9998	0.9996	0.2027	0.9992	0.4067	0.9970	0.5810
NA	0.9964	0.9962	0.2261	0.9930	0.3154	0.9884	0.3384
KA	0.9926	0.9922	0.2731	0.9849	0.3928	0.9972	0.3255
HQ	0.9970	0.9968	0.2317	0.9936	0.3316	0.9920	0.3728
PHE	0.9926	0.9922	0.5095	0.9813	0.8103	0.9940	0.5655

模型的统计参数表明，对混合标准样品建立的 PLS 线性回归模型的性能是令人满意的。该模型能否用于化妆品中五种目标物的定量分析，还需进行分析方法学的相关参数的表征，如加标回收率、精密度等。

4.6　多维校正简介

随着二阶及其以上分析仪器的出现，多维数据的获得越来越容易，反映的样本信息也更加丰富。在实际研究工作中，有时也会按某种因素的关联将已有数据矩阵组合在一起形成更高阶的数据矩阵，以便利用高维信息空间的优势实现复杂体系中多目标的同时定性定量分析，探究多因素间更复杂的变化规律。

为了应对高维数据分析的需求，人们又发展出了各种新的算法，并在实际应用中获得了满意的结果。如，由因子分析发展出了平行因子（PARAFAC）分析方法；从对一阶数据的 PLS 分析扩展到对二阶及其以上数据的多道-偏最小二乘（N-way PLS）分析；多元曲线分辨-交替最小二乘（MCR-ALS）法不仅可以处理一阶数据，还可对二阶图谱进行分析。湖南大学吴海龙教授团队发展了交替三线性分解（ATLD）等的系列算法，不但克服了传统分解算法中的诸多不足，而且推广到了三阶、四阶化学数据的分析。

化学计量学算法的核心在于以数学分离替代或部分替代样品的物理、化学分离，从而能够有效地提取分析目标的特征信息，不但可以简化样品复杂的预处理操作、优化实验条件，还可提高测定分析的精准性与时效性，有利于实现在线检测。

1. 如何理解化学计量学在化学及相关领域研究中的重要性？

2. 有人说"精密度是分析方法或模型可靠性的表征"。你怎么看？为什么？

3. 实验室平行测定一批样品中的硫含量（$m\%$）结果如下，请对此数据集进行基本描述。

3.706	3.046	3.695	3.034	3.766	3.490	3.709	3.680	3.119	3.340
3.032	3.097	3.317	3.439	3.795	3.446	3.755	3.655	3.498	3.585
3.277	3.823	3.950	3.382	3.187	3.646	3.276	3.163	3.960	3.224

4. 请利用偏相关系数对【例4-2】数据进行分析，并与相关系数分析结果进行比较。

5. 采用双波长分光光度法测定获得以下数据，请判定有无异常样本点。

双波长法分析原理：

$$\Delta A = A_{\lambda_1} - A_{\lambda_2} = (\varepsilon_{\lambda_1} - \varepsilon_{\lambda_2})bc = kc$$

式中，A 为吸光度；常数 k 为 $(\varepsilon_{\lambda_1} - \varepsilon_{\lambda_2})b$、$c$ 为目标组分浓度。

样本编号	1	2	3	4	5	6
浓度/($\mu g/mL$)	2.00	4.00	6.00	8.00	10.00	12.00
λ_1 吸光度	0.163	0.324	0.455	0.605	0.835	0.871
λ_2 吸光度	0.012	0.021	0.034	0.046	0.050	0.062

6. 电导法测定乙酸乙酯与氢氧化钠皂化反应的相关实验数据如下，求皂化反应的速率常数。

$$CH_3COOC_2H_5 + NaOH \xrightarrow{\quad\quad} CH_3COONa + C_2H_5OH$$
$$c_0 - x \qquad c_0 - x \qquad\qquad x \qquad\qquad x$$

对此二级反应有：

$$\frac{dx}{dt} = k(c_0 - x)(c_0 - x) \Rightarrow \frac{x}{c_0 - x} = kt + B$$

由反应体系的浓度与电导率呈线性关系有：

$$\frac{L_0 - L_t}{(L_t - L_\infty)c_0} = kt$$

t	L_t	t	L_t	t	L_t
\multicolumn{2}{c}{$c_0 = 9.96E-03$}		$L_0 = 2.50E+03$		$L_\infty = 1.00E+03$
0	2.50E+03	10	1.77E+03	35	1.38E+03
2	2.21E+03	15	1.59E+03	40	1.36E+03
4	2.05E+03	20	1.53E+03	50	1.30E+03
6	1.93E+03	25	1.47E+03	60	1.26E+03
8	1.84E+03	30	1.42E+03		

7. 实验测得二甲醚（DME）饱和蒸气压及对应温度的数据如下。请据此建立适当的经验关系式（函数形式不限），并采用交互检验对获得的模型进行评价。

序　号	温度/℃	蒸气压/MPa	序　号	温度/℃	蒸气压/MPa
1	−23.7	0.101	5	20	0.495
2	−10	0.174	6	30	0.662
3	0	0.254	7	40	0.880
4	10	0.359			

8. 从建模统计参数上看，【例 4-10】获得的主成分回归模型的性能好像不如【例 4-9】采用逐步回归建模的结果。为什么？如何改善？

9. Hald 水泥凝固放热实验测定数据如下，欲建立四组分的含量与放热的线性模型。请分别采用 MLR、Stepwise、PCA、FA、PLS 方法建模并对结果进行分析讨论。

编号	x_1	x_2	x_3	x_4	Q	编号	x_1	x_2	x_3	x_4	Q
1	7	26	6	60	78.5	8	1	31	22	44	72.5
2	1	29	15	52	74.3	9	2	54	18	22	93.1
3	11	56	8	20	104.3	10	21	47	4	26	115.9
4	11	31	8	47	87.6	11	1	40	23	34	83.8
5	7	52	6	33	95.9	12	11	66	9	12	113.3
6	11	55	9	22	109.2	13	10	68	8	12	109.4
7	3	71	17	6	102.7						

<h2>参考文献与扩展阅读</h2>

[1] 鲁绍曾. 国际通用计量学基本术语. 第二版. 北京：中国计量出版社，1993.

[2] 邵学广，蔡文生. 化学信息学. 第三版. 北京：科学出版社，2013.

[3] 俞汝勤. 化学计量学导论. 长沙：湖南教育出版社，1991.

[4] 毛泽东. 实践论（毛泽东选集，第一卷）. 北京：人民出版社，1991.

[5] 杜一平，潘铁英，张玉兰. 化学计量学应用. 北京：化学工业出版社，2008.

[6] 朱嘉欣，包雨恬，黎朝. 数据离群值的检验及处理方法讨论. 大学化学，2018.33（8）：58-65.

[7] 郭纯孝. 计算化学. 北京：化学工业出版社，2004.

[8] 徐抗成. Excel 数值方法及其在化学中的应用. 兰州：兰州大学出版社，2000.

[9] 李梦龙，文志宁，熊庆. 化学信息学. 北京：化学工业出版社，2011.

[10] Brereton R. G.，Chemometrics：Data Analysis for the Laboratory and Chemical Plant［M］，2003. John Wiley & Sons，Ltd.

[11] 赵凯，王宗花. 小波变换及其在分析化学中的应用. 北京：地质出版社，2000.

[12] 王惠文. 偏最小二乘回归方法及其应用. 北京：国防工业出版社，1999.

[13] 潘忠孝. 化学因子分析. 合肥：中国科学技术大学出版社，1993.

[14] 刘建鑫，问鼎，侯绿原. 大气污染物源解析技术模型及应用. 环境保护与循环经济，2015.35（01）：38-41.

[15] Kumar K.，Mishra A. K.，Parallel factor（PARAFAC）analysis on total synchronous fluorescence spectroscopy（TSFS）data sets in excitation-emission matrix fluorescence（EEMF）layout：Certain practical aspects［J］. Chemometrics and Intelligent Laboratory Systems，2015. 147：121-130.

[16] Kumar K.，Mishra A. K.，Multivariate curve resolution alternating least square（MCR-ALS）analysis on total synchronous fluorescence spectroscopy（TSFS）data sets：Comparing certain ways of arranging TSFS-based three-way array［J］. Chemometrics and Intelligent Laboratory Systems，2015. 147：66-74.

[17] Jaumot J.，de Juan A.，Tauler R.，MCR-ALS GUI 2.0：New features and applications［J］. Chemometrics and

Intelligent Laboratory Systems，2015. 140：1-12.

[18] Haddi Z.，Mabrouk S.，Bougrini M.，Tahri K.，Sghaier K.，Barhoumi H.，El Bari N.，Maaref A.，Jaffrezic-Renault N.，Bouchikhi B.，E-Nose and e-Tongue combination for improved recognition of fruit juice samples [J]. Food Chemistry，2014. 150：246-253.

[19] Karapanagiotis I.，Mantzouris D.，Cooksey C.，Mubarak M. S.，Tsiamyrtzis P.，An improved HPLC method coupled to PCA for the identification of Tyrian purple in archaeological and historical samples [J]. Microchemical Journal，2013. 110：70-80.

[20] Baum A.，Hansen P. W.，Meyer A. S.，Mikkelsen J. D.，Simultaneous measurement of two enzyme activities using infrared spectroscopy：A comparative evaluation of PARAFAC，TUCKER and N-PLS modeling [J]. Analytica Chimica Acta，2013. 790：14-23.

[21] Yin X. L.，Wu H. L.，Gu H. W.，Hu Y.，Xia H.，Wang L.，Yu R. Q.，Second-order calibration method applied to process three-way excitation-emission-kinetic fluorescence data：A novel tool for real-time quantitative analysis of the lactone hydrolysis of irinotecan in human plasma [J]. Chemometrics and Intelligent Laboratory Systems，2015. 146：447-456.

[22] Xiang S. X.，Wu H. L.，Kang C.，Xie L. X.，Yin X. L.，Gu H. W.，Yu R. Q.，Fast quantitative analysis of four tyrosine kinase inhibitors in different human plasma samples using three-way calibration-assisted liquid chromatography with diode array detection [J]. Journal of Separation Science，2015. 38（16）：2781-2788.

[23] 宋振国，侯长军，罗小刚等. 基于比色传感器阵列的农残检测系统设计. 传感器与微系统，2015. 34（9）：97-99，103.

[24] Na N.，Liu H. Y.，Han J. Y.，Han F. F.，Liu H. L.，Ouyang J.，Plasma-Assisted Cataluminescence Sensor Array for Gaseous Hydrocarbons Discrimination [J]. Analytical Chemistry，2012. 84（11）：4830-4836.

[25] Zhai H. L.，Li B. Q.，Chen J.，Wang X.，Xu M. L.，Liu J. J.，Lu S. H.，Chemical image moments and their applications [J]. TrAC-Trends in Analytical Chemistry，2018. 103：119-125.

第 5 章

试验设计与优化

本章要点

1. 试验设计的目的与意义。
2. 常用的单因素优选法。
3. 正交试验设计方法及结果分析。
4. 均匀试验设计方法及结果分析。

在科学研究中，经常需要通过试验选取最优化的条件组合来获得优质、高产、高效、低耗的生产方案。因此，科学地进行试验设计是非常重要的。

5.1　试验设计基础

试验设计以概率论、数理统计及线性代数为理论基础，科学地、经济地安排试验方案，正确地分析试验结果，以便尽快获得最优化实验方案。试验设计中有三个基本概念，"指标"，试验目标的表征；"因素"，试验中可控的变量；"水平"，因素的取值（状态）。

试验设计往往包括三个阶段，即方案设计、试验实施和结果分析：

① 在方案设计阶段，要明确试验的目的，即明确试验需要达到什么目标，考核的指标和要求是什么，影响指标的主要因素有哪些以及因素变动的范围是什么，制定出合理的试验方案；

② 在实施实验阶段，根据试验方案进行试验，获得可靠的试验数据；

③ 在结果分析阶段，采用多种方法对试验测得的数据进行科学分析，找出考察的因素中，哪些是主要的，哪些是次要的，对指标产生和波动范围作出估计，最终确定最优化的因素、水平组合。

通常的试验分为单因素和多因素试验。

最早的试验设计思想是 20 世纪初英国统计学家费舍尔（R. A. Fisher）在进行

农田试验时提出来的。在 20 世纪 30 年代，英国、美国和苏联将试验设计推广到了工、矿、医药等领域和行业，取得了较为显著的经济效益。二次大战以后，日本引入了这一技术，以田口玄一（G. Taguchi）博士为代表的一批研究人员，在改进已有试验设计技术基础上，创造了"正交试验设计"方法。这一方法在日本的工业界得到了迅速推广并取得了巨大的经济效益。如电讯研究所研制"线形弹簧继电器"，运用了正交试验设计技术，对数十个特性值的 2000 多个变量进行研究，经过七年努力，制造出的先进产品以几美元的单价带来了总值几十亿美元的利益；甚至在几年之后，他们的竞争对手美国西方电器公司（Western Electric）不得不宣布停产，转而引进日本的这种继电器。当前，正交试验技术在日本已成为工程技术界的必备专业知识。

此后，田口玄一博士在 1957 年和 1978 年分别提出了"信噪比试验设计"和"产品的三次设计"方法，把正交试验设计、方差分析与产品的质量、价格相联系，开辟了更为广泛的应用领域，成为日本在二次大战后工业生产得到飞速发展的原因之一，也是日本的电子产品能够打入美国市场，畅销世界各国的秘诀之一。因此，正交设计技术在日本具有"国宝"的美誉。美国也在 1983 年成立了专门的机构 AST 来研究推广该方法，例如贝尔公司的集成电路生产使用正交设计后，成品率从 20% 提升到 80%，轰动了整个美洲。美国威斯康星大学一次就申请到了 87 万美元的试验设计研究资助基金。

我国从 20 世纪 50 年代后期开始，在著名统计学家许宝禄教授的倡导下，开始深入研究试验设计技术。20 世纪 60 年代末，中国科学院统计数学研究室在"正交试验设计"的理论方法上有所创新，创立了简单易懂的正交试验设计法。自 20 世纪 70 年代以来，国内在研究和推广正交试验设计方面有了很大的进步，解决了大量的科研和生产关键问题。如北京化学工业总公司，自 1978 年开始，正交试验设计已在焦化染料、有机合成、高分子材料、涂料试剂、助剂、金属表面处理、橡胶加工以及精细化工行业等领域得到了大力推广应用，当年取得的收益就累计达到 1500 多万元。中国船舶总公司 1981 年到 1984 年，上报相关成果达到一千三百多项，其中重大成果占 300 多项，取得的收益达 700 多万元。仅在上海地区，从 1978 年到 1984 年，有 227 家单位采用了正交试验设计方法，其中在 103 家单位取得了显著成效。上海高压油泵厂生产的 32MPa 高压轴向柱塞泵经常发生异常发热的质量问题，通过正交试验设计找到了最佳参数组合，成品合格率从原来的 69% 提升到了 90%。到 20 世纪 70 年代末，又出现了两个具有影响力的试验设计方法，即 M. D. Mckay 等提出的拉丁超立方体抽样方法和中国科学院王元院士和方开泰研究员于 1978 年提出的均匀设计方法。均匀设计的提出，当时是为了解决导弹弹道系统的指挥仪设计问题，该问题是一个 5 因素多水平的试验，而由于试验经费限制，试验次数又要求不超过 50。均匀设计的优点是可以使用较少的试验点来获得最多的信息，该理论迅速发展并推广，得到了国际上的广泛认可。

5.2 单因素优选法

在科学研究和生产试验中，如果只考虑一个对目标影响最大的因素，而不考虑其他因素，那么这个问题被称为单因素问题。通过对这个因素的优化选择，尽量减少试验次数来确定达到目标的最佳点的方法，则称为单因素优选法。

5.2.1 均分法

均分法是最简单的单因素优选法，即在单因素的试验范围内，根据精度要求和实际情况均匀安排试验点，而后比较得出各个试验点的最佳值。该方法适用于对目标函数性质未知的情况，对因素的所有试验的范围进行普查，试验的精度与试验点个数成正比。

5.2.2 对分法（平分法）

如果研究目标在因素的试验范围内是单调函数（连续单调或者间断单调函数均可），要找出满足一定条件的最优点，对分法是可选用的最为简单方便的方法。

对分法的试验过程是每一次在试验范围的中点安排试验，根据试验结果判断，如果试验结果在范围较高值较好，则将此试验中点以下的范围划去，并确认新的试验范围；如果试验结果在范围较低值较好，则将试验中点以上的范围划去，以形成新的试验范围。重复上面的试验，直到得到最优点。

5.2.3 黄金分割法

黄金分割法是指将长度为 L 的线段分为两部分，其中一部分长度与全部长度之比等于另一部分长度对该部分长度之比，这一比例为 $(\sqrt{5}-1)/2 \approx 0.618$，因此黄金分割法又称为 0.618 法。

> 黄金分割数事实上是一个无理数，经常被用于多种方面，比如绘画、雕塑、植物、建筑、宇宙、军事、数学等。人体上的诸多重要器官也存在于黄金分割点上，如肚脐、咽喉、膝盖、肘关节、鼻子等。

在试验范围 $[a, b]$ 内的 0.618 和 0.382 处的对称点分别得到试验结果 $f(x_1)$、$f(x_2)$，根据结果留下较好点所在区域，去掉另一区域；再在余下的范围内重复此方法寻找逼近最优点。黄金分割法要求试验研究的目标函数 $f(x)$ 为单峰函数，即在试验范围内有一个最优点 d，距离 d 越近 $f(d)$ 值越好，反之越差。现实中，很多实际问题都符合这一要求。

【例 5-1】 合成反应温度的优化。

乙醇与苯在某分子筛催化剂作用下可一步合成乙苯，其反应温度与收率初步试验结果为 340℃（10.98%）、420℃（15.13%）。现需确定最佳反应温度。

解：

第一步：$\quad\quad\quad\quad$ $(420-340) \times 0.618 + 340 \approx 390$ 收率 16.5%

$\quad\quad\quad\quad\quad\quad\quad\quad$ $(420-340) \times 0.382 + 340 \approx 370$ 收率 15.4%

390 处较好，舍去 [340，370)，新区间为 [370，420]。

第二步： $(420-370) \times 0.618 + 370 \approx 400$ 收率 17.1%

400 处较好，舍去 [370，390)，新区间为 [390，420]。

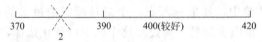

第三步： $(420-390) \times 0.618 + 390 \approx 410$ 收率 16.0%

400 处较好，舍去 (410，420]，新区间为 [390，410]。

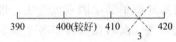

最后最佳反应温度确定为 400℃。

在函数图形相对复杂的情况下（图 5-1），对分法有可能直接去掉最优值所在的范围，而黄金分割法则可以相对更精确地逼近最优点。

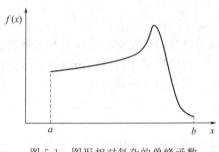

图 5-1　图形相对复杂的单峰函数

5.2.4　分数法（斐波纳契数列法）

分数法适用于试验要求预先给出试验总数，或已知试验范围与精确度预估出试验总数，或试验点只能取整数的情况，此时，分数法比 0.618 法更方便，同样适用于单峰函数。在介绍分数法之前，我们先了解一下斐波那切数列的概念。

斐波纳切数列：1、1、2、3、5、8、13、21、34、55、89、…满足以下递推关系：
$$F_n = F_{n-1} + F_{n-2}(n \geqslant 2)，且 F_0 = F_1 = 1$$

当 $n \to \infty$ 时，$F_n/F_{n+1} \approx 0.618$，即为黄金分割比例。

分数法实施时需要先确定总试验次数 m 以对应 $F_n - 1$ 的值，分为以下两种情况。

① 当 $m = F_n - 1$ 的时候，将预设试验从 0 开始编号，直到 F_n 号，第一个可能的试验对应编号 1，最后一个可能的实验对应编号 m，直接将前两个试验点放置在试验范围的 F_{n-1}/F_n 和 F_{n-2}/F_n 的位置。

② 若 $F_{n-1} - 1 < m < F_n - 1$，在范围一端或两端加虚拟点或减少预设点以满足①的要求，并按照（1）执行设定前两个实验点的位置。

而后，比较这两个试验点的结果，如果 F_{n-1} 点较好，则去掉 F_{n-2} 点以下的范围；反之，去掉 F_{n-1} 点以上的范围。

在留下的试验范围内，还剩下 $F_{n-1} - 1$ 个试验点，对这些试验点重新从 0 开始编号，其中第 F_{n-2} 和 F_{n-3} 个分点，有一个刚好是留下来的好点，另一个是下一步要做的新试验点；两点比较后，循环重复上一步的做法，每次去掉坏点一端的较短范围，留下包括好点在内的较长一段范围，直到试验范围内没有应做的好点为止。

可以发现，使用分数法进行试验，在 $F_n - 1$ 个可能的试验中，最多只需要做 $n-1$ 次试验就可以找到它们当中的最好点。在试验过程中，如果遇到一个已满足要求的好点，可以选择停止试验，不再做后续试验。这样，可以根据可能比较的实验数目，快速确定实际要做的试验数，或是在客观条件限制下能做的试验数。比如如果最多只做 k 个试验，就把试验范

围分为 F_{k+1} 等份，这样所有可能的试验点数就是 $F_{k+1}-1$；按照分数法，最多只需要做 k 个试验就可得到最高精密度的最优结果。

【**例 5-2**】 假设某混凝沉淀试验，所用的混凝剂为阳离子型聚合物与硫酸铝。硫酸铝的投入量恒为 10mg/L，而阳离子聚合物的可能投加量分别为 0.10mg/L、0.15mg/L、0.20mg/L、0.25mg/L、0.30mg/L，试用分数法来安排试验，确定最佳阳离子聚合物的投加量。

解:

根据题意可知，可能的试验次数为 5 次，由斐波纳契数列可知：
$$F_4-1=4<5<F_5-1=7$$

第一步：当试验次数不是刚好等于某一个 $F_{n-1}-1$ 数值时，需要考虑增删试验点，因为此处只有 5 个试验点，没有很好的依据删除某一个试验点使其等于 $F_4-1=4$。此处考虑在两端增加两个虚拟试验点，使可供选择的试验点总数达到 $F_5-1=7$ 个。如图 5-2 所示。

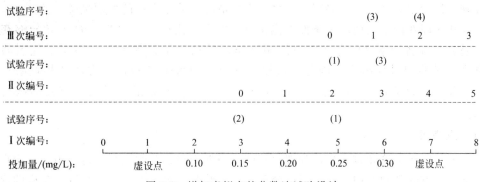

图 5-2 增加虚拟点的分数法试验设计

第二步：根据分数法规则，确定第（1）个实验点在 $F_4=5$ 个试验点处，即 0.25mg/L 处，第（2）个实验点在 $F_3=3$ 个试验点，即 0.15mg/L 处。若 0.25 处结果较好，则舍去第 3 个试验点以下的部分。

第三步，对剩下的试验重新编号，再将 $F_3=3$ 作为第（3）个试验点，比较（1）、（3）两点，假设（3）号较好，则舍去 2 点以下的部分。

第四步，再次对剩下的试验重新编号，此时，第（4）次试验点为虚拟点，默认它的效果比另外一点（3）差，则认为（3）点最好。试验结束，确定最佳阳离子聚合物的最佳投加量为 0.30mg/L。

分数法是直接针对预设试验编号值进行最优点的搜索，预设的 m 次试验中单因素的取值只需由小到大进行排列，也可根据精度等实际情况灵活安排，无等距要求，可以预知总试验次数。

5.2.5 其他方法介绍

除了以上介绍的单因素优选法外，还有抛物线法、分批实验法等。

黄金分割法和分数法都是仅比较两个试验结果的好坏。根据已得到的三个试验数据，建立这三点的抛物线方程，然后求出该抛物线的极大值，作为下次试验的根据，这种方法称为抛物线法。而后比较得到的数据，将更好的三个点建立新的抛物线方程，如此循环，直到找到函数的极大点（或充分临近的点）为止。

此外，在日常生产和科研中，为了加快大批量试验的进行，也常采用一批同时做几个试验的方法，称为分批实验法。可以按照均分原则或者比例分割的原则将试验分批次后，再用平分法、黄金分割法或者分数法来试验。

以上试验方法都主要适用于单峰函数，如果实验目标存在"多峰"的情况，可以考虑先做一批分布比较均匀、疏松的试验，看它是否有"多峰"现象。如果有，则在每个可能出现"高峰"的范围内使用黄金分割等办法进行试验，把这些"峰"找出来。

5.3 正交试验设计

5.3.1 正交试验设计概述

在现实试验中，往往涉及多因素和多水平的情况。采用穷举的方法试验次数过多；如单因素轮换法，即在固定其他因素条件下优化单一因素，往往工作量较大且未必能够获得最优值，特别是在各因素之间存在较强的相互作用的情况下，各个单一因素最优点的简单组合并非是试验的最优组合。因此，选用其他更为有效的试验设计方法就势在必行。其中，正交试验设计方法（Orthogonal Experimental Design）是最为常用和有效的试验设计方法之一。

（1）正交表

正交表是以概率论和数理统计为理论基础，根据均匀分散的思想，运用组合理论在拉丁方和正交拉丁方的基础上构建的，可以合理安排试验并可对数据结果进行统计分析的规格化表格，帮助人们只进行少量的代表性很强的若干次试验就能找到最佳的工艺条件或设计参数、因素间的主次关系等，并给出进一步试验的方向。正交表由数理统计学家精心编制，使用者只需根据实际需要进行选用。

在试验中，正交表常被写成二维表格，其中的行是试验编号，列是因素编号。根据各个因素研究的水平数可能不同，正交表又可分为等水平正交表和混合水平正交表。

等水平正交表，即每个因素研究相同的水平数的正交表，可以简记为：

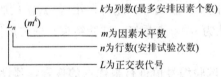

例如，$L_9(3^4)$ 为 4 因素 3 水平的正交表（表 5-1）。

表 5-1 正交表 $L_9(3^4)$

试验号 \ 列号	1	2	3	4
1	1	1	1	1
2	1	2	2	2
3	1	3	3	3
4	2	1	2	3
5	2	2	3	1

列号 试验号	1	2	3	4
6	2	3	1	2
7	3	1	3	2
8	3	2	1	3
9	3	3	2	1

正交表具有以下两个性质：

① 表中的任一列，各水平都出现，且出现的次数相等；

② 任两列之间各种不同水平搭配中，所有可能的组合都出现，且出现的次数相等。

这两个性质合称为"正交性"，即保证了试验点在全面试验中的排列整齐、规律，具有很强的代表性，即"整齐可比，均匀分散"的性质。

当各因素根据实际需要，可能选择不同的研究水平数来进行试验时，须选用混合水平正交表。其中最常用的两种水平的正交表，记为：

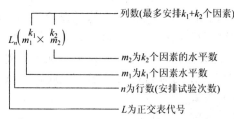

其中，当 k 或 k_1、k_2 为 1 时，可以省略。

例如：$L_8(4 \times 2^4)$ 为一个具有 8 行 5 列（1+4）的正交表，其中，1 个因素研究 4 个水平，4 个因素研究 2 个水平，可选用的混合水平正交表如下（表 5-2）。

表 5-2 正交表 $L_8(4 \times 2^4)$

列号 试验号	1	2	3	4	5
1	1	1	1	1	1
2	1	2	2	2	2
3	2	1	1	3	2
4	2	2	2	2	1
5	3	1	2	1	1
6	3	2	1	2	2
7	4	1	2	2	2
8	4	2	1	2	1

混合水平正交表也满足上述提到的"正交性"的要求。

如果所有试验因素之间彼此独立，不会互相影响，则称之为无交互作用。此时，各因素可在正交表中按照任意顺序排列。但在实际试验中，某些因素是互相制约、互相联系的，即在试验中不仅因素起作用，而且这种因素间的联合也起作用，称之为交互作用。

在进行具有交互作用的试验设计时，交互作用须作为新的因素，另行独占正交表中的列；并且，因素和交互作用项在正交表中的位置就不能随机安排了，必须根据与该正交表对应的"交互作用列表"来安排因素（包括交互作用项）所占的列号，以确定正交表的表头。例如，表 5-3 为正交表 $L_8(2^7)$ 的交互作用列表。

表 5-3　$L_8(2^7)$ 的交互作用列表

列号＼列号	1	2	3	4	5	6	7
1	(1)	3	2	5	4	7	6
2		(2)	1	6	7	4	5
3			(3)	7	6	5	4
4				(4)	1	2	3
5					(5)	3	2
6						(6)	1
7							(7)

表 5-3 中所有的数字都是正交表 $L_8(2^7)$ 中的列号。若要查正交表 $L_8(2^7)$ 中第 1、2 列因素的交互作用项，可从表 5-3 中找到第一行与第二列的交叉点，数字为 3，则表示正交表 $L_8(2^7)$ 中第一列和第二列两因素的交互作用项应安排在第三列。依此类推。

当试验要考察因素间的交互作用时，表头设计的原则是不能产生"混杂"，即如果在第三列安排了因素 A 与因素 B 的交互作用，就不能在第三列再安排其他因素，否则就无法区分该因素对指标的影响就与交互作用对指标的影响。因此，在试验时，交互作用要单独占列，其所在列不能再安排其他因素。

综上，正交表的表头设计原则总结如下。

① 在进行正交表的表头设计时，若无交互作用项，则因素占列可随意安排；但存在交互作用项时，各因素及其交互作用不能任意安排，必须严格按交互作用列表进行安排。这是有交互作用正交试验设计时的一个重要特点，也是关键的一步。

② 在表头设计中，为了避免混杂，主要因素、重点要考察的因素和涉及交互作用较多的因素，应该优先安排；而其他次要因素，不涉及交互作用的因素后安排。

③ 应该避免混杂现象。

（2）**正交试验设计的基本步骤**

正交试验设计总体来讲包括两部分：试验设计与数据处理。基本步骤归纳如下。

1）明确试验的目的与要求，确认试验指标

任何试验都是为了达到某一目标或者解决某一问题而进行的，所以明确试验目的和要求是所有试验设计的基础。

试验指标是指表征试验结果的变量。

2）选因素、定水平

在实际试验中，可能影响试验指标的因素很多，但由于试验条件限制，不可能全面考察，所以应对实际问题进行具体分析，并根据试验目的，略去次要条件，以减少考察的因素数。当然，如果对问题了解不够，可以考虑多选择一些因素，一定要包括所有可能对实验结果有较大影响的因素。

确定因素的水平数时，首先尽可能使因素的水平数相等，方便后期的数据处理。一般因素的水平数以 2～4 个为宜，而对主要考察的试验因素，可以多取水平，但不宜过多（≤6），否则试验次数骤增。

因素和水平的选择需要依靠专业知识和实践经验来确定，是正交设计是否能够成功完成的关键。

3）自由度的确定与正交表的选用

自由度的确定如下。

① 正交表的总自由度 f_T＝试验次数－1

② 正交表每列的自由度 $f_列$＝此列水平数－1

$$因素 A 的自由度 f_A＝因素 A 的水平数－1$$

$$因素 A、B 间交互作用的自由度 f_{A×B}＝f_A×f_B$$

正交表的选用必须遵循的原则如下。

① 正交表的水平数应等于试验因素的水平数。如各因素全是 3 水平，就选择 $L_n(3^m)$ 的正交表；若各因素水平数不同，就选择适用的混合水平正交表。

② 正交表的列数不小于各因素（包括交互作用、所需空列）总列数。需要特别注意的是当某因素的自由度大于列的自由度时，该因素须占用多列。

③ 正交表的试验次数不小于应安排的试验最少次数，即正交表总自由度不小于考察因素及交互作用的自由度总和：

$$f_T \geqslant f_A＋f_B＋f_C＋\cdots＋f_{A×B}＋f_{B×C}＋f_{A×C}＋\cdots$$

正交试验的最少次数为：考察因素及交互作用的自由度总和＋1。

> 正交表的选择原则是在能够安排下试验因素和交互作用的前提下，尽可能选用较小的正交表，以减少试验次数。

4）确定方案并实施，对结果做统计分析

正交表填写完成后，每一行就对应着一个试验方案，即各因素的水平组合。

如果在试验过程中有可能存在使用不同机器或原料得到数据具有误差而干扰试验的分析问题，可由正交表中的空白列反映这些误差的影响。

因素水平的排列顺序最好随机化，而非严格按数值由小到大。否则，在正交设计安排中，容易碰到所有因素的极值水平遇到一起的极端性试验的情况，往往可能出现不可控的安全隐患或者得到没有实际意义的结果。

试验的次序无需完全按照行号进行，可随机选择某一方案进行试验，但必须严格按照正交表做完所有试验。

对于正交试验结果的分析，通常采用两种方法：一种是直观分析法；另一种是方差分析法。通过试验结果分析可以得到因素的主次顺序、因素显著性以及最佳试验方案等有用信息。而后可以对最佳试验方案进行试验验证，以保证最优方案的可行性。

5.3.2　正交试验设计结果的直观分析法

直观分析法又称为极差分析法，涉及两个重要考察指标，分别为效应值 k 和极差 R。

效应值 k 是指某因素在某个水平下获得的试验指标平均值，反映了该因素的不同水平对试验指标影响的大小。如：

$$k_{A_1}＝(y_{11}＋y_{12}＋y_{13}＋\cdots＋y_{1n})/n_1$$

式中，n_1 为 A 因素 1 水平下的试验次数；y 为 A 因素在 1 水平下各次的实验指标值。

极差 R 指的是某因素的效应值 k 的最大变化量（极差），反映了该因素对试验指标的影响程度。如：

$$R_A = \max\{k_{A_1}, k_{A_2}, k_{A_3}\cdots\} - \min\{k_{A_1}, k_{A_2}, k_{A_3}\cdots\}$$

通过将极差 R 由大到小排列，可以得到因素对试验指标的影响程度排序。通过对同一因素不同水平的效应值 k 排序，可以得到特定因素下不同水平对试验指标的影响排序。即极差 R 的数值大小反映该因素的重要性，效应值 k 的大小反映某因素在该水平的重要性。

（1）单指标无交互作用的正交试验设计及其结果的直观分析

【例 5-3】 某工厂为提高农产品综合利用价值，从废弃的洋葱皮中提取总黄酮。为获取较高的产率，欲通过正交试验确定各影响因素的主次顺序和最佳工艺条件，不考虑因素间的相互作用。在初步实验基础上，以乙醇-水体系为提取剂，选取 4 个主要因素：

因素 水　平	A 乙醇浓度/%	B 提取温度/℃	C 料液比	D 浸提时间/h
1	60	60	1∶15	1.5
2	70	70	1∶20	2.0
3	80	80	1∶25	2.5

解：

这是一个四因素三水平的正交试验，不考虑交互作用，可直接选用 $L_9(3^4)$ 正交表，直接按照方案实施，结果如下。

因素 试验号	A 乙醇浓度/%	B 提取温度/℃	C 料液比	D 浸提时间/h	试验指标 黄酮产率/%
1	1(60)	1(60)	1(1∶15)	1(1.5)	3.22
2	1	2(70)	2(1∶20)	2(2.0)	4.14
3	1	3(80)	3(1∶25)	3(2.5)	3.51
4	2(70)	1	2	3	3.79
5	2	2	3	1	4.06
6	2	3	1	2	3.47
7	3(80)	1	3	2	3.59
8	3	2	1	3	4.40
9	3	3	2	1	4.31

1）计算效应值 k 及极差 R

对于 A 因素 1 水平有：$k_{A_1} = (y_1 + y_2 + y_3)/3 = (3.22 + 4.14 + 3.51)/3 = 3.62$

对于 A 因素 2 水平有：$k_{A_2} = (y_4 + y_5 + y_6)/3 = (3.79 + 4.06 + 3.47)/3 = 3.77$

对于 A 因素 3 水平有：$k_{A_3} = (y_7 + y_8 + y_9)/3 = (3.59 + 4.40 + 4.31)/3 = 4.10$

对于 A 因素，极差 $R_A = k_{A_3} - k_{A_1} = 0.48$

依此类推，最后得到以下结果：

因素 试验号	A 乙醇浓度/%	B 提取温度/℃	C 料液比	D 浸提时间/h
k_1	3.62	3.52	3.70	3.86
k_2	3.77	4.20	4.08	3.73

试验号 \ 因素	A 乙醇浓度/%	B 提取温度/℃	C 料液比	D 浸提时间/h
k_3	4.10	3.76	3.72	3.90
R	0.48	0.67	0.38	0.17
因素主次顺序	BACD(按照极差从大到小排列)			
最优组合条件	$A_3B_2C_2D_3$(选择每个因素对应效应值最大的水平)			

根据正交设计的特性，对因素 A 的三个水平 A_1、A_2、A_3 来说，三组试验的试验条件是完全一样的（综合可比性），可进行直接比较。如果因素 A 对试验指标无影响时，那么效应值 k_{A_1}、k_{A_2}、k_{A_3} 应该相等，但由上面的计算可见实际上不相等。这说明，A 因素的水平变动对试验结果有影响。因此，根据 k_{A_1}、k_{A_2}、k_{A_3} 值的大小可以判断水平 A_1、A_2、A_3 对试验指标的影响大小：

$A_3 > A_2 > A_1$，同理，$B_2 > B_3 > B_1$，$C_2 > C_3 > C_1$，$D_3 > D_1 > D_2$

根据极差 R 可以看出各因素：

$$B(0.67) > A(0.48) > C(0.38) > D(0.17)$$

所以，因素对试验结果的影响顺序为：$B > A > C > D$

2）验证试验方案的选取

对主要因素，选试验指标最好的水平，在本例中 B 选 B_2，A 选 A_3，C 选 C_2。

对次要因素，以节约方便原则选取水平（用时较少、经济上更节约等原则），本例中可考察 D_1 和 D_3，验证试验结果如下：

试验号	试验条件	黄酮产率/%
1	$A_3B_2C_2D_3$	4.44
2	$A_3B_2C_2D_1$	4.43

本着节约时间的原则且黄酮产率接近，最终确定的最优生产条件为 $A_3B_2C_2D_1$，即乙醇浓度 80%、浸提温度 70℃、料液比 1:20、浸提时间 1.5h。

（2）单指标有交互作用的正交试验设计及其结果的直观分析

判断两个因素 A、B 是否有交互作用，可以各选取这两个因素的两种水平：A_1、A_2 和 B_1、B_2，共四种水平组合分别各做一次试验。若试验结果如下表所示，当 A 因素由 A_1 水平到 A_2 水平变化时，因为因素 B 水平 B_1 和 B_2 的参与，试验指标变化趋势相反，因此可见，A 因素的水平变化对试验指标的影响会受到 B 因素水平变化的干扰，因此 A、B 两个因素是有交互作用的。这一点也可以从趋势图（图 5-3）中直观看出，两条直线是明显相交的，这是交互作用很强的一个表现。

如果二者的变化趋势图如图 5-4 所示，A 或 B 因素对实验指标的影响与另一个因素的水平取值无关，则二者是互相平行的。但由于试验误差的存在，如果二者的直线是近似平行的，我们也可以认为两因素无交互作用或者交互作用较小，可以忽略不计。

	A_1	A_2
B_1	25	35
B_2	30	15

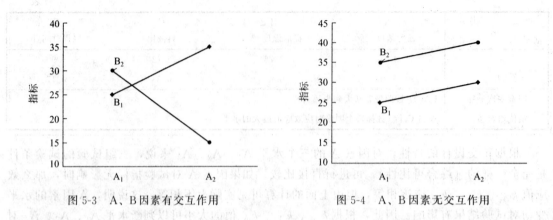

图 5-3　A、B 因素有交互作用　　　　图 5-4　A、B 因素无交互作用

【例 5-4】　使用原子吸收分光光度计测定食品中的铅含量，希望测定的吸光度较大以提高测定的灵敏度。为提高吸光度，对 A（灰化温度/℃）、B（原子化温度/℃）和 C（灯电流/mA）三个因素进行考察，并考虑交互作用 A×B、A×C。各因素及水平如下所述。试进行正交试验，找出最优水平组合。

水平	A(灰化温度/℃)	B(原子化温度/℃)	C(灯电流/mA)
1	300	1800	8
2	700	2400	10

解：

这是一个三因素二水平、两个交互作用的试验。因此，这是一个至少五因素二水平的试验。可选择满足这一要求的最小正交表 $L_8(2^7)$ 来安排试验。

由于有交互作用，因素的安排不能随机，需要考虑交互作用的表头设计位置，因此要查询 $L_8(2^7)$ 对应的交互作用表（表 5-3）来确定因素在列上的位置。查询表 5-3 可知，可将 A、B、C 依次安排在 1、2、4 列，而交互作用 A×B、A×C 分别安排在第 3 和第 5 列。

根据以上安排试验并实施，得到实验及分析结果，如下，K_i 与 k_i 的关系为 $k_i = K_i/n_i$。

试验号	因素 1 A	2 B	3 A×B	4 C	5 A×C	6 空列	7 空列	吸光度 y_i
1	1	1	1	1	1	1	1	0.484
2	1	1	1	2	2	2	2	0.448
3	1	2	2	1	1	2	2	0.532
4	1	2	2	2	2	1	1	0.516
5	2	1	2	1	2	1	2	0.472
6	2	1	2	2	1	2	1	0.480
7	2	2	1	1	2	2	1	0.554
8	2	2	1	2	1	1	1	0.552
K_1	1.980	1.884	2.038	2.042	2.048	2.024	2.034	
K_2	2.058	2.154	2.000	1.996	1.990	2.014	2.004	

因素 试验号	1 A	2 B	3 A×B	4 C	5 A×C	6 空列	7 空列	吸光度 y_i
k_1	0.4950	0.4710	0.5095	0.5105	0.5120	0.5060	0.5085	
k_2	0.5145	0.5385	0.5000	0.4990	0.4975	0.5035	0.5010	
极差 R	0.0195	0.0675	0.0095	0.0115	0.0145	0.0025	0.0075	
因素主次顺序	B A A×C C A×B							

从以上结果来看，如果不考虑交互作用，则指标 A、B 越大越好，可以得到最优方案为 $A_2B_2C_1$。但根据上面结果来看，交互作用 A×C 比因素 C 对试验指标的影响更大，因此确定 C 的优水平，要按照因素 A、C 两个水平搭配好坏来确定。两因素的搭配对应指标情况表如下。

因素	A_1	A_2
C_1	$(y_1+y_3)/2=0.508$	$(y_5+y_7)/2=0.513$
C_2	$(y_2+y_4)/2=0.482$	$(y_6+y_8)/2=0.516$

比较上表中的四个值，0.516 最大，取 A_2C_2 较好。所以确定的优选方案应为 $A_2B_2C_2$。可以看出，是否考虑交互作用，得到的最优方案是不同的，这证明了交互作用对试验结果的影响。此处另外说明一下，考虑交互作用给出的最优方案正好是正交试验方案结果中的第八个试验，与不考虑交互作用推荐的最优方案 $A_2B_2C_1$（第七个试验）结果相差不大，因此可以根据具体实施的情况，选择其中之一为最终的优化方案。这也从另一个角度说明，交互作用 A×C 和因素 C 对试验结果的影响不大。这一结论也可通过后续介绍的方差分析来验证。

具有交互作用的正交试验设计需要注意的问题总结如下。

① 在进行表头设计时，表头要求不能出现混杂，因此常选用相对较大的正交表，即正交表的列数＞（试验因素数＋交互作用数）。

② 两个因素间的交互作用称为一级交互作用；三个或三个以上的因素存在的交互作用称为高级交互作用。在绝大多数实际情况中，高级交互作用大多可以忽略不计的，一般都只需要考察少数几个一级交互作用，其余大部分的交互作用可以忽略不计，但需要依据专业知识和实际经验来判断。

③ 空列计算的极差值代表误差，应该较小。但如果某一空列的极差值大于某一因素的极差值，说明具有尚未考察的交互作用对指标的影响大于该因素值，不能忽略不计。因此，在设计之初，若采用较大的正交设计表有空列时，最好保留空列，仍按照规定进行表头设计，待试验结束后判断是否存在潜在的交互作用情况。

（3）多指标正交试验设计及其结果的直观分析

在实际生产试验中，可能需要多个指标来全面评判试验的好坏，此时我们称之为多指标试验。但这类试验中，多个指标的重要程度可能不同，各因素对各指标的影响也可能不一样，甚至各个指标之间会存在一些矛盾。因此，需要兼顾多个指标，确定最佳试验条件组合。通常采用综合平衡法和综合评分法。

1）综合平衡法

综合平衡法的原则是，先对每个指标分别进行单指标的直观分析，得到每个指标的影响因素主次顺序和最优水平组合，然后根据理论知识和实践经验，对各个指标进行综合比较和分析，得出较优方案。

【例 5-5】 在用乙醇水溶液提取葛根中的有效成分试验中，需要考察三项指标：提取物总收率（y_1，%）、提取物中葛根总黄酮含量（y_2，%）、总黄酮中葛根素含量（y_3，%）。根据前期探索性试验，决定选取 3 个相对重要的因素：乙醇浓度、固液比和提取剂回流次数进行正交试验，它们各有 3 个水平。不考虑交互作用，试找出较好的提取工艺条件。

水平 / 因素	A 乙醇浓度/%	B 固液比	C 回流次数
1	80	7	1
2	60	6	2
3	70	8	3

解：

这是一个三因素三水平的正交试验，可选用 $L_9(3^4)$ 正交表。试验方案及结果如下：

试验号 / 因素	A 乙醇浓度/%	B 固液比	C 回流次数	y_1	y_2	y_3
1	1	1	1	6.2	5.1	2.1
2	1	2	2	7.4	6.3	2.5
3	1	3	3	7.8	7.2	2.6
4	2	1	2	8.0	6.9	2.4
5	2	2	3	7.0	6.4	2.5
6	2	3	1	8.2	6.9	2.5
7	3	1	3	7.4	7.3	2.8
8	3	2	1	8.2	8.0	3.1
9	3	3	2	6.6	7.0	2.2
k_{11}	7.13	7.20	6.60	因素对 y_1 的影响 C>A>B		
k_{12}	7.73	7.53	7.67			
k_{13}	7.40	7.53	8.00			
R_1	0.60	0.27	1.40	优选方案：$C_3A_2B_3$ 或 $C_3A_2B_2$		
k_{21}	6.20	6.43	6.17	因素对 y_2 的影响 A>C>B		
k_{22}	6.73	6.90	6.83			
k_{23}	7.43	7.03	7.37			
R_2	1.23	0.63	1.20	优选方案：$A_3C_3B_3$		
k_{31}	2.40	2.43	2.27	因素对 y_3 的影响 C>A>B		
k_{32}	2.47	2.70	2.60			
k_{33}	2.70	2.43	2.70			
R_3	0.30	0.27	0.43	优选方案：$C_3A_3B_2$		

通过综合平衡法选择最优方案的具体过程如下。

➤因素 A：对于后两个指标都是取 A_3 好，而且对于葛根总黄酮含量，A 因素是最主要的因素，在确定优水平时应重点考虑；对于提取物总收率则是 A_2 好，但分析可知 A 取 A_2 和 A_3 时相差不大，且 A 为较次要的因素。因此，根据多数倾向和 A 因素对不同指标的重要程度，选取 A_3。

➤因素 B：对于提取物总收率，取 B_2 或 B_3 基本相同，对于葛根总黄酮含量取 B_3 好，对于总黄酮中葛根素含量 B_2；且对于这三个指标而言，B 因素都是处于末位的次要因素，对指标的影响较小，本着降低消耗的原则，选取 B_2。

➤因素 C：对于三个指标来说，都是以 C_3 为最佳水平，所以取 C_3。

综上所述，最优方案为 $A_3B_2C_3$，即乙醇浓度 70%、固液比为 6、回流 3 次。

一般来讲，在进行综合平衡时，主要依据以下四条原则：

① 对于某个因素，可能对某个指标来说是主要因素，但对另外的指标来说则可能是次要因素，那么在确定该因素的优水平时，应首先选取作为主要因素的优水平；

② 若某因素对各指标的影响程度相差不大，可按"少数服从多数"的原则，选取出现次数较多的优水平；若各试验指标的重要程度不同，则在确定因素优水平时应首先满足相对重要的指标；

③ 当因素各水平相差不大时，可依据降低消耗、提高效率的原则选取合适的水平；

④ 若各试验指标的重要性不同，则应该在确定因素、水平时先满足相对重要的指标。

2）综合评分法

综合评分法是根据各个指标的重要程度，对得出的实验结果进行分析，给每一个试验评出一个分数，作为这个试验的总指标。然后根据这个总指标（分数），利用单指标试验结果的直观分析法进行进一步的分析，确定较好的试验方案。显然，这个方法的关键是如何评分，主要有以下几种评分方法。

① 指标叠加法　将多指标按设计的计算公式计算叠加，将多指标化为单指标，根据指标的重要性给不同的指标加权重，而后进行正交试验直观分析。

叠加一般式：$y = a_1y_1 + a_2y_2 + \cdots + a_ny_n$

② 排队评分法　将全部试验结果按照指标从优到劣进行排队，然后评分。最好的给 100 分，依次逐个减少，减少多少分大体上与它们效果的差距相应，这种方法虽然粗糙但比较简便。

这类方法最重要的是如何给每个指标评出合理的分数。如果指标是定性的，可以根据经验和专业知识直接给出一个分数，使结果分析变得容易；对于定量的指标，有的指标本身就可以作为分数，如回收率等，但如果有些指标值本身不适宜作为分数，那么可以使用隶属度来表示分数。隶属度的计算公式如下：

$$指标隶属度 = \frac{指标值 - 指标最小值}{指标最大值 - 指标最小值}$$

可见，此处指标最大隶属度为 1，而指标最小值的隶属度为 0。

【例 5-6】　玉米淀粉改性制备高取代的三乙酸淀粉酯的试验中，需要考察两个指标，即取代度和酯化率，这两个指标都是越大越好，不考虑因素之间的交互作用，试验的因素和水平情况如下：

水　平 \ 因素	A 反应时间/h	B 吡啶用量/g	C 乙酸酐用量/g
1	3	150	100
2	4	90	70
3	5	120	130

解：

这是一个三因素三水平试验，不考虑交互作用，采用 $L_9(3^4)$ 正交表。试验方案与结果如下：

试验号	1 A	2 B	3 空列	4 C	取代度	酯化率/%	隶属度	酯化率隶属度	综合分
1	1	1	1	1	2.96	65.70	1.00	1.00	1.00
2	1	2	2	2	2.18	40.36	0.00	0.00	0.00
3	1	3	3	3	2.45	54.31	0.35	0.55	0.47
4	2	1	2	3	2.70	41.09	0.67	0.03	0.29
5	2	2	3	1	2.49	56.29	0.40	0.63	0.54
6	2	3	1	2	2.41	43.23	0.29	0.11	0.18
7	3	1	3	2	2.71	41.43	0.68	0.04	0.30
8	3	2	1	3	2.42	56.29	0.31	0.63	0.50
9	3	3	2	1	2.83	60.14	0.83	0.78	0.80
k_1	1.47	1.59	1.68	2.34					
k_2	1.01	1.04	1.09	0.48					
k_3	1.60	1.45	1.31	1.26					
极差 R	0.59	0.55	0.59	1.86					
因素主次	C A B								
优化方案	$C_1A_3B_1$								

本例中的两个重要性指标根据实际要求，取代度和酯化率的权重分别取 0.4 和 0.6。然后得到了综合的评分结果如上表所示。根据综合评分将该问题看成单指标问题，计算得到了效应值和极差，从而给出了最优方案 $C_1A_3B_1$。

另外本例中需要注意的是，本题中将 A、B、C 三个因素分别放到了正交表的第 1、2、4 列，留了第 3 列的空列，虽然本题要求不考虑交互作用，但从结果上看，第三列空列的极差大于第二列 B 因素的极差，因此说明其实本试验中存在不可忽略的交互作用，这就需要通过实践经验和专业知识将其找出了。

在实际应用中，究竟是采用综合平衡法还是综合评分法，要视具体情况而定，有时可以将两者结合起来进行比较和参考。

5.3.3 正交试验设计结果的方差分析法

直观分析法简单明了，通俗易懂，计算工作量少便于推广普及。但这种方法不能将试验中由于试验条件改变引起的数据波动同试验误差引起的数据波动区分开来，也就是说，不能区分因素各水平间对应的试验结果的差异究竟是由于因素水平不同引起的，还是由于试验误差引起的，也无法估计试验误差的大小。此外，各因素对试验结果的影响大小无法给以精确的数量估计，不能提出一个标准来判断所考察因素作用是否显著。为了弥补极差分析的缺陷，可采用方差分析。

方差分析基本思想是将数据的总方差分解成因素引起的方差和误差引起的方差两部分；构造 F 统计量并作检验，用以定量判断因素作用的显著性；最后估计实验误差。

注意：采用方差分析法时，需要在选用的正交表中至少保留自由度不小于 2 的空列，用于估计实验的误差。如，对于三个及其以上水平的试验，则至少保留一个空列；但对于两水平实验，则至少需要保留两个空列。

如果使用正交表 $L_n(r^m)$ 来安排试验，则因素的水平数为 r，正交表的列数为 m，总试验次数为 n，设试验结果为 $y_i(i=1,2,\cdots,n)$。

方差分析的具体步骤如下。

1）计算各因素和误差的方差平方和（方差）

设 $\overline{y}=\dfrac{1}{n}(\sum\limits_{i=1}^{m}y_i)$，$T=\sum\limits_{i=1}^{m}y_i$，$Q=\sum\limits_{i=1}^{m}y_i^2$，$P=\dfrac{T^2}{n}$

则有总方差平方和：

$$SS_T=SS_{因素}+SS_{交互}+SS_{误差(e)}=\sum_{i=1}^{m}(y_i-\overline{y})^2=\sum_{i=1}^{m}y_i^2-\frac{1}{n}(\sum_{i=1}^{m}y_i)^2=Q-P$$

列 A（因素，交互作用项，空列）方差平方和：

$$SS_A=\frac{r}{n}\sum_{i=1}^{r}K_i^2-P$$

式中，K_i 为因素 A 中第 i 个水平下对应指标 y 值之和，即 $K_i=n_ik_i$。

如果是二水平的正交试验方差分析比较简单，正交表中的任一列（第 j 列）对应的方差平方和可以简化为：

$$SS_j=\frac{1}{n}(K_1-K_2)^2$$

2）计算自由度

正交表任意一列方差平方和对应的自由度为 $f_i=$ 因素水平数-1

总平方和的自由度：$f_T=f_{因素}+f_{误差(e)}=\sum\limits_{i=1}^{m}f_i$

3）计算平均方差平方和（均方差/均方）

列 A（因素或交互作用）的均方为：$MS_A=\dfrac{SS_A}{f_A}$

误差（空列）的均方为：$MS_e=\dfrac{SS_e}{f_e}$

注意，如果某因素或交互作用的均方小于或等于误差的均方，则将它们归入误差，构成新的误差，具体方法参考【例 5-7】。

4）计算 F 值并检验

将各因素或者交互作用的均方除以误差的均方，得到 F 值。

例如：$F_A=\dfrac{MS_A}{MS_\alpha}$

对于给定的显著性水平 α，检验因素 A 对试验结果有无显著性影响。先从 F 分布表中查出临界值 $F_\alpha(f_A,f_e)$，然后比较 F 值与临界值的大小。如果 $F_A>F_\alpha$，则说明因素 A 对实验结果有显著性影响，反之，则无显著性影响。同理可以判断其他因素和交互作用对试验的影响。一般来说，F 值与临界值之间的差距越大，说明该因素与交互作用对实验结果的影响越显著，或者该因素或交互作用越重要。

5）得到最优方案

将方差分析结果列在方差分析表中，判断得到最优方案。

【例 5-7】 某厂拟采用化学吸附法，用填料塔吸收废气中的 SO_2，为了使废气中 SO_2 的浓度达到排放标准，欲通过正交试验对吸收工艺条件进行优化，试验的因素与水平如下表所示，需要考虑交互作用 $A×B$、$B×C$。试进行方差分析（$P=0.05$）。因素水平表如下：

水平＼因素	A 碱含量/%	B 操作温度/℃	C 填料种类
1	5	40	甲
2	10	20	乙

解：使用正交表 $L_8(2^7)$ 列出试验方案和结果，如下表：

试验号＼因素	1 A	2 B	3 A×B	4 C	5 空列	6 B×C	7 空列	试验结果 ×100
1	1	1	1	1	1	1	1	15
2	1	1	1	2	2	2	2	25
3	1	2	2	1	1	2	2	3
4	1	2	2	2	2	1	1	2
5	2	1	2	1	2	1	2	9
6	2	1	2	2	1	2	1	16
7	2	2	1	1	2	2	1	19
8	2	2	1	2	1	1	2	8
K_1	45	65	67	46	42	34	52	$T=97$
K_2	52	32	30	51	55	63	45	$P=1176.125$
极差 R	1.75	8.25	9.25	1.25	3.25	7.25	1.75	$Q=1625$
SS_j	6.125	136.125	171.125	3.125	21.125	105.125	6.125	

1）计算方差平方和

总方差平方和为 $SS_T=Q-P=1625-1176.125=448.875$

因素与交互作用的方差平方和：

$$SS_A=SS_1=\frac{1}{n}(K_1-K_2)^2=\frac{1}{8}(45-52)^2=6.125$$

$$SS_B=SS_2=\frac{1}{n}(K_1-K_2)^2=\frac{1}{8}(65-32)^2=136.125$$

$$SS_{A×B}=SS_3=\frac{1}{n}(K_1-K_2)^2=\frac{1}{8}(67-30)^2=171.125$$

$$SS_C=SS_4=\frac{1}{n}(K_1-K_2)^2=\frac{1}{8}(46-51)^2=3.125$$

$$SS_{B \times C} = SS_6 = \frac{1}{n}(K_1 - K_2)^2 = \frac{1}{8}(34 - 63)^2 = 105.125$$

$$SS_5 = \frac{1}{n}(K_1 - K_2)^2 = \frac{1}{8}(42 - 55)^2 = 21.125$$

$$SS_7 = \frac{1}{n}(K_1 - K_2)^2 = \frac{1}{8}(52 - 45)^2 = 6.125$$

误差项方差平方和：
$$SS_e = SS_5 + SS_7 = 21.125 + 6.125 = 27.125$$

2）计算自由度

总自由度：$f_T = n - 1 = 8 - 1 = 7$

各因素自由度：$f_A = f_B = f_C = 2 - 1 = 1$

交互作用自由度：$f_{A \times B} = f_A \times f_B = 1 = f_{B \times C}$

误差自由度：$f_5 + f_7 = 1 + 1 = 2$

3）计算均方

由于各因素和交互作用的自由度为 1，所以他们的均方应该等于他们各自的方差平方和。

$$MS_A = SS_A = 6.125$$
$$MS_B = SS_B = 136.125$$
$$MS_{A \times B} = SS_{A \times B} = 171.125$$
$$MS_C = SS_C = 3.125$$
$$MS_{B \times C} = SS_{B \times C} = 105.125$$
$$MS_e = \frac{SS_e}{f_e} = \frac{27.250}{2} = 13.625$$

此时，我们发现 $MS_A < MS_e$、$MS_C < MS_e$，说明因素 A、C 对试验结果的影响较小，为次要因素，应归入误差，这样误差的方差平方和、自由度和均方都会随之变化，即：

新误差项方差平方和：$SS_e' = SS_e + SS_A + SS_C = 27.125 + 6.125 + 3.125 = 36.500$

新误差项自由度：$f_e' = f_e + f_A + f_C = 2 + 1 + 1 = 4$

新误差项均方：$MS_e' = \frac{SS_e'}{f_e'} = \frac{36.500}{4} = 9.125$

4）计算 F 值并检验

$$F_B = \frac{MS_B}{MS_e'} = \frac{136.125}{9.125} = 14.92$$

$$F_{A \times B} = \frac{MS_{A \times B}}{MS_e'} = \frac{171.125}{9.125} = 18.75$$

$$F_{B \times C} = \frac{MS_{B \times C}}{MS_e'} = \frac{105.125}{9.125} = 11.52$$

由于 A、C 已经并入误差项，所以不再需要计算它们的 F 值。

查的临界值 $F_{0.05}(1,4) = 7.71$，以上三项计算的 F 值都大于此临界值，因此均具有显著性。将以上结果列入方差分析表，如下。

差异源	SS	f	MS	F	显著性
B	136.125	1	136.125	14.92	有
A×B	171.125	1	171.125	18.75	有
B×C	105.125	1	105.125	11.52	有
误差 e′(包括 A、C、e)	36.500	4	9.125		
总和	448.125				

从表中的 F 值大小可以看出，因素的主次顺序为 A×B>B>B×C。这与极差分析的结果是一致的。

5）优方案确定

交互作用 A×B、B×C 都对试验有显著影响，所以因素 A、B、C 的优水平应依据 A、B 水平搭配表和 B、C 水平搭配表。由于指标越小越好，所以因素 A、B 的优水平搭配为 A_1B_2，因素 B、C 的优水平搭配为 B_2C_2。于是，最终的最优方案为 $A_1B_2C_2$，即碱浓度 5%、操作温度 20℃、填料选择乙。

因素	A_1	A_2
B_1	(15+25)/2＝20.0	(9+16)/2＝12.5
B_2	(3+2)/2＝2.5	(19+8)/2＝13.5
因素	B_1	B_2
C_1	(15+9)/2＝12.0	(25+46)/2＝20.5
C_2	(3+19)/2＝11.0	(2+8)/2＝5.0

正交试验法优点包括：试验点代表性强、试验次数少；不需做重复试验，就可以估计试验误差；可以分清因素的主次；采用数理统计的方法处理试验结果，提出更好的条件。但是也有一些不足之处：不可能像全面试验那样对各因素效应、交互作用等做——分析，当多个交互作用存在时，有可能出现交互作用的混杂；正交试验设计中，每个因素都有确定的水平，最终得到的是各因素已设定水平最优化的组合，因而并不一定是体系最优的水平组合（水平值的离散性决定！）；当因素的水平数较大时，正交试验的次数将会激增而难以实施。因此，正交试验设计方法只适用于因素水平数不太多的试验设计。试验人员在进行试验设计的时候，要充分了解试验对象与内容，根据试验要求选择是否使用正交试验来进行试验设计。

5.4　均匀试验设计

均匀试验设计（Uniform Design）是由我国数学家王元和方开泰于 1978 年首先提出的只考虑试验点在试验范围内均匀散布的一种试验设计方法，是我国独创的一种重大的科学试验方法。与正交设计类似，均匀设计也是通过一套精心设计的均匀表来安排试验。不同的是，均匀设计的基本思想是只考虑试验点的"均匀分散"，而不考虑"整齐可比"，因而可以大大减少试验次数，但无法考虑因素间的交互作用。

例如在因素为 5，各因素水平为 31 的试验中，若采用正交设计方法来安排试验，则至少要做 151 次试验；若采用均匀设计，则只需要做 31 次试验。因此，在试验因素变化范围大且需要取较多水平时，均匀设计可以极大减少实验次数。

经过 20 多年的发展和推广，均匀设计法已经广泛应用于化工、医药、生物、食品、军事工程、电子、社会经济等诸多领域，并取得了显著的经济效益和社会效益。

5.4.1 均匀试验设计表

均匀试验设计表，简称均匀表，是均匀设计的基础。与正交表类似，均匀表也有自己的代号。等水平均匀设计表可用 $U_n(r^l)$ 或 $U_n^*(r^l)$ 来表示，式中，U 为均匀设计的代号；n 表示均匀表行数（需要做试验的次数）；r 表示因素水平数；l 表示均匀表列数（因素数）。代号 U 右上角有"＊"号的为均匀性更好的设计表，应优先选用。

每个均匀表均具有一个使用表，根据使用表可将因素安排在适当的列中。例如表 5-4 给出了均匀表 $U_6^*(6^4)$，而表 5-5 则给出了它的使用表。从该使用表可知，两个因素时，应选 1、3 两列来安排试验；当有三个因素时，应用 1、2、3 三列。最后一列 D 表示均匀度的偏差（Discrepancy），偏差越小，表示均匀性越好。

表 5-4　均匀表 $U_6^*(6^4)$

水　平 \ 因素	1	2	3	4
1	1	2	3	6
2	2	4	6	5
3	3	6	2	4
4	4	1	5	6
5	5	3	1	2
6	6	5	4	1

表 5-5　$U_6^*(6^4)$ 的使用表

列　号 \ 因素数	D			
2	1	3		0.1875
3	1	2	3	0.2656
4	1	2	3	4

（注：4行D值为0.2990）

可以看出，等水平均匀表具有以下特点。

① 每列不同数字都只出现一次，也就是说，每个因素在每个水平仅做一次试验。任两个因素的试验点在平面的各自点上，每行每列有且仅有一个试验点。图 5-4 是均匀表 $U_6^*(6^4)$ 的第 1 列和第 3 列各水平组合在平面格子上的分布图，可见，每行每列均只有一个试验点，这就是试验安排的"均衡性"，即对每个因素的每个水平都是一视同仁的。

② 均匀设计表任两列的试验方案不一定等价。例如均匀表 $U_6^*(6^4)$ 在 1、3 列的平面格子中试验点散布的比较均匀（图 5-5），而其 1、4 列的水平组合画成的平面格子中的试验点散布并不均匀（图 5-6）。根据 $U_6^*(6^4)$ 的使用表（表 5-5），当因素数为 2 时，应当将它们安排在 1、3 列而不是 1、4 列。可见根据使用表安排实验时，均匀性更好，这是与正交试验表不同的。

③ 等水平均匀表的试验次数与水平是一致的，所以当因素的水平数增加时，试验次数也会随之增加，即试验次数的增加具有"连续性"。而对于正交试验设计，当水平数增加时，试验次数按照水平数的平方的比例增加，即试验次数具有"跳跃性"，因此在水平数较多时，均匀设计具有更大的灵活性。

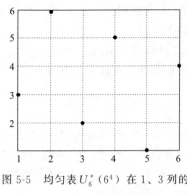

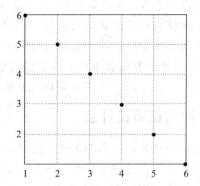

图 5-5　均匀表 $U_6^*(6^4)$ 在 1、3 列的　　　图 5-6　均匀表 $U_6^*(6^4)$ 在 1、4 列的
　　　　平面格子中试验点　　　　　　　　　　平面格子中试验点

5.4.2　均匀设计基本步骤

用均匀设计来安排试验与正交试验设计类似，但有一些不同之处，主要步骤如下。

① 明确试验目的，确定试验指标。如果试验要考察多个指标，还要将各指标进行综合分析。

② 选因素。根据实际经验和专业知识，挑选出对试验指标影响较大的因素。

③ 定水平。结合试验条件和以往的实践经验，先确定各因素的取值范围，然后在这个范围内取适当的水平。

④ 选择均匀设计表并进行表头设计。根据试验因素数和水平数，首选 U_n^* 表；根据试验因素数和相应的使用表，将各个因素安排在均匀表相应的列中。

⑤ 明确试验方案，进行试验，给出结果。

⑥ 试验结果统计分析。

由于均匀表没有整齐可比性，因此不能采用方差分析法，但可以采用直观分析法和回归分析法。如果试验的目的只是为了寻找一个可行的试验方案或者确定适宜的试验范围，可以直接对试验结果进行比较。回归分析则可以确定试验指标与影响因素之间的数学模型，确定因素的主次顺序和优选方案等。

【例 5-8】　在淀粉接枝丙烯酸制备高吸水性树脂的试验中，为了提高树脂吸盐水的能力，考察了以下 4 个因素 9 个水平的情况，如下表所示，试用均匀设计法优化试验条件。

因素 水平	丙烯酸用量 x_1/mL	引发剂用量 $x_2/\%$	丙烯酸中和度 $x_3/\%$	甲醛用量 x_4/mL
1	12.0	0.3	48.0	0.20
2	14.5	0.4	53.5	0.35
3	17.0	0.5	59.0	0.50
4	19.5	0.6	64.5	0.65
5	22.0	0.7	70.0	0.80
6	24.5	0.8	75.5	0.95
7	27.0	0.9	81.0	1.10
8	29.5	1.0	86.5	1.25
9	32.0	1.1	92.0	1.40

解：

根据因素和水平，选取 $U_9^*(9^4)$ 和 $U_9^*(9^5)$。但根据它们的使用表可以发现，均匀表 $U_9^*(9^4)$ 只能安排三个因素，因此选用 $U_9^*(9^5)$ 来进行试验。试验方案和结果列于下表。

试验号	丙烯酸用量 x_1/mL	引发剂用量 $x_2/\%$	丙烯酸中和度 $x_3/\%$	甲醛用量 x_4/mL	吸盐水倍率 y
1	1	2	4	8	34
2	2	4	8	7	42
3	3	6	3	6	40
4	4	8	7	5	45
5	5	1	2	4	55
6	6	3	6	3	59
7	7	5	1	2	60
8	8	7	5	1	61
9	9	9	9	9	63

如果采用直观分析法，由上表可以看出第 9 号方案所得产品结果最好。

如果试验指标与 4 个因素之间满足线性关系，则可以对上述结果进行回归分析，分别得到回归统计表表 5-6 与方差分析表表 5-7：

表 5-6 回归统计表

Multiple R	0.9930013	标准误差	1.8027756
R square	0.9860515	观测值	9
Adjusted R Square	0.972103		

表 5-7 方差分析表

	f	SS	MS	F	Significant F
回归分析	4	919	229.75	70.692	0.00057825
残差	4	13	3.25		
总计	8	932			

表 5-8 回归系数表

	Coefficients	Std	T-test	P-value	Lower 95%	Upper 95%
Intercept	18.5848	3.7041	5.0173	0.0074	8.3005	28.8692
丙烯酸用量 x_1/mL	1.6444	0.1267	12.9800	0.0002	1.2927	1.9662
引发剂用量 $x_2/\%$	−11.6667	3.1672	−3.6835	0.0211	−20.4601	−2.8732
丙烯酸中和度 $x_3/\%$	0.1010	0.0576	1.7541	0.1543	−0.0589	0.2609
甲醛用量 x_4/mL	−3.3333	2.1114	−1.5787	0.1895	−9.1956	2.5290

由表 5-8 知，回归方程可以写为：

$$y = 18.585 + 1.644x_1 - 11.667x_2 + 0.101x_3 - 3.333x_4$$

由相关系数 $R = 0.993$，以及方差分析结果 Significance $F < 0.01$ 可知，回归方程方程非常显著。

对回归系数进行 t 检验时（表 5-8），x_3 和 x_4 的 P-value > 0.05，意味着这两个因素的回归系数不显著，可将这两项并到残差当中；只考虑 x_1、x_2 两列数据，进行第二次回归分析，此时四元线性方程就变成了二元线性方程：

$$y = 18.585 + 1.644x_1 - 11.667x_2$$

由于回归方程为线性方程，因此可以根据回归系数的正负来确定方案。由于 x_1 系数为正，即其数值与 y 成正相关，x_2 系数为负，其数值与 y 值成负相关。因此为了使 y 得到最大值，可选择 x_1 的最大水平 32 和 x_2 的最小水平 0.3，此时 y 的最佳结果为 67.69。这一结果优于试验 9 的结果，但是否真正可行，需要进行试验验证。

为了得到更好的结果，还可以对上述工艺条件进行进一步的考察。由于 x_3、x_4 的影响较小，可以从经济上考虑其取值，同时可以考虑适当再增大 x_1 和减小 x_2，也许可以获得更优的试验方案。

最后需要说明的是，在均匀设计的回归分析中，回归方程的数学模型一般是未知的，需要试验者结合自己的专业理论知识和经验，先初步设计一个简单模型（如线性模型），如果经检验不显著，再增加交互项和平方项等内容，直到找到检验显著的回归方程。如果要考虑的因素较多，回归方程可能比较复杂，应适当选择试验次数较多的均匀表。

很多的机器学习算法可以与均匀试验设计以及正交试验设计方法结合起来，建立更为精准的回归方程，这类方法称为基于模拟的试验设计方法。在因素（x）与指标（y）呈非线性关系时，用这类基于模拟的方法往往能够得到更为优秀的回归方程，并求解出最佳试验方案。

思考与练习

1. 丁苯橡胶的性能受 A、B、C、D 四因素影响。现需进行每个因素三个水平正交试验以找出最佳条件组合。请分别以极差分析及方差分析为结果分析方法选取适当的正交表：

（1）若忽略各因素间的交互作用，可选用的正交表为_____；

（2）若需要考虑 A 与 B 的交互作用，可选用的正交表为_____；

（3）若需要同时考虑 A 与 B、B 与 C、C 与 D、A 与 D 的四个交互作用，可选用的正交表为_____；

（4）若 A 考虑四个水平而 B、C、D 考虑 2 个水平，可选用的正交表为_____；

（5）若 A 考虑四个水平而 B、C、D 考虑 2 个水平，同时考虑 A 与 B 的交互作用，则可选用的正交表为_____。

① $L_4(2^3)$　　② $L_8(2^7)$　　③ $L_9(3^4)$　　④ $L_{15}(3^7)$　　⑤ $L_{19}(3^9)$

⑥ $L_{27}(3^{13})$　　⑦ $L_8(4 \times 2^4)$　　⑧ $L_{16}(4 \times 2^{12})$　　⑨ $L_{16}(4^2 \times 2^9)$　　⑩ $L_{16}(4^3 \times 2^6)$

2. 现有一化工项目，工程师确定该项目是 4 因素 2 水平问题，因素和水平如下表。除了需要研究因素 A、B、C、D 对产品产率的影响，还要考虑反应温度与反应时间之间的交互作用 A×B，如果将因素 A、B、C、D 依次放在正交表 L_8（2^7）的第 1、2、4、7 列上，试验结果（产率/%）依次为 65、74、73、70、73、62、67。试用直观分析法分析试验结果，确定较优工艺条件。

因素 水平	A 反应温度/℃	B 反应时间/h	C 硫酸浓度/ %	D 操作方法
1	80	1	17	搅拌
2	70	2	27	不搅拌

3. 为了寻找从某矿物中提取稀土元素的最优工艺，使稀土元素提取率最高，选取的因素水平如下。需要考虑的交互作用有 A×B、A×C、B×C，如果将 A、B、C 分别安排在正交表 $L_8(2^7)$ 的第 1、2、4 列上，实验结果（提取量/mL）依次为，1.01、1.33、1.13、1.06、1.03、0.80、0.76、0.56。试用方差分析法（$\alpha = 0.05$）分析试验结果，确定较优工艺。

因素 水平	A 酸用量/ mL	B 水用量/ mL	C 反应时间/ h
1	80	1	17
2	70	2	27

4. 在啤酒生产的某项工艺试验中，选取了两个因素和它们的 8 个水平，进行均匀试验设计，因素水平表如下表所示。实验指标为吸氨量，越大越好。选用均匀表 $U_8^*(8^5)$ 安排试验，8 个试验结果依次为 5.8、6.3、4.9、5.4、4.0、4.5、3.0、3.6，已知试验指标与两因素之间成二元线性关系，试用回归分析找出较优工艺条件，并预测该条件下的吸氨量。

水平 因素	1	2	3	4	5	6	7	8
z_1 底水量/g	136.5	137.0	137.5	138.0	138.5	139.0	139.5	140.0
z_2 吸氨时间/min	170	180	190	200	210	220	230	240

参考文献与扩展阅读

[1] 李云燕，胡传荣．试验设计与数据处理（第三版）．北京：化学工业出版社，2017.
[2] 赵选民．试验设计方法．北京：科学出版社，2006.
[3] 邱轶兵．试验设计与数据处理．合肥：中国科学技术大学出版社，2008.
[4] 方开泰．均匀设计与均匀设计表．北京：科学出版社，1994.
[5] 张润楚．试验设计与分析及参数优化．北京：中国统计出版社，2003.
[6] 王万中．试验的设计与分析．北京：高等教育出版社，2004.
[7] 刘炯天，樊民强．试验研究方法．北京：中国矿业大学出版社，2006.
[8] 常用正交表查询网站http://neilsloane.com/oadir/.

第 6 章

分子力学与分子模拟

本章要点

1. 分子力学的产生与发展。
2. 分子力学的基本原理与力场能量函数的构成。
3. 分子力学的应用。

分子模拟的基础，是准确计算原子之间的相互作用，包括组成同一分子的原子之间的成键相互作用、不同分子间的范德华相互作用，有的分子间还有氢键相互作用。描述原子间的这些相互作用有两类方法：量子力学计算及分子力学计算（图 6-1）。

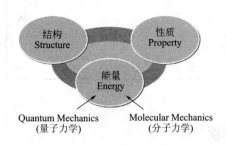

图 6-1　分子模拟计算的两种方式

分子力学（Molecular Mechanics），又叫力场方法（Force Field Method），基于牛顿经典力学方程建立，目前广泛地用于计算分子的构象和能量。分子力场是原子分子尺度上的一种势能场，描述了分子中原子的拓扑结构与运动行为。作为分子模拟中计算能量的两种主要计算方法之一的分子力场方法（分子力学或称经验方法）是通过原子的位置等信息来计算体系能量，与量子力学相比可大大节约计算时间，因而可用于计算包含上万粒子数目的体系。

通过分子力场方法，可以模拟分子体系中的许多物理问题，如分子在各种表面上的稳定构象结构动态行为，本体的玻璃态的分子结构、分子运动的特征，化学上不同的高分子链聚集结构的稳定性及力学过程。它的另外一个用途是可以模拟分子体系的多种光谱，如分子的晶体、非晶体的 X 射线衍射图谱；NMR 的二维与多维谱；低能电子衍射谱与高分辨电子衍射谱；红外光谱与拉曼光谱等。

6.1　分子力学的产生

20 世纪初，振动光谱的简正坐标分析研究充实了人们对制约分子结构与振动的分子力场的认识。1930 年 Andrews 提出了分子力场的基本思想，即由珠簧模型来描述平衡键长、键角，用范德华作用式计算非键接原子的相互作用，这些基本思想构筑了分子力场的两个基本组成部分——键合相互作用和非键合相互作用。随后 1946 年 Hill 提出可以利用范德华相互作用下分子变形这一过程来优化体系能量，从而得到合理的结构。依赖于分子力场的分子力学有了发展的雏形（表 6-1）。当时的力场参数都是从光谱实验中解析出来的，或称作光谱力场参数力场。其缺点是会受到多余坐标、普适性差的困扰。20 世纪 60 年代，Lifson 提出了 CFF(Consistent Force Field)，它属于现代的分子力场，即所谓经验势函数力场，是在假定的一套势函数的框架内把体系的能量描述成所有内坐标与原子对的函数。迄今为止，分子力场已经有几十个之多。力场参数的个数在 $10\sim100$ 间的力场有 MM1、CFF、MM2 等，参数的个数大于 100 的力场有 MM3、CFF94、MM4 等（表 6-2）。应用于生命科学的力场有 CHARMM、AMBER 等，应用于材料科学的力场有 MM4、DREIDING、UFF 等（表 6-3）。在分子力场发展的过程中，要求分子力场具有普适性（囊括所有的分子体系）和要求分子力场具有较高的准确性，这是分子力场应具有的重要品质的两个方面。

表 6-1 分子力场的发展历程

年份	主要贡献	年份	主要贡献
1930	提出分子力场基本思想	1983	CHARMM
1946	提出优化分子结构的办法	1989	MM3
1946	应用分子力学研究 S_N2 反应	1989	DREIDING
1946	应用分子力学研究外消旋体系	1990	SHAPE
1955	用 GF 矩阵法求解振动光谱计算中的分子体系哈密顿运动方程	1992	UFF
1956	提出"分子力学"方法	1996	MMFF
1961	利用计算机研究环烷烃	1996	OPLS
1968	CFF	1996	MM4
1973	MM1	1998	COMPASS
1977	MM2 & MMP2	2003	DFF
1983	AMBER		

表 6-2 分子力场按力场参数个数分类表

力场参数个数		力场参数个数	
10-100	>100	10-100	>100
MM1	MM3	AMBER	DREIDING
CFF	CFF94	OPLS	UFF
MM2	MM4		COMPASS
MMP2	MMFF		

表 6-3 分子力场按应用的领域分类表

分子力场应用的领域		分子力场应用的领域	
生命科学	材料科学	生命科学	材料科学
CHARMM	CFF	AMBER	MM1

分子力场应用的领域		分子力场应用的领域	
生命科学	材料科学	生命科学	材料科学
MMFF	MM2	COMPASS	DREIDING
OPLS	MM3		UFF
DREIDING	SHAPE		COMPASS
UFF	MM4		

6.2 分子力学理论

分子力学是模拟分子行为的一种计算方法。分子力学认为分子体系的势能函数是分子体系中原子位置的函数。而这些函数服从两个基本假设：（1）Born-Oppenheimer近似——原子核的运动与电子的运动可以看成是独立的；（2）分子是一组靠各种作用力维系在一起的原子集合。这些原子在空间上若过于靠近，便相互排斥，但又不能远离，否则连接它们的化学键以及由这些键构成的键角等会发生变化，即出现键的拉伸或压缩、键角的扭变等，会引起分子内部应力的增加。每个真实的分子结构都是在上述几种作用下达到平衡状态的表现。

分子力学将分子体系作为在势能面上运动的力学体系来处理，它求解的是经典力学方程，而不是量子力学的薛定谔方程。所以分子力学方法能获得分子的平衡结构和热力学性质等，却不能得到分子体系与电子结构有关的其他性质。分子力学的势能表达方程很简单，其计算速度很快（约是半经验量子化学计算方法的1000倍），能够用于大分子体系的计算。对于力场参数成熟的分子力学方法，可达到很高的计算精度。目前分子力学是模拟蛋白质、核酸等生物大分子结构和性质以及配体-受体相互作用的常用方法，在生命科学领域得到了广泛的应用。

随着分子图形学的不断发展，分子力学已广泛地应用于分子模型设计。当今优秀的分子设计程序都将分子力学作为初始模型优化的主要方法，分子力学和分子图形学已经充分地糅合在分子设计中，分子模型的构建也是以分子力学为主，分子力学方法是计算机辅助分子设计中常用的方法。特别是在药物分子设计中，已离不开分子力学计算和模拟方法。应用分子力学方法，可以迅速地得到药物分子的低能构象，通过构象分析可获得合理的药效构象和药效基团。如果已知受体的三维结构，可用分子力学模拟药物与受体的相互作用。在分子的三维定量构效关系（3D-QSAR）、全新药物设计和计算机模拟组合化学研究等方面，均需使用分子力学方法进行计算。

6.3 分子力场构成

分子力学主要是用分子力场方法计算分子势能，分子力场使用解析经验势函数描述分子的势能面。每个分子都有其固有的力场。在分子力学实际计算时，将力场分解成不同的组分，使用理论计算和实验拟合的方法建立力场参数。力场参数要有可移植性，它要适用于同类分子的计算，即同一类分子要有很高的计算精度。

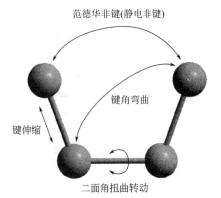

范德华非键(静电非键)

键角弯曲

键伸缩

二面角扭曲转动

图 6-2　分子力学势函数的成键和非成键作用示意图

一般而言，分子力学势函数由以下几个部分构成（图 6-2）：

● 键伸缩能：构成分子的各个化学键在键轴方向上的伸缩运动所引起的能量变化；

● 键角弯曲能：键角变化引起的分子能量变化；

● 二面角扭曲转动能：单键旋转引起分子骨架扭曲所产生的能量变化；

● 非键相互作用：包括范德华相互作用、静电相互作用等与能量有关的非键相互作用；

● 交叉能量项：上述作用之间耦合引起的能量变化。

由于分子力学是经验的计算方法，不同的分子力学方法采用不同的势函数表达式，而且其力场参数数值也不相同。一般来讲，通常将分子的势函数分解成键伸缩能 $E_{stretch}$、键角弯曲能 E_{bend}、二面角扭曲转动能 $E_{torsion}$、范德华作用能 E_{vdw} 和静电作用能 E_{elec} 等项，总能量 E_{total} 可表示为：

$$E_{total} = E_{stretch} + E_{bend} + E_{torsion} + E_{vdw} + E_{elec} + \cdots \tag{6-1}$$

与化学键有关的能量有键伸缩、键角的弯曲、二面角的扭曲产生的能量，与化学键无关的能量有：范德华相互作用、氢键和静电相互作用产生的能量。图 6-2 是分子力学势函数的成键和非成键作用示意图。对于更精确的分子力场，可在以上势函数表达式中增加一些交叉项，如键伸缩-键角弯曲振动交叉项、二面角扭曲-键伸缩交叉项等，也可加入氢键函数项等其他修正项，下面详细介绍上述势函数表达式的各势能项。

6.3.1　键伸缩能

根据经典力学的胡克定律，两个成键原子可以视为由一根弹簧连接的两个小球（图 6-3），其势函数是谐振势函数。谐振势函数计算方便，许多分子力场，特别是一些计算生物大分子的力场常采用此种势函数，相应的函数表达式为：

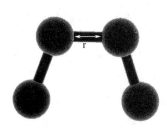

r

图 6-3　键的伸缩示意图

$$E_{stretch} = \sum_{bond} K_b (r - r_0)^2 \tag{6-2}$$

式中，K_b 为键伸缩力场参数；r 为实际键长；r_0 为平衡键长。例如，对于 AMBER 分子力场而言，羰基中 C—O 平衡键长 $r_0 = 1.229$Å，键伸缩力场参数为 $K_r = 570$kcal/(mol·Å²)，而 C—C 平衡键长为 $r_0 = 1.526$Å，键伸缩力场参数为 $K_r = 310$kcal/(mol·Å²)。图 6-4 中的两条曲线分别是羰基中 C—O 键和 C—C 键的谐振势函数表示的键伸缩能随键长变化趋势图。

在实际应用中，式（6-2）中键的伸缩能是分子中所有键伸缩能的总和，如

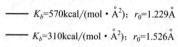

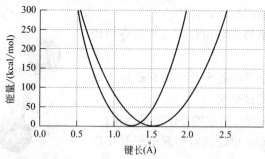

K_b=570kcal/(mol·Å²); r_0=1.229Å

K_b=310kcal/(mol·Å²); r_0=1.526Å

图 6-4　羰基中 C—O 键和 C—C 键的谐振势函数曲线图

$CH_3CH_2CH_3$ 中共有 10 个键，分别为 2 个 C—C 键和 8 个 C—H 键（图 6-5），因此在计算时需要分别计算每一个键的伸缩能，$CH_3CH_2CH_3$ 分子的键伸缩能为 10 个键伸缩能之和。

从图 6-6 可以看出键的伸缩能随键长变化的模拟曲线和真实变化曲线之间还存在一定的差别，因此，不同的力场分别采用了不同的修正项对谐振势函数进行修正，如有一些分子力场中加入了高次项和交叉项。这样，不同的力场就会出现不同的势函数形式。

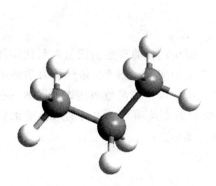

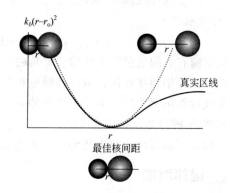

图 6-5　丙烷分子结构示意图　　　图 6-6　分子中键的伸缩能随键长变化的曲线

如 AMBER 力场的势函数为 Harmonic Potential（式 6-3），其函数中键伸缩能随键长变化曲线如图 6-7 所示。

$$E_{stretch} = \frac{k_1}{2}(r - r_0)^2 \tag{6-3}$$

如式（6-4）在 MM2 力场的势函数中加入了三次方项（Cubic）；MM3 力场的势函数［式（6-5）］在 MM2 力场的基础上又加入了四次方项（Quadrtic）。三种势函数中键的伸缩能随键长变化曲线如图 6-8 所示。

$$E_{stretch} = \frac{k_1}{2}(r - r_0)^2 + \frac{k_2}{2}(r - r_0)^3 \tag{6-4}$$

$$E_{stretch} = \frac{k_1}{2}(r - r_0)^2 + \frac{k_2}{2}(r - r_0)^3 + \frac{k_3}{2}(r - r_0)^4 \tag{6-5}$$

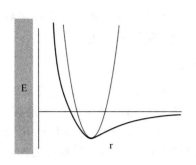

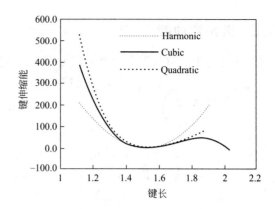

图 6-7　Harmonic 函数中键伸缩能
　　　　随键长变化曲线

图 6-8　三种势函数中键的伸缩能
　　　　随键长变化曲线

在每一种力场中，分子中的原子被划分为不同的类型，每种类型对应的力场参数（r_0，k）各不相同。如 MM2 力场中将分子中的原子分成了 60 多种类型，表 6-4 为 MM2 力场中的几种原子类型，表 6-5 为几种原子类型对应的键力场参数。

表 6-4　MM2 力场中的部分原子类型

1	C	sp^3 carbon	13	Br	bromine
2	C	sp^2 carbon (C $=$ C)	14	I	iodine
3	C	sp^2 carbon (C $=$ O)	15	S	sulfide (—S—)
4	C	sp carbon	16	S+	sulfonium
5	H	hydrogen (see others)	17	S	sulfoxide (use S $=$ O)
6	O	oxygen (single bonded)	18	S	sulfone (use two S $=$ O)
7	O	oxygen (double bonded)	19	Si	silane
8	N	sp^3 nitrogen	20	LP	lone pair of electrons
9	N	sp^2 nitrogen	21	H	hydroxyl hydrogen
10	N	sp nitrogen	22	C	cyclopropane carbon
11	F	fluorine	23	H	amine hydrogen
12	Cl	chlorine	24	H	carboxylic acid hydrogen

表 6-5　MM2 中部分原子类型对应的键力场参数

键	$r_0/\text{Å}$	$k/(\text{kcal}/(\text{mol} \cdot \text{Å}^2))$
C sp^3—C sp^3	1.523	317
C sp^3—C sp^2	1.497	317
C sp^2—C sp^2	1.337	690
C sp^2 $=$ O	1.208	777
C sp^3—N sp^3	1.438	367
C—N(amide)	1.345	719

6.3.2 键角弯曲能

两个相连的化学键（三个成键原子）具有一定的键角（图 6-9），键角弯曲势函数与键伸缩势函数相类似，也可用胡克定律来描述：

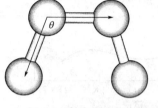

图 6-9 键角示意图

$$E_{\text{bend}} = \sum_{\text{angle}} K_\theta (\theta - \theta_0)^2 \tag{6-6}$$

式中，K_θ 是角弯曲能力场参数；θ 为实际键角；θ_0 为平衡键角。AMBER 分子力场中键角弯曲势函数采用谐振模型。对于键角很小的化合物（如含有三元环和四元环的化合物），非谐振现象就很明显，此时要对谐振模型进行相应的修正，一般增加高次项进行修正。如式（6-7）、式（6-8）和式（6-9）分别为 AMBER、MM2 和 MM3 中键角弯曲能势函数。图 6-10 描述了谐振模型中角的弯曲能随键角的变化趋势。

$$E_{\text{bend}} = \frac{k}{2} (\theta - \theta_0)^2 \tag{6-7}$$

$$E_{\text{bend}} = \frac{k_1}{2} (\theta - \theta_0)^2 + \frac{k_2}{2} (\theta - \theta_0)^6 \tag{6-8}$$

$$E_{\text{bend}} = \frac{k_1}{2} (\theta - \theta_0)^2 + \frac{k_2}{2} (\theta - \theta_0)^3 + \frac{k_3}{2} (\theta - \theta_0)^4 + \frac{k_4}{2} (\theta - \theta_0)^5 + \frac{k_5}{2} (\theta - \theta_0)^6 \tag{6-9}$$

同样地，不同的力场也对应着不同的键角力场参数，而力场参数直接影响能量的变化趋势，图 6-11 显示了不同的键长或键角力场参数影响能量的变化趋势。表 6-6 为 MM2 中的部分键角力场参数。

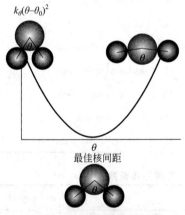

图 6-10 角的弯曲能随键角的变化趋势图

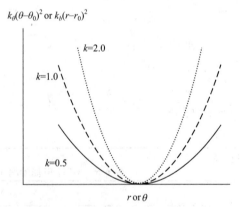

图 6-11 不同的键长或键角力场参数影响能量的变化趋势

表 6-6 MM2 中部分原子对应的键角力场参数

Angle	θ_0	k[kcal /(mol·deg)]
C sp^3—C sp^3—C sp^3	109.47	0.0099
C sp^3—C sp^3—H	109.47	0.0079
H—C sp^3—H	109.47	0.007

Angle	θ_0	$k[\text{kcal}/(\text{mol}\cdot\text{deg})]$
C sp³—C sp²—C sp³	117.2	0.0099
C sp³—C sp²＝C sp²	121.4	0.0121
C sp³—C sp²＝O	122.5	0.0101

6.3.3　二面角扭曲转动能

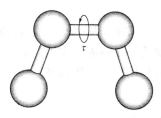

三个相连的化学键（四个成键原子）具有一定的二面角（扭角）（图 6-12）。头尾两个成键原子绕中间化学键旋转时，需要一定的能量，存在着明显的旋转势垒，在分子力学中，二面角扭曲转动能势函数常用傅里叶（Fourier）级数模拟（式 6-10）。

图 6-12　二面角示意图

$$E_{\text{torsion}} = \sum_{\text{dihedrals}} \frac{V_n}{2}[1 + \cos(n\tau - \phi_0)] \qquad (6\text{-}10)$$

式中，V_n 是二面角力学常数；n 为傅里叶（Fourier）级数的周期；ϕ_0 为相角；τ 为实际的二面角。例如：对于 AMBER 分子力场而言，酰胺中 HN-C(O) 的扭角，$n=1$ 时，相角为 0°，V_1 最大值在 0°，最小值为 $-180°$ 和 180°。当 $n=2$ 时，相角为 180°，V_2 最大值在 90° 和 $-90°$，最小值为 0°、$-180°$ 180°。V_1 和 V_2 的加和曲线（sum）最小值为 $-180°$、0° 和 180°，最大值为 $-90°$ 和 90°。图 6-13 是酰胺中 HN-C(O) 的傅里叶（Fourier）级数模拟函数曲线图。图 6-14 为丁烷中二面角的傅里叶（Fourier）级数模拟函数曲线图。

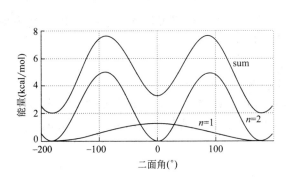

图 6-13　酰胺中 HN-C(O) 的傅里叶（Fourier）
级数模拟函数曲线图

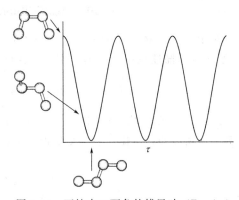

图 6-14　丁烷中二面角的傅里叶（Fourier）
级数模拟函数曲线图

式（6-11）和式（6-12）分别为 AMBER 和 MM2 力场中二面角扭曲转动能势函数。

$$E_{\text{torsion}} = \sum_{\text{dihedrals}} \frac{V_n}{2}[1 + \cos(n\tau - \phi_0)] \qquad (6\text{-}11)$$

$$E_{\text{torsion}} = \frac{V_1}{2}(1 + \cos\tau) + \frac{V_2}{2}(1 - \cos 2\tau) + \frac{V_3}{2}(1 + \cos 3\tau) \qquad (6\text{-}12)$$

另外，一些精度很高的分子力场中还要考虑交叉相互作用项，如 MM3 力场中加入了键-键、键-角、角-角、角-角-二面角、键-二面角和角-二面角之间的耦合相互作用势能，这里不做介绍。

6.3.4 范德华相互作用能

范德华相互作用是分子力学中较为重要的相互作用，它可分为近程作用的排斥力和远程作用的吸引力。一般以伦纳德-琼斯（Lennard-Jones）公式来模拟范德华相互作用分子力场，即式(6-13)：

$$E_{vdw} = \sum_{i<j} \left(\frac{A_{ij}}{R_{ij}^{12}} - \frac{B_{ij}}{R_{ij}^{6}} \right) \qquad (6-13)$$

式中，R_{ij}是二个非键原子间距离；A_{ij}和B_{ij}是非键原子对的范德华参数。R_{ij}的 6 次方项为原子对吸引作用，R_{ij}的 12 次方项为排斥作用。图 6-15 描述了范德华作用能随两原子间的距离的变化趋势。

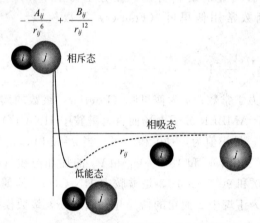

图 6-15　范德华作用能随两原子间的距离的变化趋势

对于 AMBER 分子力场而言，由于氢键的原子对吸引作用不显著，也可以用 10 次方项和 12 次方项描述氢键的非键作用，如式(6-14) 所示：

$$E_{Hbonds} = \sum_{Hbonds} \left(\frac{C_{ij}}{R_{ij}^{12}} - \frac{D_{ij}}{R_{ij}^{10}} \right) \qquad (6-14)$$

图 6-16 是范德华（6、12 次方项）和氢键（10、12 次方项）势函数曲线图。从图上可以看出，曲线快速下降，在 4Å 附近的值约为零。氢键的势阱深度约为 0.5kcal/mol。

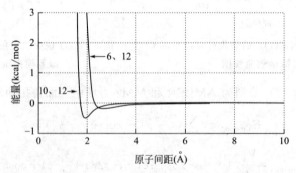

图 6-16　范德华（6、12 次方项）和氢键（10、12 次方项）势函数曲线图

有的力场在计算氢键作用能时还需考虑分子的几何构型，其势函数形式变为式(6-15)，其中的 θ 和 ω 如图 6-17 所示：

$$E_{\text{Hbonds}} = \left(\frac{A}{r_{\text{H}\cdots\text{Acc}}^{12}} - \frac{A}{r_{\text{H}\cdots\text{Acc}}^{10}} \right) \cos^2 \theta_{\text{Don}\cdots\text{H}\cdots\text{Acc}} \cos^4 \omega_{\text{H}\cdots\text{Acc}\cdots\text{LP}} \tag{6-15}$$

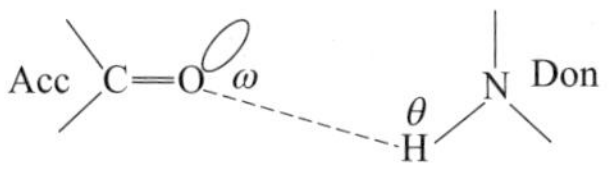

图 6-17　几何构型的氢键作用

6.3.5　静电相互作用能

在生物体系中，静电相互作用是十分重要的。对于带有电荷和偶极矩的分子，静电作用本身比诱导偶极矩引起的相互作用还重要。根据经典力学原理，静电作用能表示成电荷-电荷、电荷-偶极、偶极-偶极相互作用以及其他高阶项的级数之和。静电相互作用可用以下经典方程表示：

$$E_{\text{elec}} = \sum_{i<j} \frac{q_i q_j}{\varepsilon R_{ij}} \tag{6-16}$$

式中，q_i 和 q_j 分别是原子 i 和 j 的点电荷；R_{ij} 为两个非键原子间的距离；ε 为介电常数。介电常数有距离相关和不变两种计算方法，在真空的环境中常用距离相关介电常数，而在水溶液的环境中常用不变介电常数。图 6-18 是静电相互作用势能曲线图。由图 6-18 可以看出，与范德华相互作用和氢键势能作用曲线不同，两个原子的静电相互作用在长距离时仍有相当大的能量值。

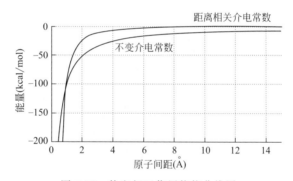

图 6-18　静电相互作用势能曲线图

6.3.6　交叉项

为了进一步增加力场的精度，有一些力场在上述势函数的基础上增加了交叉项，主要有：

- 键-键耦合作用能（Bond/Bond Coupling）

$$E_{bb'} = k_{bb'}(r - r_0)(r' - r_0') \tag{6-17}$$

- 键-角耦合作用能（Bond/Angle Coupling）

$$E_{b\theta} = k_{b\theta}(r - r_0)(\theta - \theta_0) \tag{6-18}$$

- 角-角耦合作用能（Angle/Angle Coupling）

$$E_{\theta\theta'} = k_{\theta\theta'}(\theta - \theta_0)(\theta' - \theta_0') \tag{6-19}$$

- 角-角-二面角耦合作用能（Angle/Angle/Torsion Coupling）

$$E_{\theta\theta'\phi} = k_{\theta\theta'\phi}(\theta - \theta_0)(\theta' - \theta_0')\cos\phi \tag{6-20}$$

- 键-二面角耦合作用能（Bond/Torsion Coupling）

$$E_{\phi b} = (r - r_0)(k_{1\phi b}\cos\phi + k_{2\phi b}\cos2\phi + k_{3\phi b}\cos3\phi) \tag{6-21}$$

- 角-二面角耦合作用能（Angle/Torsion Coupling）

$$E_{\phi} = (\theta - \theta_0)(k_{1\theta\phi}\cos\phi + k_{2\theta\phi}\cos2\phi + k_{3\theta\phi}\cos3\phi) \tag{6-22}$$

分子力学总能量（也称为空间能）并没有严格的物理意义，它仅仅是一个相对的数值。因此，同一分子用不同程序计算得到的能量值不具备可比性，只有当它与同体系的其他构象计算得到的能量相比较时才有意义。

为了取得精确的计算结果，分子力场的能量函数表达式的复杂程度没有限制。根据适用范围不同，目前已经发展了很多分子力场。分子力学方法根据适用范围可分为小分子和大分子两类。适用小分子的分子力学的函数形式较复杂和精确，例如：MM2/MM3/MM4、UFF、TINKER、MOMEC、COSMOS 等。适用于大分子的分子力学函数形式较简单，有些生物大分子势函数仅考虑静电相互作用、氢键相互作用和范德华相互作用以提高计算速度。例如：AMBER、CHARMM、GROMOS、OPLS、ECEPP、CVFF/CFF、MMFF 等。

一般说来，分子力学优化可得到势能面上局域最小点结构。对于复杂的大分子体系（特别是链状分子），存在着许多同分异构体，其势能面极其复杂，局域最小点数目很多。只有通过多个局域最小点结构的能量比较，才能得到全局最小点结构。具体操作是尝试多种不同的初始构象，分别进行优化，然后取其中能量最低的结构作为最优构象。图 6-19 是某势能面示意图。

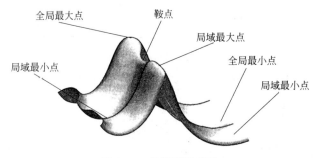

图 6-19　势能面示意图

6.3.7　分子力场参数化

分子力学势函数是由一系列的可调参数组成的。对可调参数进行优化，使分子力学的计算值最符合分子的某些性质的实验数值，得到一套力场的优化参数，再使用这套参数去预测相同原子类型的其他分子的结构和性质，这就是力场的参数化的过程。

分子力学计算结果的精确性除了与力场势函数表达式有关外，还与力场参数的数值密切相关。有效的力场势函数和正确的力场参数可使分子力学计算达到很高的精度，某些分子力学方法对分子性质的计算结果的拟合效果很好，其精度甚至高于实验值。一个好的力场不仅能重现已被研究过的实验观察结果，而且能用于解决未被实验测定过的分子的结构和性质。由于不同分子力学方法的力场势函数表达式是不同的，其力场参数不能相互替代使用。因此，在将一个力场中的参数应用于另一个力场时应十分小心。相对而言，分子力学在原子类型较少的有机化学领域应用较成熟。由于化合物原子类型很多，目前分子力场不可能适用于所有原子类型，满足各种化合物计算的要求。在缺乏力场参数时，就需要进行分子力场参数的优化。一般说来，优化一套适用于特定类型分子的力场参数是比较容易的，而优化一套适用同种原子类型的通用力场参数是不容易的。

传统的分子力场参数化方法是通过拟合实验数据（几何构型、构象能、生成热、光谱数据等）来优化参数。分子的几何构型和力场参数可由实验或量子化学计算获得。键伸缩振动常数可直接由价键力场计算或振动光谱获得。平衡键长、平衡键角和角弯曲常数可由 X 射线衍射、中子衍射、电子衍射和微电子光谱等方法测定，也可由量子化学计算得到。扭转位能参数则来自于 NMR 谱和弛豫时间。构象能可从光谱及热化学数据得到。非键参数可从晶格参数和液体的物理性质数据得到。如果缺乏足够的实验数据，力场的参数化就很困难。

另一种方法是量化计算力场参数拟合法。在分子力场发展的过程中面临的最大困难在于实验数据的缺乏，就会导致在势函数的参数化时遇到麻烦。原则上可以用量子化学从头计算法来确定力场参数。很显然，要准确地拟合势能面，就需要有足够多的计算点分布在整个势能面上，结果就会使得计算量变得非常大。但我们注意到从头计算不仅可以得到能量、原子电荷，还可以得到能量对坐标的一阶导数（即原子所受的力）、能量对坐标的二阶导数（Hessian 矩阵元）。这些结果和构成力场的基本要素——力场参数、电荷等是密切相关的。这样我们通过一次计算就可以得到用于拟合势能面的多个数据。

优化力场参数时，先要选择某些代表性化合物，根据其原子和成键化学环境不断修正力场参数，使得力场参数的计算结果与真实分子的结构、能量和分子的振动光谱一致，接着进行同类型化合物分子计算，验证这套参数的可靠性。力场参数的优化可使用最小二乘拟合法和尝试法。如果可用的实验数据很多，最小二乘拟合法更为实用。在实际优化过程中，经常结合使用这两种方法。

6.4 常见的力场

6.4.1 常见的力场介绍

① MM 形式力场是由 Allinger 等于 1989 年开发的，按发展先后顺序有 MM、MM2、MM3、MM4 等。其特点是将原子细分，如 C 原子分为 sp^3、sp^2、sp、酮基碳、环丙烷碳、碳自由基、碳阳离子等。同时在 MM 形式的力场中仔细考虑了许多交叉作用项，其结果往往优于其他形式的力场。但是其力场形式较为复杂，不易程序化，计算耗时。MM 力场适用于计算各种有机化合物、自由基和离子等，可得到精确的构象、构象能、各种热力学性质、振动光谱和晶体能量等。

② AMBER 力场由加州大学 Peter Kollman 等 1984 年开发，其特点是力场参数全部来自计算结果与实验结果的对比。AMBER 力场适用于较小的蛋白质、核酸和多糖等生化分子，可得到合理的气态分子几何结构、构象能、振动频率及溶剂化自由能等。

③ CHARMM 力场是哈佛大学 Martin Karplus 等于 1983 年开发的，其特点是力场参数除来自计算结果与实验值的对比外，还引用了大量的量子计算结果。此力场适用于小的有机分子、溶液、聚合物和生化分子等。除有机金属分子外，此力场可得到与实验结果相近的结构、作用能、构象能、转动能、振动频率、自由能和许多与时间相关的物理量。

④ CVFF 力场（Consistent Valence Force Field）是由 Dauber-Osguthorpe 等于 1988 年开发的，适用范围包括有机小分子和蛋白质体系，扩展后可用于某些无机体系的模拟，如硅酸盐、铝硅酸盐和磷铝化合物等，主要用于预测分子的结构和结合自由能。

⑤ 第二代力场主要包括 DFF91、CFF95、PCFF 和 MMFF93 等，其特点是在形式上较上述经典力场复杂，需要大量的力场参数。其力场参数除了引用大量的实验数据外，还参照了精确的量子计算结果。因此，能精确计算分子的各种性质、结构、光谱、热力学性质和晶体特性等，适用于有机分子和不含过渡金属元素的分子系统。

6.4.2 常见分子力场的选择

在实际应用中，研究者可以根据不同的需求和研究体系，选用合适的分子力场。如研究体系为蛋白质分子，研究目的为得到蛋白质分子的几何构型及能量等，首选 AMBER 力场、CHARMM 力场和 GROMCS 力场，也可用 CFF 力场、CVFF 力场和 MMFF94 力场。核酸分子的模拟可以采用 AMBER 力场、CHARMM 力场、GROMCS 力场、MMFF94 力场或用户自定义的力场。小分子-蛋白质复合物体系的模拟首选 CHARMM 力场和 MMFF94 力场，也可用 CVFF 力场和 CFF 力场。高分子化合物的模拟首选 COMPASS 力场，也可用 PCFF 力场和 CFF95 力场。

6.4.3 分子力场存在的问题

分子力场所采用的能量分解方案虽然符合人们对分子结构的直观认识，但是并无理论依据。力场所采用的势能函数以及参数均是通过拟合各种实验数据得出的。因此，分子力学方法本质上仍然是经验方法。分子力场作为一类经验方法，经常存在参数缺失问题，谐振势函数不能精确地拟合实验数据。另外，由于力场参数是拟合训练集分子得到的，那么这些参数用于计算其他分子准确吗？这是分子力场的迁移性问题。迁移性问题还包括状态迁移性问题，所拟合的实验数据是常温常压下测量的，模拟的场景可能是高温高压下的，那么分子力学的准确性也可能降低，这些都属于分子力场的局限性。

非键作用势中假定原子为球形，实际上非键作用受原子形状的影响，需要考虑孤对电子。对于静电作用的处理也过于简化，仅仅使用固定的原子部分电荷分布。两个相互作用原子之间的诱导偶极作用会受到其他原子的影响。因此，目前的分子力场还存在以下问题：

- 没有考虑两个相互作用原子间的诱导偶极的作用会受到其他原子的影响的情况；
- 非键作用势中假定原子为球形，实际上非键作用受原子形状影响，还需考虑孤对电子；
- 谐振势函数不能精确拟合实验数据；
- 对于静电作用的处理过于简化；
- 没有考虑原子极化率；
- 势函数的精度不够；
- 不能包含所有的金属元素。

可能的解决办法如下：

- 在键伸缩、键角弯曲、二面角扭曲转动等能量项中采用高次项，引入各种交叉能量项；
- 发展新一代可极化的分子力场（Polarizable Force Field）；
- 发展导出参数的系统方法（如量子化学计算）。

6.5　分子力学与量子力学的比较

分子力学概念清楚，便于理解及应用。分子力学中的总能量被分解成键伸缩、键角弯曲、二面角扭曲转动和非键作用等，与量子化学计算中的 Fock 矩阵等概念相比直观易懂。

分子力学计算比量子力学计算快几个数量级，因此能够计算的体系比较大，可以用于模拟蛋白质、核酸等生物大分子的结构和性质以及研究配体受体相互作用。分子力学方法可以获得分子的平衡结构、振动光谱、热力学性质等，但不能求得与电子结构有关的其他性质，也不能用于研究化学反应。计算量正比于 N^2（N 为原子总数）。

量子力学计算量较大，计算结果相对比较准确，主要用于优化有机小分子的几何结构，计算分子的能量、偶极矩、电荷分布等性质，研究有机反应途径和机理。近年来也逐步应用于计算分子间的相互作用。计算量正比于 n^4（n 为基函数总数）。

分子力学是经典模型，以原子为粒子，按经典力学运动，而量子化学则主要处理对象为电子，其运动服从量子力学规律。

量子化学中，电子或原子核间的相互作用服从库仑定律，而分子力学中每对原子之间有一特定的作用势函数，原子不同或者原子虽然相同但所处环境不同，则势函数不同，即使对同一对原子，也无法给出准确的普适势函数。

分子力学是一种经验方法，其力场是在大量的实验数据的基础上产生的。分子力学宜用于对大分子进行构象分析，研究与空间效应密切相关的有机反应机理、反应活性、有机物的稳定性，也可以研究生物活性分子的构象与活性的关系；但是，当研究对象与所用的分子力学力场参数化基于的分子集合相差甚远时不宜使用，当然也不能用于人们感兴趣但没有足够多的实验数据的分子。

对于化合物的电子结构、光谱性质、反应能力等涉及电子运动的研究，则应使用量子化学计算的方法。然而，在许多情况下，将量子化学计算和分子力学计算结合使用能够取得较好的效果。分子力学计算结果可为量子化学计算提供所需的分子构象坐标，而量子化学计算结果又给出了分子力学所不能给出的分子的电子性质。

6.6　分子力场应用

近几年来，随着现代技术的发展和应用，特别是计算机技术的发展，分子力学方法不仅能处理一般的中小分子，而且能处理大分子体系。不仅应用于有机化学领域，在其他的一些领域，如生物化学、药物设计和配位化学中，都有了广泛的应用。

由于计算量小，分子力学可以用来研究由成千上万个原子组成的分子体系，包括有机小分子、生物大分子（蛋白质、核酸和生物膜等）和材料分子体系。其主要应用包括以下几点。

● 对分子进行构象分析：确定优势构象，确定各种可能构象之间转化所需的能垒等。

● 对分子进行分子动力学模拟：研究分子的结构和性质随时间变化的关系可以得出分子

的振动光谱和热力学性质（标准生成热、焓和熵等）。

6.6.1 分子结构的优化

分子力学最重要的内容是根据适合的力场计算分子各种可能构象的势能，势能最低的构象为最稳定的构象。寻找势能最低点的过程称为能量最小化，所得到的构象称为几何优化构象。分子的几何优化构象是计算分子性能的基础。

分子结构优化的一般步骤如下：

- 利用分子模拟软件建立所要计算的分子的结构，即输入分子的坐标及连接关系；
- 选择力场方法、力场参数以及计算的终止条件；
- 使用能量极小化方法进行结构优化；
- 检查计算结果；
- 寻找全局最优；
- 根据最优结构获得分子的各种信息。

由于一般算法只是局部优化，这样的计算只能找到所用的初始构象附近的"最优构象"（图 6-20）。所以选择初始构象是非常关键的。为了找到全局能量最低构象，须将所有可能的初始构象分别进行优化，最后进行比较，从而确定分子体系的最优构象。对于较大的分子，可能的初始构象的数目会随原子数目的增加而急剧增加。在选择初始构象时，应从基本的化学知识出发，考虑将不可能的构象略去。

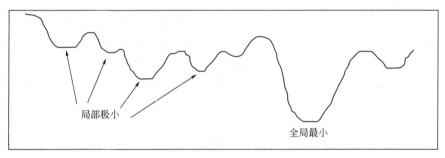

图 6-20　结构优化过程中能量局部极小和全局最小

目前常用的能量优化方法主要有以下几种。

① 数值优化方法，包括单变量顺序优化法（Sequential Univariate Method）和单纯型方法（Simplex Method）。

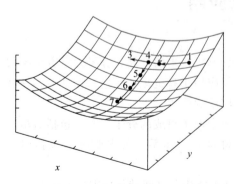

图 6-21　单变量顺序优化法示意图

如图 6-21 所示，单变量顺序优化法按照一定的顺序每次考察一个变量，如此循环往复直至函数值收敛在某极小值处。

② 使用体系能量一阶微商的方法，包括最陡下降法（Steepest Descent Method）和共轭梯度法（Conjugate Gradient Method）。

③ 使用体系能量二阶微商的方法，即牛顿迭代法也称牛顿-拉弗森法（Newton-Raphson Method）。

这些优化方法的特点为：最陡下降法的方向变化大，对结构的调整幅度较大，当接近极小点时收敛速度较慢。共轭梯度法的收敛速度较快，相对于初始结构的偏离不大，易陷入局部势阱。牛顿迭代法的计算量较大，当微商小时收敛快。大家可以根据研究体系的情况合理选用合适的方法。

对分子体系进行结构优化的计算量远远高于单点能计算。对于比较复杂的分子体系，一般而言先采用 Steepest Descent Method 对体系的结构进行粗略的优化，然后使用 Conjugate Gradient Method 或 Newton-Raphson Method 进行更精细的优化。

目前包含分子力学等计算方法的分子模拟软件很多，表 6-7 列出了常见的包含分子力场及其他计算方法的软件名称。

表 6-7 常见的包含分子力场的软件

软件名称	操作系统	性质	计算方法
Amber	Linux，Unix，Windows，MacOS	商业软件	分子力场，半经验方法
AmberFFC	Linux，Unix，Windows	免费软件	分子力场
BioMedCAChe	Windows	商业软件	分子力场
BOSS	Linux，Unix，Windows	商业软件	分子力场，半经验方法
CCP4	Linux，Unix，Windows	免费软件	分子力场
CHARMM	Linux，Unix	商业软件	分子力场
COSMOS	Windows	商业软件	分子力场，分子动力学
Drf90	Linux，MacOS	免费软件	分子力场
Gaussian	Linux，Unix，Windows，MacOS	商业软件	分子力场，分子动力学，半经验方法
GMIN	Linux，Unix	免费软件	蒙特卡罗，分子力场
GROMACS-CPMDQM/MM	Linux，Unix	免费软件	密度泛函，分子力场
GULP	Linux，Unix，Windows，MacOS	免费软件	分子力场
HARLEM	Linux，Unix，Windows	免费软件	分子力场
HyperChem	Linux，Windows，MacOS	商业软件	密度泛函，蒙特卡罗，分子力场，分子动力学，半经验方法
ICM	Linux，Unix，Windows，MacOS	商业软件	分子力场
ISOEFF98	Unix，Windows，MacOS	免费软件	从头计算电子结构，分子力场
Materials Studio	Linux，Unix，Windows	商业软件	密度泛函，蒙特卡罗，分子力场，分子动力学，半经验方法
MC-TINKER（MCSI）	Linux，Unix	免费软件	分子力场
MODYLAS	Linux，Unix	免费软件	分子力场，分子动力学
MOE	Linux，Windows，MacOS	商业软件	分子力场，分子动力学
MOLCAS	Linux，Unix，Windows	商业软件	从头计算电子结构，密度泛函，分子力场
OpenMOLCAS	Linux，Unix，Windows		从头计算电子结构，密度泛函，分子力场
PCMODEL	Linux，Unix，Windows，MacOS	商业软件	分子力场，半经验方法
PQS	Linux，Unix，Windows	商业软件	从头计算电子结构，密度泛函，分子力场，半经验方法
QCFF/SOL	Linux，Unix	免费软件	分子力场

软件名称	操作系统	性质	计算方法
Spartan	Linux，Unix，Windows，MacOS	商业软件	从头计算电子结构，密度泛函，分子力场，半经验方法
SZYBKI	Linux，Unix，Windows，MacOS	商业软件	分子力场
TINKER	Linux，Unix，Windows，MacOS	免费软件	分子力场，分子动力学
Vigyaan	Linux	免费软件	从头计算电子结构，密度泛函，分子力场，分子动力学

下面以 HyperChem 软件为例，介绍用分子力学方法优化分子结构的详细过程。

① 打开 HyperChem 软件，可以绘制分子结构，也可以打开提前画好的某种格式的分子结构文件（图 6-22 ）。

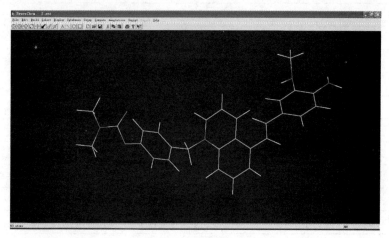

图 6-22　HyperChem 中绘制或打开的分子结构

② 检查分子结构，对于没有包含 H 的分子结构，可以选择使用加 H。使用菜单 Build/ Add Hydrogens 或 Build/ Add H & Model Build 后即可给分子自动加 H。

③ 使用菜单 Compute/QSAR Properties/Partial Charges 计算分子中各个原子的部分电荷，见图 6-23。

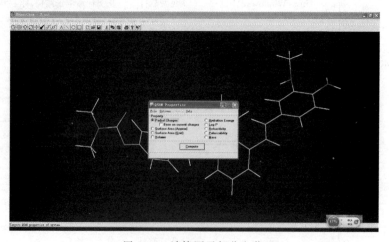

图 6-23　计算原子部分电荷

④ 使用菜单 Set Up/Molecular Mechanics Force... 选择合适的分子力场计算方法（图 6-24）。

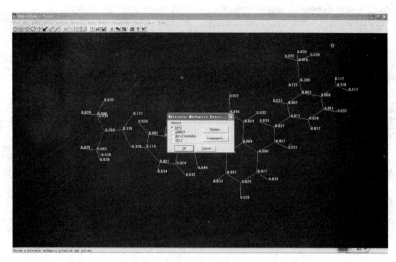

图 6-24　选择分子力场计算方法

⑤ 使用菜单 Set Up/Select MM＋ Parameter Set 选择合适的力场参数，也可以选择自己编译力场参数（图 6-25）。

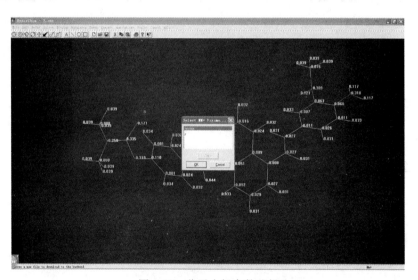

图 6-25　分子力场参数选择

⑥ 使用菜单 Compute/Molecular Mechanics Optimization 对当前的分子结构进行优化。在此过程中需要选择最优化算法（Algorithm）和优化过程结束的条件（Termination Condition），见图 6-26。

分子结构优化完成以后需要仔细检查分子结构是否正确，如果不正确，就需要重新调整分子的初始构型，或选择其他的最优化算法，对分子再优化。由于目前的算法为能量局部极小化算法，因此不能仅根据一次优化的结果就确定分子的最优化结构，往往需要尝试很多不同的初始构型，分别优化之后才能获得比较靠近最优结构的构型。另外，由于分子力学是一种相对比较粗糙的经验方法，因此其结果经常会作为其他更高精度计算方法的初始构象。

分子的最优构象获得之后，就可以用此构象计算分子的各种性质，如键长（表 6-8），

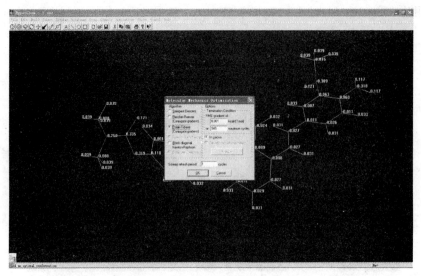

图 6-26　分子几何结构优化与参数设置

键角（表 6-9）和生成焓（表 6-10）等。

表 6-8　不同力场计算的键长值和实验值

	Sybyl	MM+	MM3	实验值
	CH_3CH_3			
C—C	1.554	1.532	1.531	1.526
C—H	1.095	1.115	1.113	1.109
	CH_3COCH_3			
C—C	1.518	1.517	1.516	1.522
C—H	1.107	1.114	1.111	1.110
C=O	1.223	1.210	1.211	1.222

表 6-9　不同力场计算的键角

	Sybyl	MM+	MM3
	CH_3CH_3		
H—C—C	109.5	111.0	111.4
H—C—H	109.4	107.9	107.5
	CH_3COCH_3		
C—C—C	116.9	116.6	116.1
H—C—H	109.1	108.3	107.9
C—C=O	121.5	121.7	122.0

表 6-10　MMX 力场方法计算的不同物质的生成焓 $[\Delta H_f/(kcal/mol)]$ 与实验值

	MMX	实验值
	−29.53	−29.50
	−18.26	−18.40

	MMX	实验值
□	5.96	6.80
△	13.37	12.70
O（五元环）	−44.09	−44.02
$CH_3CH_2CH_3$	−24.77	−24.82
（甲基环己烷结构）	−37.02	−36.99

6.6.2 定量构效关系

定量结构活性关系（Quantitative Structure-activity Relationships，QSAR）也称定量构效关系，是利用统计学方法建立反映化合物结构参数与其某种生物活性之间的定量关系的数学模型。在建模的过程中，以化合物的理化参数或结构参数为自变量（x）、生物活性为因变量（y），利用理论计算和统计分析工具来研究系列化合物的结构（包括疏水、静电、电子和几何结构等）与其生物效应（包括药物活性、毒性、药效学性质、药物代谢动力学参数和生物利用等）之间的定量关系 [$y = f(x)$]。定量结构活性关系不仅反映了化合物的分子结构和它们的生物活性之间的数量关系，而且反映了影响其生物活性的主要结构因素。通过定量结构活性关系模型，我们可以对化合物的活性进行预测，并提供与生物活性相关的信息，为设计新的药物分子提供理论指导，因此定量结构活性关系方法在药物设计研究中具有重要的作用。

定量结构活性关系方法是目前应用较多的化合物性质/活性的预测方法。在药物化学领域被广泛应用于预测化合物的吸收、分布、代谢、排泄和毒性（Absorption，Distribution，Metabolism，Excretion，Toxicity，ADMET）性质及各种生物活性，在此基础上获得有用的结构信息，可用于设计新的化合物，在药物设计过程中 ADMET 性质预测的重要性已经被广泛认可。除此之外，由于 QSAR 方法具有快速、高效的特点，它可以缩短药物设计的时间周期，节省人力财力，因此近年来定量构效关系的方法得到了迅速的发展。QSAR 主要分为 2D-QSAR、3D-QSAR 和多维 QSAR，下面主要介绍 2D-QSAR 和 3D-QSAR。

（1）2D-QSAR

二维定量结构活性关系方法是将分子整体的结构性质作为参数，对分子药物活性进行统计分析，建立化学结构与药物活性相关性模型的一种药物设计方法。二维定量结构活性关系的研究集中在两个方向：结构数据的改良和统计方法的优化。传统的 2D-QSAR 方法有正辛醇/水分配系数法、线性由能法（LFER）、线性溶剂化能相关方法（LSER）、分子连接性指数法（MCI）、基团贡献法（Free-Wilson）、分子表面积法（TSA）等。它们主要研究经验参数对化合物性质的影响。后来发展了新的方法来建立 2D-QSAR 模型，其中 CODESSA（Comprehensive Descriptors for Structural and Statistical Analysis）是一种方便而有效的工具。通过此软件能够快速地计算几百个分子描述符，利用不同的方法对描述符进行筛选后，就可以建立 QSAR 模型。通常对研究体系的样本进行随机分组：训练集和测试集。其中训练集用来建立模型和对模型进行优化，测试集用来检测模型的泛化能力。最后，所建立的最优模型可以对训练集和测试集进行预测。

利用 CODESSA 建立 2D-QSAR 模型的步骤如下。

● 输入文件准备。首先画出分子的二维结构，然后用 HyperChem 软件中的分子力学 MM＋方法对分子结构进行初步优化，再用量子化学的半经验 PM3 方法进行精确优化，最后用 MOPAC 软件实现格式转化。

● 描述符计算。将优化后的分子结构文件导入 CODESSA 软件中，计算出化合物的组成、静电、量化、拓扑和几何这五大类描述符。

● 模型建立。对计算出的分子描述符，利用启发式算法（Heuristic Method，HM）对大量的分子结构描述符进行完全搜索，经筛选描述符后，建立合理的多元线性模型。

启发式方法采用预处理的方式，首先根据规则排除掉一些描述符。预选过程中按其单个参数模型的相关系数从高到低排列每个描述符，然后计算描述符之间的相关系数，去掉相互间相关性大于 0.8 的描述符。HM 的优点是：对数据的大小没有限制。HM 速度快，是其他方法的 2～5 倍，而且所建立的模型质量也较高，它可以快速有效地估计从数据中获得的相关系数，也提供多种回归方法。此外，还可以结合其他变量选择（如 Genetic Algorithm，GA）及非线性建模方法（如 Artificial Neural Network，ANN）建立更加准确的非线性模型。

【例 6-1】 遗传函数逼近（Genetic Function Approximation，GFA）和最小二乘支持向量机（Least Squares Support Vector Machine，LSSVM）建立 2D-QSAR 模型预测离子液体（Ionic Liquids，ILs）对水生细菌 *Vibrio fischeri* 的生态毒性。

离子液体为熔点小于 100℃的离子熔融盐，是由无机/有机阴离子和有机阳离子构成的离子化合物。近年来，因它们独特的物理化学性质，引起了广泛的关注。由于其具有低至可忽略的蒸气压，不易燃，几乎不挥发，具有高的热稳定和电化学稳定性，对大多数的化合物有较强溶解能力，它们曾被当作"绿色溶剂"，选择替代传统的挥发性有机溶剂。值得注意的是 ILs 的结构可以灵活设计，仅需改变阳离子和阴离子的组合，就能得到另一种离子液体。因此，ILs 的物理化学性质可以由不同的可用的阳离子和阴离子的组合自主地合理设计。基于此种优势，目前产生了成千上万种具有更加优异性能的 ILs。ILs 的众多种类和独特的物理化学性质使 ILs 在诸多领域有着广泛的应用，如有机合成、催化和生物催化、电化学、太阳能电池、色谱分离、生物质加工处理、药物载体，甚至核材料废弃物的再处理等都在使用 ILs。

尽管 ILs 因其独特的性质被当作绿色溶剂得到广泛的应用，但它们在生产应用过程中带来的潜在的风险不容忽视。随着工业生产和应用的剧增，它们越来越可能被释放到水环境中。ILs 在水中具有高的溶解性，可能会对水生生态系统产生负面的影响，主要原因是它们不易挥发，大多数很难被水中的微生物降解，从而在环境中累积。更严重的是，ILs 本身具有很高的电化学稳定性和热稳定性，进一步加剧了它们的生物累积。因此，可能会引起严重的水污染，对微生物带来潜在的生态风险。*Vibrio fischeri*，作为一种普通的生物发光性的水生细菌，是最广泛使用于生态毒性测定的细菌之一。然而，因 ILs 种类繁多，传统的生态毒性测定通常是耗时、耗成本、耗资源的。因此建立一种快速可行、方便的方法预估 ILs 的毒性是非常必要并且很重要的。

69 种 ILs 的结构和相应的对 *Vibrio fischeri* 的生态毒性数据来自环境研究与可持续技术中心（www.Il-ceo.uft.uni-bremen.de）UFT/Merck 离子液体生物效应数据库。生态毒性值采用半数有效浓度（EC_{50}，μ mol/L，时间：30 min）表示，并将它转化成 $\lg EC_{50}$ 的形式。

① 利用 GFA 建立的线性模型如下：

$$\lg EC_{50} = 4.191 + EC_{50}^{\text{Cation}} + EC_{50}^{\text{Anion}}$$

$$EC_{50}^{\text{Cation}} = -0.108 \times DisPm - 1.084 \times Mor16u + 0.891 \times HATSv - 1.415 \times C08AL$$

$$EC_{50}^{\text{Anion}} = -0.005 \times MW$$

$N_{\text{Training}} = 52$，$R^2 = 0.893$，$RMSEC = 0.402$，$F = 76.424$，$R^2_{\text{adj}} = 0.881$，$Q^2_{\text{cv}} = 0.859$，$RMSECV = 0.461$

$$N_{\text{Test}} = 17,\ R^2 = 0.903,\ RMSEP = 0.388$$

式中，$DisPm$、$Mor16u$、$HATSv$ 和 $C08AL$ 为 ILs 的阳离子结构参数；MW 为 ILs 的阴离子结构参数。从模型的各种统计参数（表 6-11）和 $\lg EC_{50}$ 预测值与实验值散点图（图 6-27）可以看出所建立的线性 2D-QSAR 模型具有一定的稳健性和可靠性。

② 利用 LSSVM 建立非线性 2D-QSAR 模型，图 6-28 为 ILs 的 $\lg EC_{50}$ 实验值与 LSSVM 模型预测值的散点图。其统计参数见表 6-11，可以看出，就拟合能力、稳健性、预测能力而言，非线性的 LSSVM 模型的性能略优于线性的 GFA 模型。

表 6-11　GFA 与 LSSVM 模型的统计参数

	训练集				测试集	
	R^2	$RMSEC$	Q^2_{cv}	$RMSECV$	R^2	$RMSEP$
GFA	0.893	0.402	0.859	0.461	0.903	0.388
LSSVM	0.910	0.371	0.867	0.449	0.933	0.317

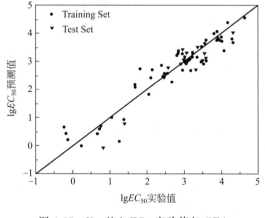

图 6-27　ILs 的 $\lg EC_{50}$ 实验值与 GFA 模型的预测值散点图

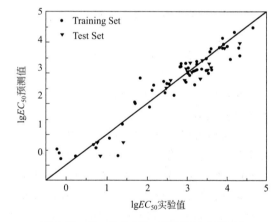

图 6-28　ILs 的 $\lg EC_{50}$ 实验值与 LSSVM 模型预测值的散点图

所建立的线性 GFA 和非线性 LSSVM 2D-QSAR 模型具有可靠性，均能用于预测 ILs 对 *Vibrio fischeri* 的生态毒性。其中非线性的 LSSVM 模型的性能略优于线性的 GFA 模型，因此，LSSVM 模型能更精确地预测 ILs 对 *Vibrio fischeri* 的生态毒性值。通过 GFA 模型得到 5 个结构描述符，包括 4 个阳离子和一个阴离子的结构描述符。由描述符的类型、含义和 T-test 值可以得出，阳离子结构是 $\lg EC_{50}$ 主要的影响因素，对 *Vibrio fischeri* 的生态毒性起着主导作用。总之，生态毒性主要取决于阳离子的大小、疏水性和它们的三维空间结构。

（2）3D-QSAR

三维定量构效关系反映了药物分子与大分子（蛋白或核酸）在相互作用过程中的非键相互作用模式，如范德华相互作用、静电相互作用、氢键作用和疏水相互作用，与二维定量结构活性关系相比有更加明确的物理意义和更多的直观信息，因而20世纪80年代以来，三维定量结构活性关系逐渐取代了二维定量结构活性关系的地位，成为合理设计药物的主要方法之一。应用最多的三维定量结构活性关系方法是比较分子力场分析（Comparative Molecular Field Analysis，CoMFA）和比较分子相似性指数分析（Comparative Molecular Similarity Index Analysis，CoMSIA）。除此之外3D-QSAR还有其他方法，例如分子形状分析（Molecular Shape Analysis，MSA）、距离几何方法（Distance Geometry，DG）等。

CoMFA和CoMSIA方法认为，化合物周围的分子场决定了药物分子与对应蛋白之间的相互作用，用探针粒子来定量计算分子周围力场参数，并将其作为自变量，药物活性作为因变量，进行回归分析，结合回归分析的结果用等势图直观地展示药物与生物大分子之间的相互作用，从而为设计新药提供一定的理论指导。

CoMFA和CoMSIA方法将具有相同骨架的分子进行骨架叠合，目的是让它们的空间取向尽量一致，然后用不同的探针粒子在分子周围的空间中游走，计算药物分子与探针粒子之间的相互作用，并记录下空间不同坐标处相互作用的能量值，从而获得不同分子场的数据。其中立体场用甲烷分子作为探针，疏水场用水分子作为探针，静电场用氢离子作为探针等。CoMSIA是对CoMFA方法的改进，它改变了药物分子与探针粒子相互作用能量的计算公式，从而获得更好的分子场参数。在大多数情况下，用CoMSIA方法计算的结果比CoMFA稳健地多，而且CoMSIA中的等势图能解释更多的分子结构特征（如疏水性、氢键受体、给体）对生物活性的影响，但CoMSIA不一定能得到比CoMFA更好的结果。

CoMFA和CoMSIA方法的具体流程如图6-29所示。

3D-QSAR具体操作步骤如下。

● 首先画出化合物的结构并进行优化，优化后用活性值最高的化合物作为模板，采用某种方法进行叠合。

● 添加力场并进行计算。CoMFA包括立体场和静电场；CoMSIA包括立体场、静电场、疏水场、氢键给体场和氢键受体场。首先采用偏最小二乘法中留一法（Leave One Out，LOO）确定主成分数，然后建立最优的模型。

● 结果分析。分析等势图能得到影响化合物生物活性的结构因素。根据这些等势图就可以对化合物进行结构改造，以便设计出活性更高的新颖化合物。

【例6-2】 GPR55拮抗剂的3D-QSAR与分子设计研究

G-蛋白耦联受体（GPCRs）几乎存在于人体的每个器官，目前在许多领域发挥着作用，包括癌症、心功能不全、糖尿病、中枢神经系统疾病、肥胖、炎症和疼痛的治疗靶点等，因此许多药物公司专门致力于该受体的研究。其中GPR55（hGPR55）是人类在1999年首次鉴定和克隆的一个孤蛋白耦合受体，它能够在人类大脑中高水平表达。GPR55相关的mRNA在大脑（尾状核、伏隔核、壳核和纹状体）、免疫细胞和器官（淋巴细胞、脾脏）、胃和肠道中得到高度表达，也已在许多癌症细胞上高效表达，并且发现GPR55表达与具有扩散和侵略性的细胞有关。此外，GPR55可以对一些炎症、神经病理性疼痛、血管舒张和

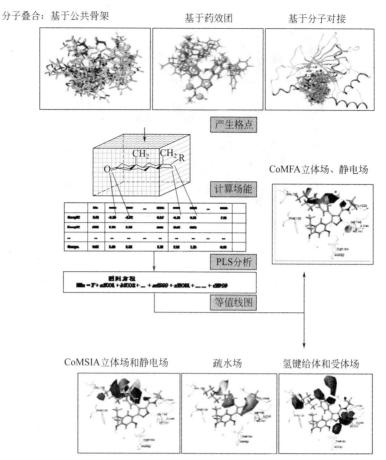

图 6-29 CoMFA 和 CoMSIA 模型的一般步骤

骨吸收有一定的调节作用。因此，GPR55 是治疗糖尿病、帕金森病、神经病理性疼痛和癌症的潜在药物靶点。

目前，研究人员发现香豆素衍生物对 GPR55 起到一定的拮抗作用，8-amido-chromen-4-one-2-carboxylic 衍生物对 GPR55 也有一定的拮抗作用，但这些化合物对 GPR35 也有相对较高的拮抗能力。因此，找到具有选择性和高活性的 GPR55 拮抗剂是一项非常紧迫而重要的任务。

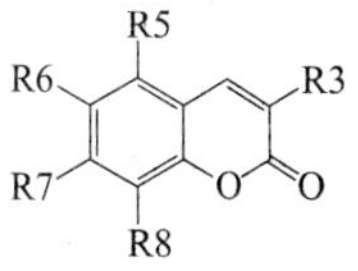

70 个 GPR55 拮抗剂包括两类化合物，第一类是香豆素衍生物，共 28 个化合物，第二类是 8-amido-chromen-4-one-2-carboxylic 衍生物，共 42 个化合物，它们的共同骨架见图 6-30。所有化合物的半抑制浓度（IC_{50}）是通过同样的方法测量的，它们的活性分布在 $0.113 \sim 54 \mu M$ 之间。

图 6-30 GPR55 拮抗剂的共同骨架

用具有最高抑制活性的分子作为模板来和其余化合物进行骨架叠合。叠合效果图如图 6-31 所示，其中共同的骨架原子标记成了绿色。

图 6-32 为 ComFA 模型立体场和静电场等势图，在该图中，绿色区域（贡献率为 80%）代表在此引入大的取代基团有利于化合物活性的增加，黄色区域（贡献值为 20%）代表在此添加大的取代基团会降低化合物的活性。相类似的，蓝色区域（贡献值为 80%）代表引入电正性基团有利于提高化合物的活性，而红色区域（贡献值为 20%）代表在此引入电负

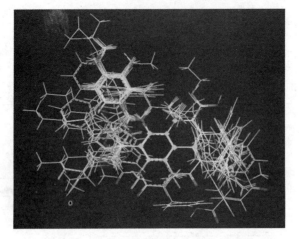

图 6-31 70 个 GPR55 拮抗剂骨架叠合图

性基团有利于化合物活性的增加。

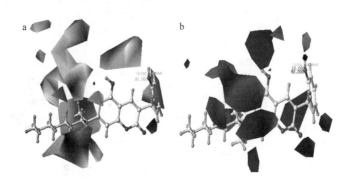

图 6-32 ComFA 模型立体场和静电场等势图

CoMSIA 模型的立体场、静电场和疏水场的等势图如图 6-33 所示，立体场 [图 6-33 (a)] 和静电场 [图 6-33(b)] 与 CoMFA 的差不多一致。（扫描图-33 右侧二维码可看彩图）图 6-33(c) 中黄色（贡献值为 80%）区域代表引入疏水性取代基对活性的增加是有利的，紫色（贡献值为 20%）区域代表引入亲水性取代基能够提高化合物的活性。

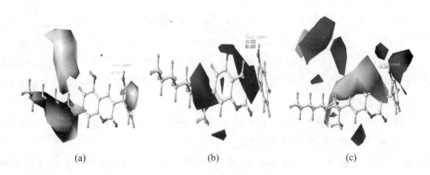

图 6-33 CoMSIA 模型立体场、静电场和疏水场等势图

根据 CoMFA 和 CoMSIA 等势图的分析结果，设计了 6 个化合物，并且用 CoMFA 和

CoMSIA 模型对这 6 个化合物的活性进行了预测，见表 6-12。

表 6-12　活性最高的化合物和新设计的 6 个潜在分子的各种模型的预测值

编号	结构	实验值	预测值(CoMFA)	预测值(CoMSIA)
26		6.947	7.037	6.970
N1		—	6.364	6.586
N2		—	6.720	6.787
N3		—	6.313	6.231
N4		—	6.299	6.402
N5		—	6.282	6.529
N6		—	6.425	6.557

　　利用建立的 3D-QSAR 模型对影响药物活性的因素进行了分析，为设计新的抑制剂提供指导。这些因素可以总结以下几点：①原子数、分子的大小和体积、分子的稳定性、碳原子的化合价以及环的相对个数都对活性有一定的影响；②在苯杂环的 7 取代位置大基团对活性提高有利，6 取代位置小基团对活性提高有利；③在苯杂环的 6、7、8 位置引入电正性取代

基，3、5 位置引入电负性取代基有利于提高化合物的活性；④在苯杂环的 3 取代位置引入疏水性取代基，8 取代位置引入亲水性的取代基能够提高化合物的活性。在上述信息的基础上，设计了具有较高的活性的六个新的化合物。

6.6.3　分子对接

分子对接是基于结构的药物设计的重要方法之一，是一种可靠的、相对廉价的研发药物和先导化合物的重要手段。通过分子对接可以大致确定药物分子与蛋白的作用靶点，从而为设计新药提供理论基础。研究药物小分子在蛋白的活性位点的作用模式主要有两方面的目的。

① 确定小分子配体的生物活性构象；

② 直观地认识配体在蛋白活性口袋中与周围残基的相互作用。分子对接是在分子水平上理论模拟配体与受体的相互作用，并通过实验来验证和补充，在某些方面有着实验不可替代的重要作用。

分子对接的思想最初起源于 1894 年德国著名有机化学家 Fischer 提出的关于酶与底物作用的"锁钥学说"，即配体与受体通过类似钥匙和锁的识别关系相互匹配。该理论主要强调的是受体与配体之间的几何匹配。当然，生物体内的识别过程绝非如此简单，药物分子与受体分子都具有柔性，在识别的过程中要达到最佳匹配，不仅要满足空间上的匹配，还要满足能量的匹配以及化学环境的匹配，这是分子识别过程中的互补原则。随着人们对药物分子与生物大分子相互作用认识的不断加深，这种基于几何匹配的模型理论逐渐被完善。1958 年，Koshland 提出"诱导契合"的概念，该理论认为底物与酶结合的过程中会诱导活性氨基酸残基的构象发生变化，以使底物与受体达到最佳结合的构象，从而得到稳定的复合物构象。

根据对接算法的不同简化程度，可将分子对接分为三类。

① 刚性对接：在对接计算过程中，所有分子构象均不发生变化。此方法简化程度最高，计算量也最小，速度最快，适合处理大分子之间的对接。

② 半柔性对接：通常固定大分子的构象或仅仅允许有很少量的活性位点的关键氨基酸残基发生构象变化，小分子的构象可以变化，但也有一定程度的限制，如固定关键键角、二面角等。半柔性对接对对接精度和计算量均采取了折中的策略，应用比较广泛。

③ 柔性对接：配体和受体的构象均可自由变化，其运算量非常大，耗时多，因此应用十分有限。

分子对接的基本流程包括以下五个部分。

- 准备受体和配体结构。
- 优化配体和受体，生成配体和受体构象。
- 识别结合位点。
- 进行最佳构象对接。
- 分析对接结果。

可用于分子对接的软件有很多，商业软件有 FlexX、Glide、Surflex、GOLD、Afiinity、FRED、MVD、CM、LigandFit 等；免费软件有 3D-DOCK、Autodock、DOCK 等。

【例 6-3】　HIV 蛋白酶抑制剂的分子对接研究

获得性免疫缺陷症（Acquired Immunodeficiency Syndrome，AIDS）是一种由人体免疫缺陷病毒（Human Immunodeficiency Virus，HIV）入侵人体引起的免疫系统疾病。在人体

的环境下，HIV 病毒会破坏免疫系统，最终会危及人类的生命。高活性抗逆转录病毒疗法（Highly Active Antiretroviral Therapy，HAART）利用多种抗逆转录病毒的药物是治疗 HIV 感染的标准方法。然而，长期服用多种药物来维持生命会导致病毒的耐药性和一些副反应。因此仍然需要寻找不仅可以高效抑制 HIV 病毒而且副反应较少的新颖药物。目前，一系列具有新的作用机制的抗逆转录病毒药物不断地被研究出来，比如 Pyrimido［1，2-c］［1，3］benzothiazin-6-imine 派生物是一些具有简单结构的化合物，具有新的作用机制，可能成为潜在的药物，但是具体的作用机制还没完全理解，很有必要利用分子模拟的方法进行系统深入地研究。

60 个 Pyrimido［1，2-c］［1，3］benzothiazin-6-imine 派生物来源于文献，利用 Autodock 进行对接计算的研究。对接过程如下：小分子和蛋白质都添加 Gasteiger 电荷和极性氢。格点盒子大小采取 60 * 60 * 60，格点距离设为 0.0375 nm。每个配体对接 100 次，总能量评估设为 2500000，初始种群数设为 150，采用拉马克遗传算法，其余的参数设为默认值。最后得到 100 个构象，以 RMSD 等于 0.2 nm 进行聚类分析，选取能量最低聚类数最多的来进行研究。

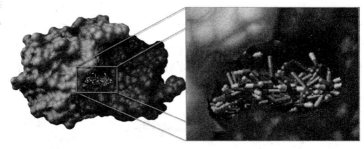

图 6-34　小分子和蛋白质的相互作用

如图 6-34 所示，蛋白质以实体形式表示，小分子以棍棒式显示。通过分子对接，60 个化合物全部对接到 HIV-1 蛋白酶的活性口袋，可以看到小分子与 HIV-1 蛋白酶很好地结合在了一起。通过结合能的一些参数和活性位点对比分析发现高活性分子的结合能都比低活性分子的结合能低，表明高活性分子与蛋白酶结合更好。ASP29 和 ASP30 是主要的形成氢键的位点，在小分子和蛋白质相互作用中有重要作用。所有化合物结合的静电能无显著差异，因此，在该体系中，氢键能和范德华相互作用能在结合能中起主要作用。图 6-35 为代表性化合物和 HIV-1 蛋白酶的结合模式，表 6-13 为 8 个代表性化合物分子对接后的结合能参数和结合位点，可以看出所有化合物的活性位点没有很大的差别，说明它们与蛋白酶的结合位点一致。

图 6-35　代表性化合物和 HIV-1 蛋白酶的结合模式

表 6-13　8 个代表性化合物分子对接后的结合能参数和结合位点

编码	对接能 /(kcal/mol)	氢键能和距离	分子间作用能 /(kcal/mol)	静电作用能 /(kcal/mol)	活性位点
15	−8.04	−0.516(-OCH$_3$-GLY48)(2.25 Å)； −6.539(-NH-ASP30)(1.958 Å)	−8.63	−0.13	(−8.601, 15.88, 29.326)
24	−8.84	No hydrogen bond formed	−9.14	−0.03	(−8.949, 15.707, 28.189)
26	−8.41	−4.282(-NH-ASP29)(2.154 Å)	−8.71	−0.12	(−10.081, 16.007, 30.106)
27	−8.13	−4.839(-NH-ASP29)(2.002 Å)	−8.43	−0.02	(−9.533, 15.791, 29.265)
28	−8.46	No hydrogen bond formed	−8.75	−0.03	(−8.949, 15.708, 28.204)
32	−8.09	−2.171(-NH-ASP29)(2.149Å)； −4.325(-NH-ASP29)(1.977 Å)	−8.39	−0.09	(−9.812, 15.383, 25.193)
34	−8.41	No hydrogen bond formed	−8.71	−0.03	(−8.914, 15.765, 28.293)
37	−5.89	−0.107(-NH-ASP30)(1.98 Å)	−5.89	−0.08	(−7.922, 16.776, 22.295)

图 6-36 为代表性化合物和 HIV-1 蛋白酶的对接结果，其中抑制剂和相互作用的残基用棍棒式表示。氢键用绿色的圆点表示。每个图的下角都是结合形式的另一种表达方式，结合

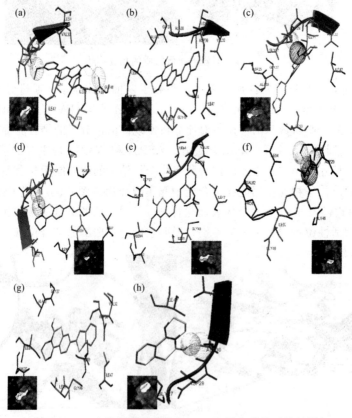

图 6-36　8 个代表性化合物和 HIV-1 蛋白酶的对接结果

(a) 配体 15；(b) 配体 24；(c) 配体 26；(d) 配体 27；(e) 配体 28；(f) 配体 32；(g) 配体 34；(h) 配体 37

口袋用实体形式表示。从图中可以看到，抑制剂均对接到了蛋白酶的活性口袋内。对残基的分析，有助于进一步了解作用机理。在配体周围都是一些疏水性的残基，例如 ALA28、VAL32、ILE47、GLY48、GLY49、ILE50 和 ILE84。可以得出它们之间主要是疏水性相互作用和去溶剂化效应。在活性口袋周围是一些亲水性残基，比如 ASP25、ASP29 和 ASP30，这些亲水性基团在配体和蛋白相互作用中起到主要作用。我们可以看到配体 37 只与蛋白酶的一条链结合。从图 6-36(h) 实体图中可以看到，配体 37 没有充满整个活性口袋，可以推断分子的大小对抑制剂的活性也有一定的影响。

6.6.4 分子动力学模拟

分子力场是分子动力学的基础，在分子动力学模拟过程中主要用于计算体系内原子之间的相互作用，其中包括在同一分子内原子间的成键相互作用和在不同分子间的范德华相互作用、氢键相互作用等。给体系选择合适的力场十分重要，目前常用的力场有 AMBER 力场、Charmm 力场、Gromos 力场和 OPLS 力场等。

分子动力学（Molecular Dynamics，MD）方法，也称为分子动态法。由于分子力场所描述的是静态性质的势能，而真实分子的构象除受势能的影响外，还受到外部因素如温度、压力等条件的影响。在这种情况下，分子动力学的计算应当是更切合实际、符合真实状态的计算方法。

通过分子动力学，求解每个粒子的运动方程，通过分析系统来确定粒子的运动状态，从而以动态观点考察系统随时间演化的行为。MD 方法一般认为粒子服从牛顿运动规律，分子、原子的轨迹通过求解牛顿运动方程得到，势能（或其对笛卡尔坐标的一阶偏导数，即力）通常可以由分子间相互作用势能函数、分子力学力场、从头算给出。分子动力学最早在 20 世纪 50 年代由物理学家提出，该技术不仅可以得到原子的运动轨迹，还可以观察到原子运动过程中各种微观细节，如今广泛应用于药物设计、物理、化学、生物体系和材料科学等理论研究中（图 6-37）。

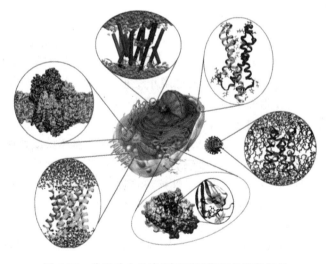

图 6-37　分子动力学应用于不同靶标的药物设计

分子动力学的基本步骤如下。

① 确定起始构型：进行分子动力学模拟的第一步是确定起始构型，一个能量较低的起

始构型是进行分子模拟的基础，一般分子的起始构型主要来自实验数据或量子化学计算。在确定起始构型之后要给构成分子的各个原子赋予速度，这一速度是根据玻尔兹曼分布随机生成的，由于速度的分布符合玻尔兹曼统计，因此在这个阶段，体系的温度是恒定的。另外，在随机生成各个原子的运动速度之后须进行调整，使得体系总体在各个方向上的动量之和为零，即保证体系没有平动位移。

② 进入平衡相：由上一步确定的分子组建平衡相，在构建平衡相的时候会对构型、温度等参数加以监控。

③ 进入生产相：进入生产相之后体系中的分子和分子中的原子开始根据初始速度运动，可以想象其间会发生吸引、排斥乃至碰撞，这时就根据牛顿力学和预先给定的粒子间相互作用势来对各个粒子的运动轨迹进行计算，在这个过程中，体系总能量不变，但分子内部势能和动能不断相互转化，从而使体系的温度也不断变化，在整个过程中，如果模拟时间无限，理论上体系会遍历势能面上的各个点。计算分析所用样本均是从这个过程中抽取的。

④ 计算结果：用抽样所得体系的各个状态计算当时体系的势能，进而计算构型积分。

⑤ 作用势与动力学计算：作用势的选择与动力学计算的关系极为密切，选择不同的作用势，体系的势能面会有不同的形状，动力学计算所得的分子运动和分子内部运动的轨迹也会不同，进而影响到抽样的结果和抽样结果的势能计算，最初的分子动力学计算采用比较简单的刚球势，现在更多地采用伦纳德-琼斯势，后者能够更好地与粒子间相互作用拟合。

⑥ 时间步长与约束动力学：分子动力学计算的基本思想是赋予分子体系初始运动状态之后，利用分子的自然运动在相空间中抽取样本进行统计计算，时间步长就是抽样的间隔，因而时间步长的选取对动力学模拟非常重要。太长的时间步长会造成分子间的激烈碰撞，体系数据溢出；太短的时间步长会降低模拟过程搜索相空间的能力，因此一般选取的时间步长为体系各个自由度中最短运动周期的十分之一。通常情况下，体系各自由度中运动周期最短的是各个化学键的振动，而这种运动对计算某些宏观性质并不产生影响，因此就产生了屏蔽分子内部振动或其他无关运动的约束动力学，约束动力学可以有效地增加分子动力学模拟的时间步长，提高搜索相空间的能力。

【例 6-4】 Chk1 与三唑酮抑制剂作用机理的分子动力学研究。

检测点激酶（Chks）属于丝氨酸/苏氨酸蛋白激酶，能够调节细胞对 DNA 损坏的反应，并能协调细胞周期。Chk1 和 Chk2 作为 Chk 家族的两个酶，虽然结构不同，但是功能上却都与很多遗传毒性疾病有关。Chk1 能够通过阻止受损细胞的异常进入参与调节 G2/M 检测点。由于突变的发生，很多肿瘤细胞都不能正常控制 G1/S-phase 检测点。而由于 G1/S-phase 功能紊乱，癌细胞主要依赖于 G2/M 检测点来阻止细胞周期反应和维持基因修复。Chk1 参与 DNA 损坏反应，所以成为许多癌症如肺癌、卵巢癌、血癌、乳腺癌、结肠癌、胰腺癌和头颈癌的抑制器。尽管化疗和离子放射性疗法在癌症治疗上有广泛的应用，但是由于在杀死癌细胞的同时也会杀害正常细胞，因此有多种副作用。多项研究证明 Chk1 抑制剂能够选择性增强肿瘤细胞的遗传毒性，而对正常细胞能够做出正常的 DNA 损坏反应。所以，通过废除剩余的那个检测点来对 Chk1 进行药物抑制是一个潜在的抗癌疗法。近年来，已经设计合成出许多不同骨架的 Chk1 抑制剂，其中抑制活性较好的是三唑酮（图 6-38）。但是，三唑酮抑制剂的抑制机理和活性变化的结构依据仍然不明。因此，很有必要用分子动力学模拟的方法进行系统的研究。

图 6-38　三唑酮抑制剂的共同骨架

采用 Guassian 09 在 HF/6-31G * 水平下对所有的代表性分子进行结构优化和静电势计算。小分子使用 general AMBER force field(gaff) 力场，蛋白质使用 ff99SBildn 力场。AMBER11 中的 ANTECHAMBER 工具用于通过限制性电势方法（RESP）指定配体的参数，而 LEaP 模块用来加氢。然后，所有的溶质放在一个装有平衡过的 TIP3P 水分子的周期性大小为 12 Å 的矩形盒子中溶剂化。加入钠离子中和体系。

整个分子动力学模拟过程在 AMBER11 中进行。Sander 用来能量最小化和平衡 5 个体系。每个体系先后进行三个连续的能量最小化；每一步中，首先进行 1000 步最陡下降能量最小化法，允许水分子和离子自由移动，接下来进行 3000 步的共轭梯度能量最小化法，保持蛋白质和抑制剂原子以 10 kcal/(mol·Å) 的力场限制常数固定在原来的位置。然后，将每个体系放在 NVT 系统中缓慢地由 0 K 加热到 298.15K，用时 50ps。接下来，5 个 50 ps 的 MD 平衡运行，分别将限制重量设为 5.0、2.0、1.0、0.5 和 0.1。最后，释放所有的限制条件，进行 150ps 的 MD 平衡。在 production MD 模拟中，采用 AMBER11 中支持 CUDA 的 PMEMD 来提高动力学模拟的效率。将每个体系的温度稳定在 298.15 K，压力稳定在 1 atm，放在 NPT 系统中进行 15 ns 的无限制 MD 模拟。在模拟过程中，采用周期性限制条件和 particle-mesh Ewald(PME) 来计算所有的静电作用力。将截断值设为 10.0 Å 来计算 PME 的实空间势能和。SHAKE 算法用于限制氢原子相关的键长。

选择了 5 个代表性的分子进行比较分析，它们在共同骨架的两个取代位有不同的取代基，生物活性遍布 4 个数量级。小分子 5a 能够较好地抑制 Chk1(IC$_{50}$ = 0.1 nM) 表明该分子值得进行详细的研究。与小分子 5a 相比，小分子 16e 在 R$_2$ 位上取代羟甲基导致活性降为 20 nM。小分子 31 中在 R$_1$ 位引入一个噻唑基团显著降低了生物活性（IC$_{50}$ = 2.96 μM），而小分子 37 在 R$_1$ 位引入一个咪唑基团也导致了生物活性降低（IC$_{50}$ = 0.17 μM）。小分子 14k 在 R$_1$ 位上取代了 4-吡啶基，R$_2$ 位上取代了氨基，强烈影响了活性（IC$_{50}$ = 1.1 μM）。那么是什么原因导致在一个或者两个位置发生改变就会引起 IC$_{50}$ 的显著变化呢？

小分子 16e 在 R$_2$ 位上存在一个 -OCH$_3$，而 5a 的 R$_2$ 位取代了 -CH$_3$。结构上一个细微的差异导致了 16e 的生物活性低于 5a。Chk1-16e 体系的计算结合自由能也要比 Chk1-5a 体系少 6.62 kcal/mol，这是与观察到的生物活性值相一致的。Chk1-16e 体系的极性能量贡献（0.85 kcal/mol）要比 Chk1-5a 体系的（-3.89 kcal/mol）更不利一些，而前者的非极性能量贡献（-39.86 kcal/mol）要比后者的（-41.75 kcal/mol）略不利一些。如图 6-39(b) 所示，复合体系 Chk1-16e 中的许多残基能量贡献都要比 Chk1-5a 更不利一些。特别是 Glu90 表现出了

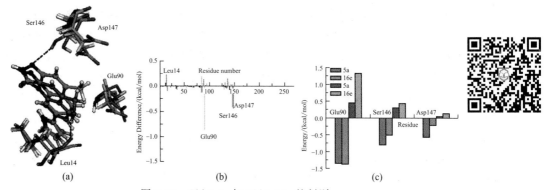

图 6-39　Chk1-5a 与 Chk1-16e 的判别

(a) Chk1-5a 与 Chk1-16e 的 MD 提取平均结构对比图；(b) Chk1-5a 与 Chk1-16e 的残基能量贡献差别图；
(c) 重要残基的极性和非极性能量贡献（$\Delta G_{\text{non-polar}}$ 用红色和绿色表示，ΔG_{polar} 用蓝色和青色表示）

较大的能量差别，说明该残基决定了小分子 5a 的活性高于 16e。参照 6-39(c) 所示，5a 中 Glu90 的极性能量贡献明显高于 16e。除此之外，Ser146 能够与 5a 形成一个氢键，却不能与 16e 形成氢键。这为 Chk1-5a 中的 Ser146 和 Asp147 能量贡献比 Chk1-16e 中的对应残基更有利提供了依据。更有趣的是，小分子 16e 中的 R_2 位上的-OCH$_3$ 与残基 Leu14 形成了一个分子间氢键，导致了该残基对结合自由能的贡献更有利一些。与此同时，16e 与残基 Leu14 之间的氢键使得抑制剂小分子远离残基 Glu90，由此减少了复合体系 Chk1-16e 中残基 Glu90 的极性能量贡献。因此，在 R_2 位上引入亲水基团不利于提高三唑酮抑制剂的抑制活性。

三唑酮抑制剂 5a 和 31 的 R_1 位的取代基不同。小分子 5a 中 R_1 位的吡咯基团被 31 中的噻唑基替代。尽管取代基存在较小的差别，但是 31 对 Chk1 的抑制活性远远低于 5a。另外，抑制剂 31 的计算结合自由能要比 5a 弱 10.32 kcal/mol。总体来看，极性作用能差别（8.83 kcal/mol），尤其是静电作用能差别，主要决定了小分子 5a 的结合能力要强于 31。结合自由能分解图，Cys86 和 Glu90 两个残基决定了 Chk1-5a 与 Chk1-31 之间较大的能量差别。参照图 6-40(b) 和图 6-40(c)，Cys86 在 5a 与 31 的结合能力差别中起主要作用。复合体系 Chk1-5a 中 Cys86 的极性能量贡献（−2.35 kcal/mol）负于 Chk1-31（−0.60 kcal/mol），而 Chk1-5a 中 Cys86 的非极性能量贡献（−0.88 kcal/mol）略少于 Chk1-31（−1.14 kcal/mol）。Cys86 与小分子 5a 中的吡咯基形成一个氢键，却不能与 31 形成，这与抑制剂-残基相互作用图谱是相一致的。这个氢键的形成导致 5a 能够较好地稳定于 Chk1 的活性口袋中。总之，R_1 位上的噻唑基由于没有极性氢原子的存在不能与残基形成氢键作用力，这说明了在 R_1 位保留含有极性氢原子的基团更有利于三唑酮抑制剂与 Chk1 结合。

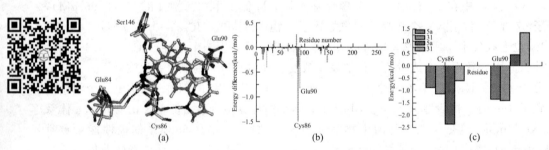

图 6-40　Chk1-5a 与 Chk1-31 的判别

(a) Chk1-5a 与 Chk1-31 的 MD 提取平均结构对比图；(b) Chk1-5a 与 Chk1-31 的残基能量贡献差别图；
(c) 重要残基的极性和非极性能量贡献（$\Delta G_{\text{non-polar}}$ 用红色和绿色表示，ΔG_{polar} 用蓝色和青色表示）

小分子 5a 与 37 的结构差别主要是 R_1 位，5a 中是吡咯基，37 中是咪唑基。由图 6-41(a) 所见，5a 和 37 的 MD 预测构象仅仅存在一个原子的差别，这主要归因于对接过程是选取能量最低的构象作为结果最好的构象。但是，两个配体的细微的结构差别却导致了结合自由能存在很大差异。5a 和 37 之间的计算结合自由能差别是 7.59 kcal/mol，其中非极性能量贡献差别是 3.77 kcal/mol，极性能量贡献差别是 3.82 kcal/mol。根据图 6-41(b) 和图 6-41(c) 可见，三个重要残基 Glu90、Ser146 和 Asp147 能量贡献差别非常突出。上面讨论的 16e 也存在同样的状况。根据两个复合体系的结构叠合图可得，37 与 Ser146 之间不存在稳定的氢键，这为 Ser146 和 Asp147 对总体自由能的贡献较少提供了依据。由于与 Ser146 之间不存在极性作用力，小分子 37 间接地远离残基 Glu90，导致了残基 Glu90 的贡献减少。结果，在 R_1 位引入一个咪唑基将对配体与 Chk1 结合产生较大的影响。

最后，对小分子 5a 与 14k 进行对比分析（图 6-42）。与小分子 5a 相比，14k 的两个位

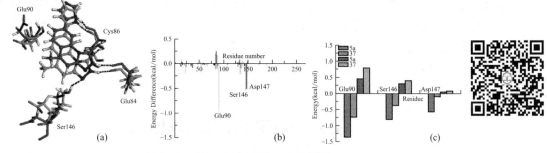

图 6-41　Chk1-5a 与 Chk1-37 的判别

（a）Chk1-5a 与 Chk1-37 的 MD 提取平均结构对比图；（b）Chk1-5a 与 Chk1-37 的残基能量贡献差别图；
（c）重要残基的极性和非极性能量贡献（$\Delta G_{\text{non-polar}}$ 用红色和绿色表示，ΔG_{polar} 用蓝色和青色表示）

置的取代基发生了改变。其中一个是 R_1 位，5a 中的吡咯基被 14k 中的 4-吡啶基取代。另一个是 R_2 位，14k 中是—NH_2，而 5a 中是—CH_3。这些结构上的改变使得活性值由 0.1 nM（5a）变为 30 nM(14k)。根据计算可知两个抑制剂之间的预测结合自由能差别为 6.98 kcal/mol，这与抑制活性的差别是相一致的。计算的结合自由能的差别明显依赖于极性能量贡献的差别（6.84 kcal/mol）。由图 6-42（b）可见，Cys86 和 Glu90 是导致 5a 活性高于 14k 的主要贡献残基，而 Glu16 和 Asp147 倾向于提供不利贡献。虽然这两对重要残基的能量贡献差别是相反的，但是在相互抵消之后 5a 活性高于 14k。因此，R_2 位的—NH_2 导致 Glu16 和 Asp147 产生更多的能量贡献。这是由于—NH_2 能与这两个残基产生较大的极性作用力。而且，14k 中能量贡献有利的残基类似于 31，参照图 6-42（b）和图 6-40（b）。另外，从两个小分子与 Chk1 结合的复合物叠合图可以明显看出，14k 没有形成两个氢键。这主要归因于 14k 的 R_1 位上缺少极性氢原子，使得该分子不能与残基 Cys86 形成氢键。

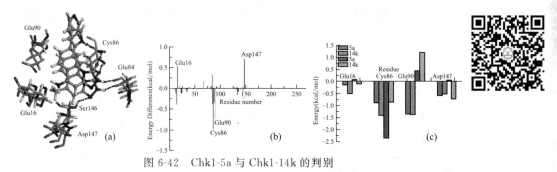

图 6-42　Chk1-5a 与 Chk1-14k 的判别

（a）Chk1-5a 与 Chk1-14k 的 MD 提取平均结构对比图；（b）Chk1-5a 与 Chk1-14k 的残基能量贡献差别图；
（c）重要残基的极性和非极性能量贡献（$\Delta G_{\text{non-polar}}$ 用红色和绿色表示，ΔG_{polar} 用蓝色和青色表示）

总之，计算所得的结合自由能数据与相互作用模式相符，定量揭示了不同位置的取代基对生物活性的影响。通过以上讨论分析，决定活性差异的主要作用力为：①R_1 与 Glu84 和 Cys86 两个残基之间的氢键作用力；②三唑酮抑制剂与 Ser146 之间的氢键作用力。基于体系模拟所得的结构和能量特征，不同的氢键作用力和疏水作用力决定了五个三唑酮抑制剂活性的差别。同时，也得到影响生物活性的一些结构因素，这将为以后三唑酮抑制剂的优化提供重要的信息。R_1 位上的极性氢原子与残基 Cys86 形成氢键，使得小分子稳定与 Chk1 活性口袋结合。此外，通过 16e 和 14k 与 5a 的对比分析，得到在 R_2 位引入亲水基团将会导致结合能力减弱。

综上，各个体系的重要残基 Leu14、Val22、Ala35、Glu84、Tyr85、Cys86 和 Leu136

的能量贡献相似，说明了所研究的分子与 Chk1 结合的模式类似。通过对三唑酮抑制剂与 Chk1 结合的能量和结构特征进行详细深入的比较分析，发现 R_1 位上的极性氢原子与残基 Cys86 形成氢键能够使小分子稳定地与活性口袋结合，从而提高活性。然而，在 R_2 位引入亲水基团会导致活性降低。

6.7 分子力学发展趋势

2000 年孙淮及其同事共同开发了 Direct Force Field（DFF）软件包，它的独特功能是能够通过量子化学计算从头算（ab initio）得到的数据和实验观测数据来建立分子力场。使用该软件包可以高效地找到针对特定体系的力场参数，从而使克服分子模拟的瓶颈——缺乏许多真实体系的力场参数变得可能。同时因为它把分子按照碎片来处理，所以突破了以往分子力场在可迁移性和可扩展性方面的局限，这将有力地推动"求全"型的分子力场的发展。DFF 是通过拟合量子力学从头算数据得到键参数和电荷参数、利用分子液体或晶体的热力学数据优化非键参数的。它包括四个基本功能：自动将待处理的分子拆分成易于参数化的分子碎片、从量化数据推导力场参数、用分子动力学方法优化非键参数和用数据库管理分子碎片及参数。DFF 可以更好地促进"求全"型力场的发展，同时也为"求精"型力场的发展带来了新的机遇。这种新的"求精"型力场与过去的"求精"型力场相比，研究的体系更加特定，精度更高，从而为分子力场由"求全"转向"求精"发展提供了极好的机遇。

① 随着各个学科研究的不断深入，需要研究的体系越来越复杂，要求的精度也越来越高。在保持相当精度的条件下，"求全"型的分子力场要想涵盖所有需要研究的体系常常是十分困难的事情。

② 人们在使用分子力场时常常只是针对某一特定体系，而力场中 99％的参数却与该体系并不直接关连。

③ 随着计算机软硬件的发展，采用复杂精确的函数形式越来越成为可能，而且 DFF 能够方便高效地找到针对特定体系的力场参数，明显减少了针对某一特定体系建立新的高精度力场所花费的时间和精力。

力场本身不存在真正正确的形式，如果一种力场比另一种力场表现好，那么这种力场是更加可取的。计算机模拟作为除理论和实验之外的第三种科学研究的方法，其基石之一分子力场的不断发展必将为人类认识客观世界做出更大贡献。

计算化学的诺贝尔化学奖：将实验带入信息时代

迄今为止，诺贝尔化学奖已两度颁发给了从事化学信息学相关研究的科学家。而且，随着信息的急剧增多和计算机及网络技术的发展，化学信息学必将在推动化学学科发展的过程中起到越来越重要的作用。

1998 年诺贝尔奖化学奖授予沃特·科恩（美）和约翰·波普尔（英）。沃特·科恩提出的密度泛函理论对化学作出了巨大的贡献。约翰·波普尔发展了化学中的多种量子化学计算方法，这些方法是对薛定谔方程（Schrödinger equation）中的波函

沃特·科恩(Walter Kohn)　约翰·波普尔(John A Pople)

数作不同的描述。他创建了一个理论模型化学，其中用一系列越来越精确的近似值，系统地促进量子化学方程的正确解析，从而可以控制计算的精度，研究人员可以通过高斯（Gaussian）计算机程序实现这些计算。

马丁·卡普拉斯　　迈克尔·莱维特　　亚利耶·瓦谢尔
(Martin Karplus)　(Michael Levitt)　(Arieh Warshel)

　　2013 年诺贝尔奖化学奖得主为：马丁·卡普拉斯（Martin Karplus），迈克尔·莱维特（Michael Levitt）和亚利耶·瓦谢尔（Arieh Warshel），以奖励他们在"发展复杂化学体系多尺度模型"方面所做的贡献。

　　化学家们常常会利用塑料短杆和小球来表示分子结构。今天，化学家们早已开始使用电脑来展示各种模型。在 20 世纪 70 年代，Martin Karplus、Michael Levitt 和 Arieh Warshel 的工作为这项强大工具的应用奠定了基础，帮助我们加深对化学过程的理解与预测。时至今日，化学领域所取得的大部分重要进展都离不开先进的计算机模型的帮助。

　　如今化学家在计算机上所进行的实验几乎与在实验室里做的一样多。从计算机

上获得的理论结果被现实中的实验证实，之后又产生了新的线索，引导我们去探索原子世界工作的原理。在这一角度，理论和实践呈现出相辅相成、互相促进的关系。

牛顿的苹果和薛定谔的猫。在此之前，经典物理学与量子力学分属于互相对立的世界，而 2013 年诺贝尔化学奖在这两个世界之间打开了一扇门，并带来了活跃的合作前景。

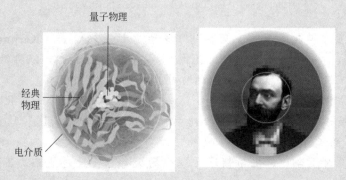

如今，科学家在模拟分子反应的过程时，他们会在必要时借助计算机。反应系统核心的计算基于量子物理学，而在远离反应核心区域的地方，模型计算则基于经典物理学；在最外的几层，原子和分子甚至混合在一起，形成同质的物体。通过这些理论简化，我们可以对大型的化学系统进行模拟计算。

化学反应极为迅速，在数百万分一秒间，电子已经完成从一个原子核向另一个原子核的迁移。经典化学已经难以跟上这样的步伐，要想借助实验方法去描绘化学过程中的每一个小步骤几乎已经是不可能的任务。2013 年的诺贝尔化学奖成果简单来说便是综合了两个不同领域方法的精华，设计出了基于经典物理与量子物理学两大领域的方法。

（1）将实验带入信息时代

化学反应极为迅速，电子在原子核间迅速迁移，让科学家们眼花缭乱。2013 年度诺贝尔化学奖的获得者们所做的工作，让化学家们得以借助计算机的帮助揭示化学的神秘世界。这一进展所带来的对详细化学过程的了解将帮助我们改善催化剂、药物甚至太阳能电池板方面的工艺。

现在，全世界的化学家们每天都在计算机上设计并进行实验。这样的场景之所以能够实现，正是得益于三名科学家：Martin Karplus、Michael Levitt 和 Arieh Warshel 在 20 世纪 70 年代开始所做的工作。他们仔细审视复杂化学过程中的每一个小步骤，而这些细节通常是肉眼难以察觉的。

（2）一张图像胜过千言万语，但并非全部

为了便于普通读者理解这项成就的意义，我们在这里举例说明。假设现在你接到一项实验任务：创造人工光合作用。这种发生在植物绿叶之中的神奇化学反应让我们的大气中充满氧气，而这正是地球上的生命体赖以生存的基础。然而从环境保护的角度来看同样具有重要意义——如果能模拟光合作用机制，那么就能制造出更加高效的太阳能电池板。当水分子被分解就会产生氧气，同时也会产生可以被用做能源的氢气。因此开展这方面的工作具有巨大的吸引力和价值。一旦成功，将帮助世界对抗温室效应。

首先，你可能需要上网查找与光合作用有关的蛋白质的三维精细结构，这在一些大型数据库中便可以免费获得。在你的电脑上，你可以自由地从各个角度进行查看。这些巨大的蛋白质分子可能包含数以十万计的原子。在其中存在一个很小的区域，称作反应中心。正是在这里水分子被分解。

然而实际上仅有少部分的原子实际参与到这项过程中。比如说，你看到四个锰离子、一个钙离子和数个氧原子。在你面前，你很清楚地看到这些原子和离子的相对位置，但你却无从知晓它们各自在反应中的作用。而这正是你需要搞清楚的地方。

这一过程的细节利用传统的化学方法几乎是不可能完整呈现的，在一瞬间可以发生许多事，而这一事实便已经让传统的试管研究方法成为不可能。光凭电脑屏幕上显示的图像，你也很难去猜测其中具体的反应过程，因为这些图像是在蛋白质处于静止状态时绘制的。而当阳光照射到绿叶上，这些蛋白质就会充斥能量，其整个原子结构都会发生改变。为了理解这一过程，你需要了解注入能量之后蛋白质的样子。

实现这一点这就需要仰赖 2013 年度诺贝尔化学奖得主科学家们所奠基的一种计算机程序。

（3）理论与实践的相互促进

借助软件帮助，你可以模拟一个化学过程中各种可能的反应路径，这就是模拟或模型。这样做将让你得以了解在反应不同阶段不同原子所起的作用。

随后，当你找到了那些似乎可行的反应路径之后，你就可以开展实验来验证这种计算机给出的反应路径是否确实是正确的，从而反过来修正模型，提升其进行模拟时的精确度。如此相互促进，让现在化学家们在试管和计算机前所花费的时间已经几乎相同。

那么，此次被授予诺贝尔化学奖的这种计算机程序又究竟有着何种独到之处呢？

（4）牛顿的苹果和薛定谔的猫

在此之前，当科学家们需要在电脑上模拟分子，他们所拥有的软件要么是基于经典物理的，要么则是基于量子物理学的。

这两种方法各自有其优缺点。经典物理的强大之处在于其计算过程相对简单，并且可以模拟非常大型的分子结构，并向化学家们展示一个大型分子的精细结构。但是它也拥有明显的劣势，那就是它无法模拟化学反应过程，因为在反应过程中，分子是充满能量而处于激活态的。经典物理学方法无法理解这种状态，这也是它最严重的缺陷。

因此为了表现这一部分，化学家们不得不求助于量子物理学。在这一理论中，电子具有两态性，它既可以是粒子，也可以同时是波，就像薛定谔的猫，它可以同时处于活着和死亡的状态。

量子物理学的优势在于它是不偏不倚的，基于它所产生的模型不会带有任何科学家们的先入之见。因此这样的模拟将更加接近真实。然而量子物理学方法最大的局限性就是它需要海量的计算。

在量子物理学方法中，计算机将需要处理分子内部的每一个电子和每一个原子核。这就有点像是电子图像的像素，像素增加当然可以提升图像的质量，但是与此同时它也会大大增加电脑的运算量。相似的，基于量子物理学的方法可以更真实地描述化学反应过程，但需要强大的计算机。而在 20 世纪 70 年代，这就意味着它只能被应用于非常有限的小分子上。在考察反应过程时科学家们也不得不忽略其周遭环境，尽管现实情况下的化学反应往往都是在某种溶剂环境下发生的。然而如果科学家们将溶剂环境因素也考虑进去的话，那么他们要想得到运算结果可能就将需要等上数十年的时间了。

因此，经典物理学和量子物理学是两个完全不同的领域，在一些方面甚至是冲突的。然而 2013 年的诺奖获得者成功地在这两者之间打开了一扇门，将牛顿和他的苹果、和薛定谔与他的猫相互结合在了一起。

（5）量子化学与经典物理学的结合

20 世纪 70 年代，Martin Karplus 在美国哈佛大学的实验室中迈出了最初一步。Karplus 一直致力于量子物理方法的研究工作。他带领的研究组开发的计算机程序可以利用量子物理学原理来模拟化学反应过程，还提出了"Karplus 方程"。该方程的原理后来被应用到了核磁共振技术之中，这是一项化学家们所熟知的，基于分子的量子特性而发展起来的方法。

1970 年，在完成博士学位之后，以色列的 Arieh Warshel 抵达了 Martin Karplus 在美国的实验室。Arieh Warshel 原先在以色列的魏茨曼科学研究所进行博士阶段的研究工作。这一研究所拥有一台超级计算机 Golem，这是犹太人民间传说中一种生物的名字。在 Golem 的帮助下，Arieh Warshel 和 Michael Levitt 发展了一套革命性的计算机程序，其基于经典理论，可以实现对所有分子的模拟，甚至是那些巨大的生物分子。

Arieh Warshel 加入 Martin Karplus 在哈佛大学的实验室，他也带来了他的计算机程序。就从此时开始，他和 Martin Karplus 开始共同开发一种新型程序，其可以对不同的电子采用不同的处理方法。在大部分分子结构中，每个电子都围绕一个原子核运行，但在有些分子中，部分电子可以在几个原子核之间自由运行。比方说，视网膜分子结构中就存在这种自由电子。Karplus 长久以来对视网膜就有浓厚兴趣，因为这是一种分子的量子化学过程，并会造成生物学效应；当光线抵达视网膜，其中的自由电子充满能量，从而造成分子结构变形。这是构成人类视觉的最初步骤。

最后，Martin Karplus 和 Arieh Warshel 成功地建立了视网膜结构模型。然而他们一开始建立的模型是被大大简化了的。他们发展了一套计算机程序，当其处理自由电子时会采用量子物理算法，而当处理其他电子和原子核时则采用更加简单的经典物理方法。1972 年，他们公布了这项最新的方法，这是世界上首次实现这两种方法的结合。但这种方法是有局限性的，它要求分子必须是镜面对称的。

（6）计算生命化学的通用程序

经过在哈佛大学为期两年的深造，Arieh Warshel 与 Michael Levitt 重新会合。Michael Levitt 已在剑桥大学完成博士培训，主要研究生物分子学，如 DNA、RNA 和蛋白质等。他使用了经典的计算机程序来更好地了解生物分子究竟是什么样子的。但其只能研究静止状态下的分子。

Arieh Warshel 与 Michael Levitt 的志向很远大。他们希望开发出一款程序，可用来研究酶类，以及主导和简化鲜活有机体化学过程的蛋白质。在学生时代，Arieh Warshel 就曾关注过酶类的功能。也正是酶类之间的相互合作让生命成为可能，它们几乎控制着生命体内的所有化学反应。如果想了解生命，就需要了解酶类。

为模拟酶类反应，Arieh Warshel 与 Michael Levitt 需要使经典物理学和量子物理学更顺畅地协作，这可能需要几年的时间来解决各种问题。于是，他们在魏茨曼科学研究所（Weizmann Insitute）着手研究。但几年后 Michael Levitt 完成博士后培训后，他回到了剑桥。后来，Arieh Warshel 与 Michael Levitt 在剑桥会合。1976 年，他们实现了自己的目标，发表了全球首个酶类反应计算机模型。自此，在模拟化学反应时，规模已不再是问题。

（7）专注于核心原子

当前化学家在模拟化学过程时，他们会应用到所需的一切装备。他们会对直接影响化学过程的每一个电子和原子核进行量子物理计算。这样，他们才可能获得最佳的实验结果。而分子的其他部分则使用经典物理学的方程式进行模拟。

为了不浪费计算资源，Michael Levitt 和 Arieh Warshel 已经对工作量进行了进一步削减。计算机无需再对每一个单一的原子进行计算，尤其是那些无关紧要的部分。他们已经证明，在计算过程中，完全可以将几个原子进行合并处理。

（8）模拟的深远意义需由未来决定

当前科学家们可以通过计算机进行试验，这有利于我们更深入地了解整个化学过程。Martin Karplus、Michael Levitt 和 Arieh Warshel 所发明的多尺度模型的意义在于其具有普遍性，可用来研究各种各样的化学过程，从生命分子到工业化学过程等。科学家们还可以以此优化太阳能电池、机动车的燃料，甚至药品等。

其研究进展还不仅如此，Michael Levitt 还曾在一份刊物中谈到其梦想：在分子层面上模拟鲜活有机体，这是一个颇具吸引力的想法。2013 年的诺贝尔化学奖得主所开发的计算机模型已经足够强大，但究竟能在多大程度上丰富我们的知识还需时间来证明。

思考与练习

1. 在分子模拟中为何要引入分子力学方法？
2. 分子力场计算出来的能量到底是什么能量？
3. 如果一个分子的力场能量为零，这个分子就可以认为是该力场的参考态么？
4. 分子力学的参数化方法有哪些？
5. 为什么不同力场间的力场参数原则上不能互换使用？

6. 分子力学的优缺点有哪些？

7. 实现分子力学计算通常需要通过哪些步骤？

8. 为什么对静电作用的处理在适用于核酸分子体系（DNA 或 RNA）的力场中尤为重要？

9. 假定某分子有两种可能的构象同时存在，其能量分别为 -25.0 kcal/mol 和 -26.0 kcal/mol。请计算两种构象存在的比例。

10. 请数一数 binol（1，$1'$-联二萘酚）分子中共存在多少键？多少角？多少对范德华非键相互作用？

11. 分别采用不同的分子力学方法优化环己烷，查看优化结果并分析原因。

12. 为什么构象分析的目的不是单纯地获得所谓的最低能量构象？

13. 对苯酚进行分子力学优化，比较不同的分子力学力场的计算结果，找出分子力学中势能的构成项。

14. 应用分子力学计算比较顺式 2-丁烯和反式 2-丁烯的相对稳定性。

15. 用不同的方式表示苯酚分子表面的电荷分布及溶剂可及化表面积。

16. 计算苯分子上各个原子的电荷分布以及最高占据轨道和最低空轨道的分子轨道能级。

参考文献与扩展阅读

[1] D J Bacon，J Moult. Docking by least-squares fitting of molecular surface patterns. J. Mol. Biol.，1992，225：849-858.

[2] C F Fan，T Cagin，W Shi et al. Local chain dynamics of a model polycarbonate near glass transition temperature：A molecular dynamics simulation. Macromol. Theo. and Simul.，1997，6：83-102.

[3] P L Aldred，H M Colquhoun，D J Williams et al. Critical role of diffraction simulation in establishing the crystal and molecular structures of poly（biaryl ether ketone）s. Macromolecules，2002，35（25）：9420-9425.

[4] H M Colquhoun，P L Aldred，Z Zhu. First structural analysis of a naphthalene-based poly（ether ketone）：Crystal and molecular simulation from X-ray powder data and diffraction modeling. Macromolecules，2003，36（17）：6416-6421.

[5] N Funasaki，M Fukuba，T Kitagawa et al. Two-dimensional NMR study on the structures of micelles of sodium taurocholate. J. Phys. Chem. B，2004，108（1）：438-443.

[6] A Leonard，C Escrive，M Laguerre et al. Location of cholesterol in DMPC membranes. A comparative study by neutron diffraction and molecular mechanics simulation. Langmuir，2001，17（6）：2019-2030.

[7] R G Stomphorst，G van der Zwan，M A M J van Zandvoort et al. Spectral effects of excitonic interactions in disordered solid films. J. Phys. Chem. A，2001，105（17）：4235-4240.

[8] D H Andrews. The Relation Between the Raman Spectra and the Structure of Organic Molecules. Phys. Rev.，1930，36：544-554.

[9] T L Hill. On steric effects a reactive potential for hydrocarbons with intermolecular interactions on steric effects. J. Chem. Phys.，1946，14：465-478.

[10] I Dostrovsky. Mechanism of substitution at a saturated carbon atom. Part XXXII. The rôle of steric hindrance.（Section G）magnitude of steric effects，range of occurrence of steric and polar effects，and place of the wagner rearrangement in nucleophilic substitution and elimination. J. Chem. Soc.，1946，0：173-194.

[11] F H Westhermer. A Calculation of the Energy of Activation for the Racemization of 2，$2'$ - Dibromo-4，4'-Dicarboxy-diphenyl. J. Chem. Phys，1947，15：252-260.

[12] F H Westhermer. The Calculation and Determination of the Buttressing Effect for the Racemization of 2，$2'$，3，$3'$-Te-

traiodo-5,5′-dicarboxybiphenyl. J. Am. Chem. Soc. ，1950，72：19-28.

[13] E B Wilson，J C Decius，P C Cross. Molecular Vibrations，McGraw-Hill，New York，1955.

[14] B H Westhermer，M S Newman，Ed. ，Wiley，New York，1956.

[15] J B Hendrickson. Molecular Geometry. I. Machine Computation of the Common Rings. J. Am. Chem. Soc. ，1961，83：4537-4547.

[16] A Lifson，S Warshel. Consistent Force Field for Calculations of Conformations，Vibrational Spectra，and Enthalpies of Cycloalkane and n-Alkane Molecules. J. Chem. Phys. ，1968，49：5116-5229.

[17] N L Allinger，M Thomas Tribble，M A Miller et al. Conformational analysis. LXIX. Improved force field for the calculation of the structures and energies of hydrocarbons. J. Am. Chem. Soc. ，1971，93：1637-1648.

[18] (a) L S Bartell，Representations of molecular force fields. 3. Gauche conformational energy. J. Am. Chem. Soc. ，1977，99：3279-3282. (b) L S Bartell. On the Effects of Intramolecular van der Waals Forces. J. Chem. Phys. ，1960，32：827-831.

[19] S J Weiner，P A Kollman，D A Case. A new force field for molecular mechanical simulation of nucleic acids and proteins. J. Am. Chem. Soc. ，1984，106：765-784.

[20] B R Brooks，R E Bruccoleri，B D Olafson et al. CHARMM：A program for macromolecular energy，minimization，and dynamics calculations. J. Comput. Chem. ，1983，4：187-217.

[21] B R Brooks，A D Mackerell. The Encyclopedia of Computational Chemistry，1：271-277.

[22] N L Allinger，Y H Yuh，J H Lii. Molecular mechanics. The MM3 force field for hydrocarbons. 1. J. Am. Chem. Soc. ，1989，111：8551-8566.

[23] P Hobza，P M Kabelac，J Sponer et al. Performance of empirical potentials (AMBER，CFF95，CVFF，CHARMM，OPLS，POLTEV)，semiempirical quantum chemical methods (AM1，MNDO/M，PM3)，and ab initio Hartree-Fock method for interaction of DNA bases：Comparison with nonempirical beyond Hartree-Fock results. J. Comp. Chem. ，1997，18：1136-1150.

[24] V S Allured，M Kelly，C R Landis. SHAPES empirical force field：new treatment of angular potentials and its application to square-planar transition-metal complexes. J. Am. Chem. Soc. ，1991，113：1-12.

[25] A K Rappe，C J Casewit，K S Colwell et al. UFF，a full periodic table force field for molecular mechanics and molecular dynamics simulations. J. Am. Chem. Soc. ，1992，114：10024-10035.

[26] T A Halgren. Merck molecular force field. II. MMFF94 van der Waals and electrostatic parameters for intermolecular interactions. J. Comp. Chem. ，1996，17：520-522.

[27] W L Jorgensen，D S Maxwell，J Tirado-Rives. Development and testing of the OPLS all-atom force field on conformational energetics and properties of organic liquids. J. Am. Chem. Soc. ，1996，118：11225-11236.

[28] N L Allinger，K Chen，J H Lii. Molecular mechanics (MM4) vibrational frequency calculations for alkenes and conjugated hydrocarbons. J. Comput. Chem. ，1996，17：730-746.

[29] H Sun. COMPASS：An ab initio force-field optimized for condensed-phase applications - Overview with details on alkane and benzene compounds. J. Phys. Chem. B，1998，102：7338-7364.

[30] Introduction of DFF. 2002，Aeon Technology Inc.

[31] S Y Ma，M Lv，F F Deng，X Y Zhang，H LZhai，W J Lv. Predicting the ecotoxicity of ionic liquids towards Vibrio fscheri using genetic function approximation and least squares support vector machine. J. Hazard. Mater. ，2015，283，591 - 598.

[32] F F Deng，M H Xie，P Z Li，Y L Tian，X Y Zhang，H L Zhai. Study on the Antagonists for the Orphan G protein-coupled Receptor GPR55 by Quantitative Structure-activity Relationship，Chemometrics and Intelligent Laboratory Systems 2014，131 51 - 60.

[33] F F Deng，M H Xie，X Y Zhang，P Z Li，Y L Tian，H L Zhai，Y Li. Combined molecular docking，molecular dynamics simulation and quantitative structure – activity relationship study of pyrimido [1，2-c] [1，3] benzothiazin-6-imine derivatives as potent anti-HIV drugs. J. Mol. Struct. ，2014，1067，1-13.

[34] M Lv，S Y Ma，Y L Tian，X Y Zhang，W J Lv，H L Zhai；Computational studies on the binding mechanism between triazolone inhibitors and Chk1 by molecular docking and molecular dynamics. Molecular BioSystems. 2015，11 (1)：275-286.

[35] Eric V. Anslyn，Dennis A. Dougherty，Modern Physical Organic Chemistry，University Science Books，Sausalito，California，2006.

[36] Andrew R. Leach，Molecular Modeling：Principles and Applications，2nd Ed. ，Prentice Hall，2001.

附　　录

附录1　格鲁布斯（Grubbs）临界值表

$T_{a,n}$ 值表

n	显著性水准 α		
	0.05	0.025	0.01
3	1.15	1.15	1.15
4	1.46	1.48	1.49
5	1.67	1.71	1.75
6	1.82	1.89	1.94
7	1.94	2.02	2.10
8	2.03	2.13	2.22
9	2.11	2.21	2.32
10	2.18	2.29	2.41
11	2.23	2.36	2.48
12	2.29	2.41	2.55
13	2.33	2.46	2.61
14	2.37	2.51	2.63
15	2.41	2.55	2.71
20	2.56	2.71	2.88

附录2　Q 检验临界值表

Q 值表

测定次数,n		3	4	5	6	7	8	9	10
置信度	$Q_{0.90}$	0.94	0.76	0.64	0.56	0.51	0.47	0.44	0.41
	$Q_{0.96}$	0.98	0.85	0.73	0.64	0.59	0.54	0.51	0.48
	$Q_{0.99}$	0.99	0.93	0.82	0.74	0.68	0.63	0.60	0.57

附录3　*t* 检验临界值表

$t_{\alpha,f}$ 分布表（双边）

f	置信度，显著性水准		
	$P=0.90$ $\alpha=0.10$	$P=0.95$ $\alpha=0.05$	$P=0.99$ $\alpha=0.01$
1	6.31	12.71	63.66
2	2.92	4.30	9.93
3	2.35	3.18	5.84
4	2.13	2.78	4.60
5	2.02	2.57	4.03
6	1.94	2.45	3.71
7	1.90	2.37	3.50
8	1.86	2.31	3.36
9	1.83	2.26	3.25
10	1.81	2.23	3.17
11	1.80	2.20	3.11
12	1.78	2.18	3.06
13	1.77	2.16	3.01
14	1.76	2.15	2.98
15	1.75	2.13	2.95
20	1.73	2.09	2.85
30	1.70	2.04	2.75
40	1.68	2.02	2.70
∞	1.64	1.96	2.58

附录4　*F* 检验临界值表

F 值表（单边，$P=95\%$）

$f_{小}$ \ $f_{大}'$	1	2	3	4	5	6	7	8	9	10	15	20	∞
1	161.4	199.5	215.7	224.6	230.2	234.0	236.8	238.9	240.5	241.9	245.9	248.0	254.3
2	18.51	19.00	19.16	19.25	19.30	19.33	19.35	19.37	19.38	19.40	19.43	19.45	19.50
3	10.13	9.55	9.28	9.12	9.01	8.94	8.89	8.85	8.81	8.79	8.70	8.66	8.53
4	7.71	6.94	6.59	6.39	6.26	6.16	6.09	6.04	6.00	5.96	5.86	5.80	5.63

$f_小$ \ $f_大'$	1	2	3	4	5	6	7	8	9	10	15	20	∞
5	6.61	5.79	5.41	5.19	5.05	4.95	4.88	4.82	4.77	4.74	4.62	4.56	4.36
6	5.99	5.14	4.76	4.53	4.39	4.28	4.21	4.15	4.10	4.06	3.94	3.87	3.67
7	5.59	4.74	4.35	4.12	3.97	3.87	3.79	3.73	3.68	3.64	3.51	3.44	3.23
8	5.32	4.46	4.07	3.84	3.69	3.58	3.50	3.44	3.39	3.35	3.22	3.15	2.93
9	5.12	4.26	3.86	3.63	3.48	3.37	3.29	3.23	3.18	3.14	3.01	2.94	2.71
10	4.96	4.10	3.71	3.48	3.33	3.22	3.14	3.07	3.02	2.98	2.85	2.77	2.54
15	4.54	3.68	3.29	3.06	2.90	2.79	2.71	2.64	2.59	2.54	2.40	2.33	2.07
20	4.35	3.49	3.10	2.87	2.71	2.60	2.51	2.45	2.39	2.35	2.20	2.12	1.84
∞	3.84	3.00	2.60	2.37	2.21	2.10	2.01	1.94	1.88	1.83	1.67	1.57	1.00

注：$f_大$：大方差对应的自由度；$f_小$：小方差对应的自由度。